江西高质量发展研究中心智库项目

江西 2022-2023
高质量发展智库报告

THINK TANK REPORT ON JIANGXI'S HIGH-QUALITY
DEVELOPMENT（2022—2023）　彭小平　徐伟民 ◎ 主编

经济管理出版社
ECONOMY & MANAGEMENT PUBLISHING HOUSE

图书在版编目（CIP）数据

江西高质量发展智库报告：2022-2023/彭小平，徐伟民主编 . —北京：经济管理出版社，2023.7
ISBN 978-7-5096-9152-6

Ⅰ.①江…　Ⅱ.①彭…②徐…　Ⅲ.①区域经济发展—研究报告—江西—2022-2023　Ⅳ.①F127.56

中国国家版本馆 CIP 数据核字（2023）第 142034 号

组稿编辑：杜　菲
责任编辑：杜　菲
责任印制：许　艳
责任校对：蔡晓臻

出版发行：经济管理出版社
　　　　　（北京市海淀区北蜂窝 8 号中雅大厦 A 座 11 层　100038）
网　　　址：www. E-mp. com. cn
电　　　话：（010）51915602
印　　　刷：唐山玺诚印务有限公司
经　　　销：新华书店
开　　　本：787mm×1092mm/16
印　　　张：14. 5
字　　　数：318 千字
版　　　次：2023 年 8 月第 1 版　　2023 年 8 月第 1 次印刷
书　　　号：ISBN 978-7-5096-9152-6
定　　　价：98. 00 元

编　委　会

主　　　　编：彭小平　徐伟民

常务副主编：刘梅影　龚志坚　王　伟　沈金华

副　主　编：龙　强　周　吉　肖　坚

编　　　　委（以姓氏笔画为序）：

丁冀荣　毛玉婷　刘　熙　许自豪

邹宇航　杨志平　李杰玲　余　倩

吴　颖　杜雯娜　吴翠青　罗斌华

秦佳军　龚　茗　雷焘荣　熊隆飞

前　言

习近平总书记在党的二十大报告中指出，高质量发展是全面建设社会主义现代化国家的首要任务。当前，我国已转向高质量发展阶段，经济社会发展必须以推动高质量发展为主题。推动高质量发展是遵循经济发展规律、保持经济持续健康发展的必然要求，是适应我国社会主要矛盾变化、解决发展不平衡不充分问题的必然要求，是有效防范化解各种重大风险挑战、以中国式现代化全面推进中华民族伟大复兴的必然要求。

党的十八大以来，以习近平同志为核心的党中央对江西革命老区始终饱含深情、牵挂在心，习近平总书记先后两次亲临江西视察，对江西工作提出了"在加快革命老区高质量发展上作示范、在推动中部地区崛起上勇争先"的目标定位和"五个推进"的重要要求，给全省干部群众以巨大关怀、巨大鼓舞。全省上下把习近平总书记的关怀厚爱转化为强大动力，加快推动高质量发展，革命老区在新时代展现出勃勃生机，全省经济社会发展实现历史性变革、取得历史性成就。

近年来，江西高质量发展研究中心深入学习贯彻习近平总书记关于高质量发展和中国特色新型智库建设的重要论述，扎实履行省级重点高端智库职责，坚持大兴调查研究之风，紧紧围绕推动江西高质量发展开展系统深入研究，聚焦经济社会发展重点、难点、热点问题进行咨政建言，形成了一批高质量的研究成果，有的成果已转化为政策制定和领导决策的重要依据，为服务省委、省政府和省发展改革委中心工作提供了智力支撑。本书就是近两年优秀研究成果的集合和结晶。

由于笔者水平有限，书中难免出现错误和疏漏之处，敬请广大专家学者和读者批评指正，并提出宝贵意见。

目　录

专题五　高标准打造美丽中国"江西样板"

专题六　奋力打造新时代乡村振兴样板之地

专题一

深入推进数字经济做优做强
"一号发展工程"

抢占数字经济产业赛道　助推江西数字经济做优做强"一号发展工程"

随着全球新一轮科技革命和产业变革加速演进，新兴产业成为事关各国竞争力以及未来发展的重要新赛道。而数字经济产业赛道，是以新技术新模式为引领的数字产业细分领域，具有引领式创新、颠覆式重塑、爆发式成长的特性，已经成为数字经济新动能的核心引擎。加快抢占数字经济产业赛道，对于助推江西数字经济做优做强"一号发展工程"，打造全国数字经济发展新高地具有重要意义。

一、抢占数字经济产业赛道是江西把握数字经济做优做强"一号发展工程"主动权的战略举措

（一）产业赛道成为各国构筑竞争优势的先导性力量

以赛道为单元的新知识、新技术、新模式创新是新一轮全球竞争的新焦点，主要发达经济体相继围绕数字基础设施、工业互联网、海量存储、大数据服务等细分领域出台政策文件。美国先后推出国家量子倡议法案、5G 加速发展计划、更新版国家人工智能战略、联邦数据战略、关键和新兴技术国家战略，布局前沿技术研发应用，特别是在 2022 年推出《芯片与科学法案》，企图遏制我国高端芯片发展。欧盟早在 2016 年就出台《欧洲工业数字化战略》，在此基础上于 2020 年推出《欧洲新工业战略》，提出通过物联网、大数据和人工智能三大技术来增强欧洲工业的智能化程度。日本于 2021 年发布《半导体和数字产业发展战略》，深耕半导体领域，框定尖端半导体产业、数字产业、数字基础设施三大领域的发展举措。

（二）全国各地争相布局数字经济产业赛道

锂电、专业芯片、VR 等产业赛道爆发式增长，我国各省对产业竞争"赛道化"的

共识逐步形成，产业赛道已经成为塑造区域优势的新竞技场。东部地区，如上海立足全球影响力的科技创新中心定位，发挥数字经济企业、人才、数据储备处于全国"第一梯队"的优势，聚焦重点领域培育数字经济新赛道，提出抢占"绿色低碳、元宇宙、智能终端"三大新赛道。浙江依托深厚的互联网经济底蕴和活跃的民营资本，加快切入元宇宙、量子信息、下一代通信技术、人工智能等产业赛道。中部地区，如安徽大力推行"科技投行"模式，在巩固集成电路、新型显示、人工智能赛道优势的基础上，提出抢占工业互联网关键赛道。湖南发挥数字文创、数字文娱等内容创作的资源优势，积极进军元宇宙赛道。河南立足文旅资源优势，将文旅文创融合战略上升到省级层面，运用数字化活化文化资源。西部地区，如贵州依托网络枢纽、海量数据优势，超前布局元宇宙、算力赛道，构建集规模化创新、投资、孵化和经营于一体的产业生态系统。成都以无人机、卫星互联网、网络信息安全等 32 条新赛道为基本单元，推进"十四五"时期新经济发展。

（三）江西必须加快抢占数字经济产业赛道

江西抢占数字经济产业赛道，有利于培育高质量发展新动力，通过孵化生成新赛道，丰富数字经济新业态，优化市场的数字产品、数字服务供给，满足人民日益增长的美好生活需要，让数字经济成为高质量发展的重要支撑；有利于塑造数字经济发展新格局，通过占据赛道有利位置，强化前沿技术赋能，拓展丰富赛道成长空间，提升数字经济核心产业稳定性和竞争力，催生产业转型升级新模式，支撑加快打造全国构建新发展格局重要战略支点；有利于构建大中小企业融通发展新生态，通过发挥赛道的跨界融合特性，提升要素资源跨行业互补能力，精准高效对接产业链上下游供需，助力大中小企业形成高效互动、互通、融合发展状态。因此，面对数字经济长期性、全方位的竞争，江西应集中力量推动产业赛道做深做细，构筑数字经济细分领域的先发优势，占领未来发展制高点。

二、江西数字经济产业赛道的发展基础和面临挑战

（一）发展基础

1. "四梁八柱"基本构建

江西将推进数字经济发展作为"一把手"工程，成立了省委、省政府主要领导任组长的发展数字经济领导小组，各设区市及有关省直部门成立相应工作机构。出台

"1+3+4"政策文件，完善推进机制和评价机制，构建各地各有关部门分管领导为责任人、处长为联络员的数字经济工作调度机制，对重点任务实行"月调度、季通报、半年讲评、全年考核"。接连出台5G、区块链、工业互联网、物联网等细分领域专项政策，推出有色、电子信息、建材、化工等行业和开发区数字化转型行动计划，形成"1+X"转型方案体系，数字经济政策不断细化。

2. 发展动能更加强劲

2021年，江西省数字经济增加值达到10378亿元，同比增长19.5%，增速超过全国平均水平。数字经济增加值占GDP比重达35.00%，较2020年提升了2.5个百分点。2022年上半年，江西省规模以上数字经济核心产业营业收入达到4213.48亿元，同比增长15.1%，高于全国平均增速、全省经济增速。电子元器件赛道营业收入1424.1亿元，智能终端赛道1115.6亿元，电子材料赛道454.6亿元，带动电子信息产业营业收入、利润稳居中部第一位；物联网产业实现营业收入986.69亿元，同比增长17.2%；专业芯片、电子材料等产业营收增速均超过30%。

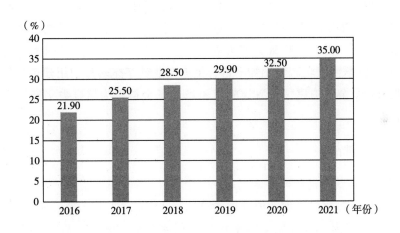

图1　2016~2021年江西数字经济增加值占GDP比重

3. 重点项目有序推进

深入实施项目"大会战"，2022年上半年，江西省392个数字经济重点项目和新基建"大会战"项目完成投资额90.1亿元，投资完成率达79.94%。通过举办"进博会走进江西"、"江西省电子信息产业供需对接大会"等招商活动，引进数字经济领域"5020"项目63个，投资额2373.2亿元。委托第三方机构对上半年招引的129个项目开展专业评价，从规模实力、产业链匹配度、研发创新实力、产业带动能力、品牌/战略价值五个维度对项目质量进行量化评分。

4. 基础设施支撑有力

建成开通南昌国家级互联网骨干直联点，网络性能大幅提升，省内间平均时延仅

1.82 毫秒，居全国第 2 位，外省访问江西网间平均丢包率仅为 0.0031%，居全国首位。累计建设 5G 基站 55959 个，5G 网络实现"乡乡通"和覆盖 90% 以上行政村。工业互联网标识解析节点达到 11 个，累计标识注册量 5953 万个，接入企业节点数 660 家。江西省投入使用重点数据中心 29 个，投入使用机柜 3.1 万个，工业互联网安全态势感知平台投入运营。

5. 地市实践亮点纷呈

南昌组建"虚拟现实·元宇宙'尖刀班'"，明确了相关县区、开发区主攻方向，力争引进核心企业 25 家；绘制"南昌虚拟现实·元宇宙产业生态布局图"，梳理全市虚拟现实·元宇宙领域的目标企业清单。吉安创新实施重大项目擂台赛、点将赛"双赛制"，设立"红灰台"表态模式，激发赶超进位干劲；推出工业企业"老树发新枝"政策，推动现有企业上新项目、裂变发展。赣州将数字经济工作纳入各地领导班子和领导干部考核的述职内容，以及市委党校主体班培训计划和教学体系，提升领导干部业务水平；建设院士专家成果转化基地，打造数字经济"人才航母"。上饶突出建链强基，绘制长三角数字产业转移图谱，精准承接数字产业转移，构建百亿领航、"5020"带动、亿元支撑的数字经济项目矩阵。景德镇主抓陶瓷产业数字赋能，大力发展数字文创，按照"一区一品"的模式，加快培育数字经济集聚区。萍乡围绕建设"数字萍乡"，搭建工业互联网安全态势感知平台，推进产业数字化转型；组建市本级国资引领的百亿产业引导基金，构建"1+N"的母子产业基金群，为培育数字经济企业梯队注入动力和活力。

（二）面临挑战

1. 数字产业总量规模亟待提级

2021 年江西省数字经济增加值规模居全国第 15 位，处于"第二梯队"，数字经济增加值占 GDP 比重为 35%，比全国平均水平低 4.8 个百分点。数字产业化规模达到 1308.2 亿元，占 GDP 比重仅为 4.4%，占数字经济总体规模比重仅为 12.6%，分别比全国平均水平低 2.9 个百分点和 5.7 个百分点。

2. 数字产业赛道能级亟待提升

在江西 20 条产业赛道中，仅电子元器件、物联网、移动智能终端赛道规模超千亿元，分别达到 2500 亿元、1600 亿元和 1500 亿元。新兴赛道"势强量弱"，难以支撑数字经济核心产业快速增长，2022 年上半年，VR 产业营业收入仅 350 亿元，工业互联网、数字文创等赛道市场份额不大，元宇宙、数字降碳等赛道"风口"抢抓能力仍需提升。

3. 关键领域创新水平亟待提高

研发经费投入不足，2021 年，江西省研发经费投入强度仅为 1.7%，居中部第 5 位，全国第 18 位。操作系统、嵌入式芯片、开发工具等底层技术储备不足，工业互联网、工业云、算力平台等平台领域自主创新仍然不够。

4. 数字经济生态环境亟待优化

数字技术与实体经济融合程度不深,数字化转型在供给侧、产业链中的渗透仍存在不平衡、不充分、不深入等问题,平台供给数量和能力建设有待加强,现有产品和方案难以满足数字化转型发展需求。

5. 中小企业转型动力亟待增强

中小企业经营规模小、数字化基础弱、抗风险能力差。虽然国家、省级层面出台了一系列优惠政策鼓励数字化转型,但企业数字化转型意愿不强、转型动力不足、转型契合不够,"不会转、不能转、不敢转"的问题仍然存在。

6. 数字人才供需对接亟待畅通

引进数字经济高端人才措施效用不明显,人才不足、数据不畅、政策不优等问题没有得到根本解决,特别是既精通业务又理解数字技术的复合型高技能数字人才比较缺乏,人才数量不够、质量不高,尚未形成数字技能人才培育体系。

三、江西抢占数字经济产业赛道的重点路径

(一)江西数字经济产业赛道的特征分类

按照"既把握当下,又兼顾长远"的原则,借鉴基础科学和技术创新"巴斯德象限"解构思路,从企业生态和综合潜力两个维度构建二维坐标系。根据2022年6月各产业赛道上的"专精特新"、瞪羚、潜在瞪羚、独角兽、潜在独角兽、种子独角兽和数字经济重点企业数量,以及"5020"项目数量和投资金额数据,采用主成分分析法吸纳各种体现赛道企业生态和未来增长潜力的因素,通过对各主成分得分标准化,得出赛道综合潜力和企业生态指数。选取两项指数1/4标准差作为分界点,对20条产业赛道的发展特征进行分类。

优势型赛道包括电子元器件、电子材料、智能终端、物联网、半导体照明、虚拟现实,企业生态较好,项目转化潜力将在未来数年内逐步释放,应聚焦巩固基础优势,强化创新策源能力,提高赛道能级。均势型赛道包括软件和信息服务、数字文创、智慧农业,虽然企业生态有一定基础,但短期内项目转化较少,未来可能面临较大竞争压力,应聚焦提升产业链稳定性,推动产业链间跨界融合,提升赛道位势。跃迁型赛道包括元宇宙、智慧能源、智能网联汽车、智慧家居、工业互联网、无人机、专业芯片,正处于企业生态建设期,但项目转化潜力较大,应聚焦优化企业生态,拓展产业

链下游应用市场，扩大赛道体量。孵化型赛道包括信息安全和数据服务、数字健康、

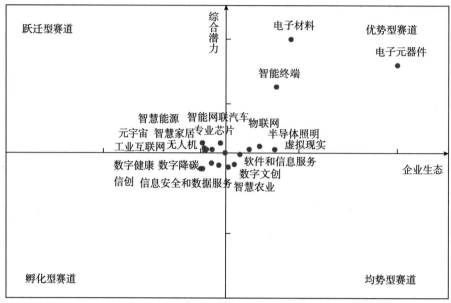

图2 江西数字经济产业赛道的特征分类

数字降碳、信创，基本处于产业孕育期向导入期过渡阶段，应聚焦提升技术转化和
企业孵化成功率，优化细化针对重点企业和产业链的"点状"政策供给，繁荣赛道
生态。

（二）抢占数字经济产业赛道的重点策略

以数字化改革为牵引，以数字产业化、产业数字化为主线，根据四类赛道的基本
特征，分类制定赛道抢占策略，构建龙头带动、梯次推进、融合共生的赛道格局。

1. 优势型赛道强链聚链

发挥京九（江西）电子信息产业带龙头带动作用，立足智能终端、光电显示、半
导体照明、虚拟现实、物联网等产业基础优势，布局一批国家技术创新中心，强化赛
道生长的"硬核力量"，积极承接粤港澳大湾区电子信息产业转移，推动产业链上下游
企业集聚，"一道一策"促进优势型赛道能级提升。

2. 均势型赛道补链畅链

强化软件与信息技术的关键载体和产业融合关键纽带作用，加快"补短板、锻长
板、畅链条"，谋划一批产业链重大项目，优化均势型赛道的共性技术研发和基础组件
供给，推动软件和信息技术深度嵌入数字文创、智慧农业赛道，形成融合并进的赛道
发展态势。

3. 跃迁型赛道引链拓链

以智能家居、智能网联汽车、智慧能源、无人机为应用牵引,专业芯片、工业互联网为基础支撑,着力"引链主",争取引进一批"5020"项目,加快"拓链属",扩大专业芯片下游终端应用环节,持续"优生态",构建赛道共生关系,全面释放赛道潜力。

4. 孵化型赛道育链延链

优化提升信息安全和数据服务、数字健康、数字降碳、信创赛道核心技术源头供给,对孵化期企业、导入期产业实施"一企一策"、"一链一策",培育一批根植革命老区、引领赛道趋势的行业领军和独角兽企业,打造一批市场占有率高、核心竞争力强的准独角兽企业,逐渐形成由点到线、由线到面的赛道生态效应。

(三)抢占数字经济产业赛道的区域布局

结合江西各市县、开发区的产业基础、资源禀赋和特色优势,精准选择可突破的产业赛道,集中力量培育若干市场占有率国内排名靠前的细分赛道,优化抢占赛道的区域布局,构建"一核两区多点"的赛道布局。

一核,即南昌核心赛道集聚区,发挥省会优势,彰显省会担当,强化创新源、动力源和辐射源作用,优化"一核、三基地、多点支撑"的空间格局,加快构筑新阶段创新引领优势,重点突破专业芯片、智能终端、半导体照明、电子元器件、软件和信息服务、虚拟现实、物联网、智能网联汽车、元宇宙、工业互联网、数字文创、数字健康、智慧农业、数字降碳等产业赛道。力争 2025 年数字经济增加值超过 4400 亿元,占全市 GDP 比重达 50% 以上,占全省数字经济规模比重达 25% 以上。

两区,即赣州、吉安和上饶、鹰潭两大赛道承接区。其中,赣州、吉安实施"苏区+湾区"双区叠加策略,最大限度释放赣南苏区政策红利,对接数字大湾区要素资源,用好用活与深圳、东莞对口合作政策,在 5G、智慧城市、电子商务、人工智能、大数据、区块链等领域加强合作,重点突破电子材料、电子元器件、智能终端、信创、智慧家居、工业互联网等产业赛道,打造吉赣深数字经济走廊。上饶、鹰潭主动融入数字长三角,在技术合作、推进机制、标准规则、数据治理和应用场景等方面与长三角地区加强对接,争取纳入全球技术供需对接平台,主动承接长三角数字制造和数字服务梯度转移,重点突破电子元器件、物联网、智能终端、智能网联汽车、数字文创等产业赛道。

多点,即九江(电子元器件、智能终端、工业互联网)、抚州(信息安全和数据服务、电子材料、智能网联汽车)、宜春(物联网、智慧能源、智能网联汽车)、新余(电子材料、电子元器件、智慧农业)、萍乡(电子材料、电子元器件、数字文创)、景德镇(智能终端、数字文创、无人机)等赛道支撑节点。

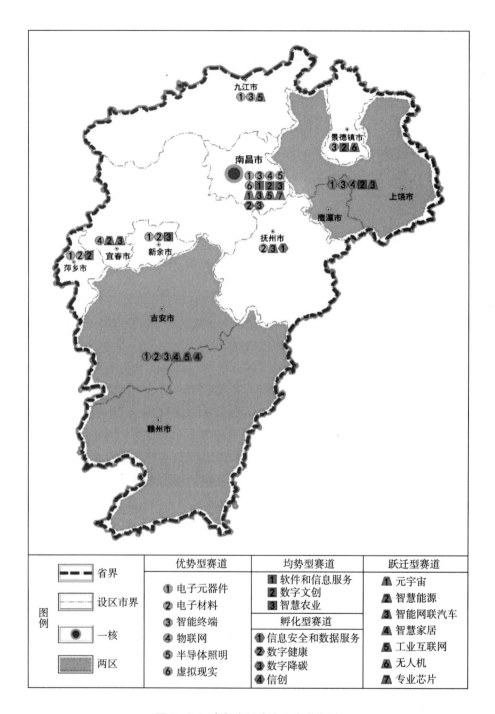

图3 江西省数字经济产业赛道布局

（四）当前应重点突破的四条赛道

以"市场爆发力强、江西基础优和政策供给足"为标准，选取四条当前应重点突破的产业赛道。

1. 元宇宙

从全球看，2026 年，全球元宇宙市场规模有望达到 416.2 亿美元，美国、韩国、日本等发达国家的底层技术、终端、平台先发优势明显。从全国看，算力、数据等基础设施存在优势，但赛道发展仍处在萌芽阶段，各省位于同一起跑线，且普遍缺少优质的元宇宙项目。从江西看，虚拟现实产业的先发优势、电子信息产业的规模优势为江西抢占元宇宙入口提供了有利条件。

突破元宇宙赛道，需抢抓元宇宙超级风口，全力推动南昌九龙湖元宇宙试验区建设，成立元宇宙硬件研发和内容创作中心，谋划一批平台项目，布局算力中心、模拟实验室和 AI、区块链等领域服务平台，加强元宇宙底层核心技术基础能力的前瞻研发，丰富数字文创、数字健康、教育培训、新型消费等元宇宙应用场景，重点培育"元宇宙+影视"、"元宇宙+游戏"、"元宇宙+社交"市场，激发文化产业数字化创新活力，打造江西数字经济发展新名片。

2. 虚拟现实

从全球看，VR 赛道核心技术被美国、英国等国掌握，80%终端市场由美国企业占据。从全国看，手机等终端已出现增长乏力，VR 将逐步取代，成为新增长点，2021 年，VR 终端市场占率全球第二，2022 年上半年，VR/AR 出货量年复合增速达到 45.9%，增势强劲，但内容创意、核心技术等仍存在短板。从江西看，虚拟现实先发优势明显，智能终端、电子元器件等支撑赛道初具规模，但内容创作主体较少，应用场景比较缺乏。

突破虚拟现实赛道，需加快"5G+VR"、"VR+文创"、"VR+元宇宙"、"VR+文旅"等融合应用创新，支持南昌打造 VR 制造业创新中心，巩固 VR 产业基地先发优势，引进字节跳动等平台服务商、腾讯等内容制作商，引导华勤电子、立讯智造、合力泰等新型显示组件供应商在本地开设 VR 显示生产线，繁荣虚拟现实产业生态、应用生态和内容生态。

3. 智慧能源

从全球看，智能光伏、智能锂电、智能电网市场潜力巨大，预计 2025 年全球锂电池 NMP（锂电池辅料）需求总量将达到 410 万吨，2026 年全球智能电网市场规模将达到 1034 亿美元。从全国看，光伏新增装机量快速增长，产业链供应链安全稳定，"AI+智能光伏"方案、智能锂电方案、智能电网系统等解决方案逐步成熟。从江西看，光伏产业基础扎实、锂电资源优势明显，拥有智能光伏、储能集成解决方案服务商，发展智慧能源具备良好基础。

突破智慧能源赛道，需深耕"光伏智慧能源+锂电储能"技术，深挖锂矿资源优势，以南昌、宜春为重点，加快提升研发中心和制造园区承载能力，以锂电池新材料、微电网、综合智慧能源管理、分布式能源系统等方案创新和应用试点为突破口，加快招引行业领军企业，打造若干个标杆级示范场景，推动市场应用与研发制造协同联动，构建以光伏、锂电新能源产业为核心的智慧能源赛道生态。

4. 物联网

从全球看，物联网市场增长迅猛，2021年全球物联网投资规模达到6902.6亿美元，预计2026年将突破1.1万亿美元，2022年全球物联网连接数达到144亿。从全国看，2020年中国物联网投资占全球比重23.6%，市场规模为2.14万亿元，有望在2025年达到全球第一。从江西看，移动物联网产业体系基本成型，2021年全省移动物联网终端用户数达到2052万户、同比增长39.3%，物联网核心及关联产业突破1600亿元。

突破物联网赛道，需深入推进国家"03专项"成果转移转化，提高中国信通院江西研究院、中国移动虚拟现实创新中心等创新平台技术研发实力，构建涵盖芯片、模组、传感器、集成电路、网络设备、终端产品在内的物联网产业体系，加快突破智能感知、新型短距离通信等关键共性技术，优化智赣119、智慧水利、智慧警务等"5G+物联网"特色应用，探索开发物联网碳足迹监测设备和平台，提升"智联江西"品牌知名度。

四、以数字经济产业赛道发展助推"一号发展工程"的对策建议

（一）围绕做强数字技术创新的策源引擎，优化"赛道生成"机制

科技创新是赛道生成的根基。要以优化提升科技创新机制为重要抓手，从源头提升催生赛道、培育赛道、占领赛道的基础实力，推动创新能力与赛道延伸方向相契合、创新要素与产业升级需求相匹配。

1. 优化协同创新机制

一是组建创新联合体。在各赛道支持一批实力强、基础好的企业牵头，与高校和科研院所组建创新联合体，面向数字经济制造业相关赛道建设"一站式"智能制造服务平台，探索推进"联合体+平台+生态"的开发协作模式，促进数字经济各板块"跨界结网、融合交叉"，打通供、研、产、销链条。二是推行合作新机制。制定数字经济关键核心技术目录，推广"揭榜挂帅"、"赛马"制、校企"双聘"制，集中攻克赛道"卡脖子"技术榜单。探索推行科教融合"蝴蝶模式"，鼓励数字经济集聚区建设"楼上楼下"创新创业综合体，融通重构创新要素。支持"政校院企"聚焦产业赛道关键技术开展研发攻关合作，对重点研发项目提供融资支持政策。支持数字经济行业主管

部门每年针对赛道风口、趋势发布一批重大课题，支撑赛道布局调整和策略更新。三是创新专利许可方式。依托江西网上技术常设市场，搭建专利许可信息发布平台，筛选前景好、实用性强的技术参与专利开放许可，探索分阶段许可等多种许可方式，提高专利转化效率。

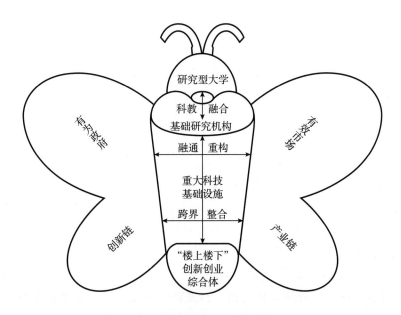

图 4　科教融合"蝴蝶模式"

2. 完善资金引导机制

一是发挥基金作用。引导数字经济发展子基金加大对独角兽、瞪羚、初创企业的股权投资，争取高瓴、红杉、深创投、五源等顶级投资机构来赣开展风投、天使投业务。二是扩大融资渠道。建立赛道企业融资全生命周期服务体系，鼓励金融机构创新投贷联动、知识产权质押等融资服务。三是支持企业上市。编制赛道企业上市辅导手册，针对上市后备资源库企业开展"一对一"上市辅导。

3. 健全科研服务机制

一是完善科研服务平台。推动科研设施和科学仪器开放共享，完善科技金融、成果转化、知识产权服务和科技信息服务平台，推进赛道技术中试基地建设。二是优化科技服务流程。促进各级科技行政管理机构数据要素资源共享，力争实现对科技企业、科技人才"零跑腿"、"全公开"、"主动式"科技服务。三是健全人才成长机制。探索灵活用人机制、"预算+负面清单模式"等，赋予科研人员技术路线决策权和项目经费使用权，让创新要素充分流动。

（二）围绕搭建数字产业升级的先进载体，夯实"赛道落地"平台

产业平台是服务赛道头部企业、头部团队落地的重要载体。要大力促进产业平台、研发集群、关键企业"同频共振"。

1. 打造产业赛道集聚区

一是优化以高新区、经开区为主的产业载体。深化开发区体制机制改革，深入推进开发区整合优化，推动国家级开发区数字经济的优势产业资本、技术、人才、管理等要素向区位邻近、产业关联的园区辐射，促进园区间的空间整合、资源整合、产业整合。二是加快开发区数字化转型。加快建设统一的开发区数字化管理服务平台，推动开发区管理、服务、监管数字化，打造"智能工厂"、"无人工厂"，培育数字化转型促进中心，开展"产业大脑"、数字孪生园区建设试点，提升产业数字化水平。三是强化跨地区产业合作、赛道协同。依托产业链链长制，建立开发区间资源共享、分工协作的良性机制，提升区域制造资源和创新资源的共享和协作水平，加快形成极核效应、链式效应。用好产业联盟、研究院所、检验检测中心"三驾马车"，优化产业要素配置。加强《数字经济伙伴协定》（DEPA）规则跟踪研究，争取在我国加入 DEPA 后，第一时间推出数字产业、数字服务对接合作举措，并在开发区落地。

2. 培育产业赛道共同体

一是组建赛道联盟。鼓励高校院所、开发区、创新企业组建赛道联盟，建设联合实验室、产业技术研究院、人才培养基地。二是推动建圈强链。实行"一道一策"，针对每条赛道推出定制化"政策工具箱"，以重点产业链为主线，引育一批建圈强链企业、功能性平台和高附加值项目。三是引领行业标准。鼓励企业参与赛道行业相关标准制定，提升企业在赛道细分领域的技术优势。

3. 构建科技创新平台群

一是加快培育战略科技平台。聚焦赛道成长的基础研究需求，积极争创国家重点实验室，优化省重点实验室体系，打造综合性研究基地和原始创新策源地。二是打造政校院企协同创新平台。鼓励创新主体建设新型研发机构，推动科研组织方式从供端研发向需端牵引变革，吸引大院大所在江西设立分支机构或共建新型研发机构。三是构建新型产业技术创新平台。建设一批技术创新中心、产业创新中心、制造业创新中心，鼓励企业建立院士工作站、博士后流动站等，打通"研发—工程化—产业化"创新链条。

（三）围绕补强数字产业图谱的关键环节，拓展"赛手引育"模式

产业图谱是产业链可视化、系统化的结构信息，体现了产业发展的客观规律。要紧扣技术趋势、场景体系和企业需求，紧盯赛道企业全生命周期的发展痛点、难点，聚焦补全细分赛道缺失环节，构建企业梯次引培体系，推动数字经济产业链发展壮大。

1. 健全企业招引机制

一是开展项目招引攻坚。扎实开展数字经济"招大引强"活动，针对产业链缺失环节和顶级研究机构开展靶向招商、补充招商、填空招商，谋划高端、特色、高成长性项目，打通产业链堵点、断点。探索实施产业赛道"5020"项目裂变行动，支持赛道重点企业以提档升级催生新投资、新项目。二是完善招商目录清单。制定赛道目标企业、线索项目、储备项目、签约项目、落地项目"五张清单"，采用清单管理、分级推进、跟踪服务，全周期跟踪招商进度。常态化开展数字经济招商引资项目第三方评价，提高招商引资精准度，确保资源优化配置。三是搭建产业招商平台。依托世界 VR 大会、世界赣商大会等会展活动打造投资促进平台，配套推出线上线下结合的产业招商会、政银企对接会等活动。加强双创策划，定期举办双创大赛、双创大会等活动，面向发达地区吸引一批人才和项目回流。

2. 构建梯次引育体系

一是多措并举招引龙头企业。聚焦"卡脖子"关键核心技术、断供技术等招引企业，引进一批龙头、领军、硬核科技企业来赣设立区域总部、功能总部，完善赛道生态的核心圈层。二是"一企一策"争抢种子企业。密切跟踪权威机构待转化科技成果清单，结合赛道成长核心技术需求，组织成果转化"政校院企"对接。探索"科技投行"模式，以"入股"促"入驻"，锁定处在成长期的种子企业。三是因业制宜培育本土企业。根据赛道特点制定企业支持政策，每个赛道细分领域筛选 10 家重点企业，建立企业培育库，开展精准引导、靶向支持。

3. 优化企业成长服务

一是推进企业服务集成改革。优化数字经济企业从注册到清算的业务模块流程，推动服务事项"一链办"。搭建企业全生命周期服务平台，实现一次填报、数据共享、并联审批。二是优化投融资对接服务。落实国家和省惠企纾困政策，搭建企业与市场资源、创投资本和金融机构的链接平台，为数字经济企业提供项目包装、融资路演、渠道拓展等服务。三是强化知识产权保护。完善知识产权纠纷调解与仲裁机制，开展中小微企业知识产权托管，打造集代理、运营、鉴定、维权援助等于一体的服务体系。

（四）围绕丰富数字创新应用的典型场景，完善"赛场建设"举措

数字创新应用场景是数字经济发展的赛场环境，场景越丰富，数字产业赛道就会越多元。要用场景思维优化数字经济组织方式，推动应用场景建设与数字经济发展方向相衔接，与城市空间结构、商业价值和人民需求有机统一，促进场景应用"供需协同"，助推产业赛道加速生成。

1. 丰富应用场景体系

一是打造智能生产场景。大力发展智能制造，以数字化场景建设引导制造业集聚、农业增效，推动传统产业全流程、全链条智能化升级。二是打造美好生活场景。建设

个性化、便利化的文旅服务场景，精品化、前沿化的新消费场景，精细化、品质化的社区服务场景，形成线上线下协同、全链智能便捷的生活场景供给。三是打造美丽生态场景。以碳达峰碳中和、生态产品价值实现等工作为抓手，优化智慧能源、低碳生活、绿色环保等场景供给。四是打造高效治理场景。立足"赣服通"、"赣政通"和智慧城市等平台，加快打造区块链、人工智能标杆应用，拓展"一网统管"、"一网通办"业务覆盖范围，推动社会治理智能化、协同化。

2. 提高应用场景能级

一是提升场景价值判断能力。加强与国内外顶尖市场研究机构、创新团队合作，跟踪先进数字技术发展趋势，研判场景需求，推动场景价值判断与区域战略和城市功能规划相衔接。二是提升场景策划设计能力。在试点示范基础上，推动应用场景体系建设，结合产业转型、技术普及、前沿应用等需求，构建有层次、有重点、有梯度、有市场的场景应用矩阵。三是提升场景建设运营能力。制订场景建设计划，组织数字企业、服务机构、科研院所、政府部门组建场景应用联合体，完善场景应用生态。鼓励省内上市公司加快推进数字化转型，推动数据价值转化。

3. 推进应用场景落地

一是创新需求收集机制。优化"机会清单"、"场景清单"编制流程，将场景需求、人才需求对接嵌入招商推介会，组织供需对接会、场景沙龙、下午茶等活动，召开全省场景创新大会，丰富场景机会清单方法工具。二是提高场景孵化能力。完善"机会发布、创新研发、孵化试点、示范推广"的场景全周期孵化机制，建设创新应用和未来场景应用实验室，支持企业聚焦硬核技术开展应用攻关、技术成熟度评估、样品样机测试和市场机会验证。三是加强场景示范推广。实施应用场景"十百千"计划，为应用落地集中展示和版本测试提供条件，以场景示范区、示范项目带动培养一批高成长性企业。

（五）围绕打造数字经济发展的雨林生态，构建"赛道成长"空间

数字经济产业赛道的成长离不开雨林生态的支撑。要把人才、智力作为赛道繁衍生息的关键要素，夯实数字经济产业赛道成长底座，建立健全适应赛道成长逻辑、赛道竞争规律的运营管理机制，营造健康规范的数字经济生态。

1. 夯实基础设施底座

一是加快新型网络基础设施提能。适度超前布局5G网络、区块链节点、工业互联网标识节点、量子通信网络等新型网络基础设施，新建一批5G行业虚拟专网，建设5G全连接工厂，加快智能制造普及渗透。全面推进IPv6商用部署，布局新型互联网交换中心，谋划未来网络试验设施。二是推动智能算力与云存储基础设施提速。积极融入"东数西算"布局，构建云计算、边缘计算组成的云、网、边融合算力网络，加快南昌超大型数据中心和赣州、九江、宜春、上饶等大型数据中心建设，建立省域云计

算资源调度平台，支持南昌推动以数据中心为基础的算力中心建设，促进数、算资源合理布局、集约绿色发展。三是推进关键融合基础设施扩容。支持各设区市根据赛道主攻方向，在园区高效布局建设人工智能、工业互联网、智慧农业等融合基础设施，加快智能交通、智慧市政等基础设施建设和改造。争取国家电网在江西布局"新能源云"基础设施中心，围绕"新能源云"构建智慧能源新型研发机构集群。

2. 强化高端人才保障

一是建立数字经济人才库。制定数字人才需求目录，开发人才智能识别系统，对人才能力、需求、引进可能性等"立体画像"，精准定位高端急需紧缺人才。二是引培优秀数字人才团队。深入实施各级各类人才计划，完善数字经济顶尖人才柔性引进政策，梯度引培一批数字科技人才队伍，实施青年数字人才集聚行动，培育新时代"赣鄱数字英才"。创新数字经济创新团队引进举措，以创投、风投、入股等形式每年引入10~20个方向的优秀团队，争取每5年转化、孵化2~3个独角兽企业。深化数字经济产教融合，鼓励省内软件学院联合组建实体化机构或产业园区。三是实施开放的数字人才政策。健全以创新能力、质量、实效、贡献为导向的人才评价体系，探索建立"企业评价+政府奖励"的激励机制，开展数字经济领军人才一对一沟通调研，收集企业能力和需求信息。

3. 创新监管考核机制

一是推行包容审慎监管。全面推行"一照多址"、"集群注册"、"宽入严管"等制度改革，对技术转化、场景建设设置"包容期"。完善以赛道为单元的统计制度，推动现代监管科技手段与财税监管手段结合。二是创新考核激励机制。开展省级数字经济重大项目擂台赛、点将赛，推广"红灰台"表态模式，宣传赛道发展典型经验，激发落后地区赶超进位干劲。三是强化数据安全保障。鼓励各级政府开放数据资源和相应云服务，应用区块链等技术保障数据隐私和数据安全，加强数据处理活动的风险监测评估。

近期元宇宙发展动态分析报告

在全球科技革命和产业变革深度演化背景下，元宇宙被视为新一轮全球数字创新竞争的制高点。2021 年以来，国内多地积极布局元宇宙，抢占产业发展新赛道。

一、多个省市竞相布局元宇宙

2022 年 1 月，工信部在支持中小企业发展工作情况新闻发布会上提出，将培育一批进军元宇宙等新兴领域的创新型中小企业，国家部委首提元宇宙，对地方政府培育元宇宙产业形成正面引导。据不完全统计，已有 3 省 10 市在抢滩布局元宇宙。

（一）上海市

上海市将元宇宙写入地方"十四五"产业规划，重点支持虹口区打造北外滩元宇宙发展和应用示范区。虹口区发布"元宇宙产业发展行动计划"，重点做好"六个一"，即培育和引进一批元宇宙场景应用优质企业，建设一批元宇宙产业经济空间，打造一批硬件技术创新中心，构建一个良好数字经济生态圈，打造一批场景应用示范标杆项目，成立一个元宇宙产业联盟。

（二）北京市

北京市印发《加快北京城市副中心元宇宙创新引领发展的若干措施》，提出打造元宇宙示范应用项目，支持元宇宙应用场景建设。对重大企业进行三档（50%、70%、100%）补贴，支持设立专注于早期和长期投资的元宇宙子基金。

（三）浙江省

浙江省印发《未来产业先导区建设的指导意见》，将元宇宙作为未来产业先导区的重点布局领域。杭州提出超前布局元宇宙产业，未来五年在杭州未来科技城培育 XR 产业上市企业 5 家，引培 XR 产业相关企业 300 家，扶持技术攻关和场景应用项目 100 项，汇聚规模 10 亿元的 XR 产业基金，实施"顶尖人才项目"政策，最高给予 1 亿元支持。

（四）厦门市

《厦门市元宇宙产业发展三年行动计划（2022—2024 年）》印发，提出大力开展基础研究攻关、应用场景构建、企业引培发展、产业生态构建、监管治理提升五大行动，抢抓数字经济和元宇宙发展新机遇，打造一个高端研究平台、开发一批特色应用场景、培育一批优质企业、培养一批创新人才、组建一个产业联盟、制定一批行业标准，构建"元宇宙生态样板城市"和数字化发展新体系。

（五）无锡市

无锡市滨湖区印发《太湖湾科创带引领区元宇宙生态产业发展规划》，把元宇宙作为太湖湾科创带引领区数字化转型和新型智慧城市建设的重要突破口，提出六方面重点任务，即以打造元宇宙核心产业区、孵化园、先进智造地，构建元宇宙空间布局；以引入一批、培育一批、带动一批元宇宙企业，加快集聚发展；以推动元宇宙核心技术攻关、设立新型研发机构、推进标准体系建设，强化科研攻关；以建设元宇宙公共服务平台和产业协会联盟，优化发展生态；以引进元宇宙顶尖人才、培养创新人才、建立人才培训体系，汇集专业人才；以聚焦数字影视、数字文旅、社会治理等场景，打造元宇宙典型场景。

二、资本巨头争相入局元宇宙

国内外资本巨头在数字经济、科技创新、产业组织等领域的发展方向上有着极强的敏锐性，在元宇宙发展中积极探索、抢占先机。

（一）头部企业竞相入场

美国等发达国家对元宇宙产业链布局较为完善，脸书、微软、英伟达等科技巨头在 VR/AR 市场具备先发优势，积累了丰富的 VR/AR 内容和技术，平台能力强，同时在芯片、算力算法、开发工具等硬软件基础设施端优势明显。脸书更是改名为 Meta（意为元宇宙），旨在强化其全球元宇宙领军者地位。微软早在 2010 年就在 AR 领域进行探索，目前在 AR 硬件市场份额上全球领先。国内的腾讯、字节跳动、阿里巴巴、百度、网易等企业也在加速布局元宇宙。阿里巴巴宣布开发元宇宙引擎，让更多企业能够更快速、方便地搭建元宇宙平台；腾讯陆续投资游戏企业 50 家、区块链企业 1 家、人工智能企业 2 家和物联网企业 2 家，申请注册名含元宇宙的商标 31 个；字节跳动以 90 亿元的价格收购了国内 VR 设备制造企业 Pico；百度发布了实现 10 万人同屏互动的元宇宙应用"希壤"。

（二）投资机构持续重金投入

自 2021 年以来，国内投资界在元宇宙领域的并购案明显增多，五源资本、真格基金、高瓴资本等投资机构纷纷入局元宇宙赛道，涉及领域包括游戏、VR/AR、物联网以及互联网综合服务等。例如，五源资本在 2022 年接连投资游戏 AI 领域的超参数科技、VR/AR 领域的元象唯思等多家企业，几乎遍布元宇宙赛道热门领域。

（三）元宇宙概念股初具规模

已有 107 家企业入驻 A 股元宇宙概念板，多为京、粤、浙等地信息技术企业，且主要集中在 VR/AR、数字孪生和人工智能等领域。例如，歌尔股份、宝通科技、万兴科技等均以 VR/AR 交互技术作为支撑。江西有 2 家上榜，分别是国泰集团、联创电子。

三、元宇宙产业发展的关键点

综合来看，推动元宇宙产业快速发展，重点要从突破核心技术、升级基础设施、赋能生产生活、完善产业生态、保障安全治理五个方面发力。

（一）以突破核心技术为重点

加快人工智能芯片、深度学习框架、实时仿真、图像引擎、场景生成与人机交互、虚拟人行为建模与运动控制、实时图形渲染、智能传感器、深度合成算法、新型成像构型、脑机协作等前沿技术创新，实现更多技术交叉融合，赋能更多行业，推动更多应用场景落地，开展类脑智能、脑机交互新型终端等前沿技术交叉探索。

（二）以升级基础设施为先导

抓住国家实施"东数西算"工程的机遇，合理布局算力资源和网络设施，布局若干高性能计算中心，算力统筹智能调度，形成智能计算服务能力。同时，加强数据资源基础建设，加快大数据中心集群部署，增强数据感知、传输和存储能力。面向重点行业领域，建成并开放若干个高质量数据集和知识图谱。

（三）以赋能生产生活为根本

防止"脱实向虚"，积极发展产业元宇宙、城市元宇宙等虚实交互新模式，赋能智能制造、文化旅游、社会治理、公共服务等各个领域全面升级，促进数字经济与实体经济深度融合，让各行各业都能找到"第二条增长曲线"，让每位个人都能共享"数字红利"。

（四）以完善产业生态为保障

推动构建开源开放的创新体系，探索开源社区运营模式，集聚高校、科研机构、企业和个体开发者，积极参与元宇宙内容建设和开源框架等合作，打造协同发展、有韧性的产业链，构建良好的产业生态系统。

（五）以保障安全治理为支撑

依据《网络安全法》、《数据安全法》、《个人信息保护法》等要求，加强对元宇宙治理法治化的探索，推动形成包容审慎的顶层设计和支持举措。研究编制元宇宙操作指引，企业相应开展元宇宙算法设计、产品研发和应用等全流程内部合规治理。

四、推动南昌元宇宙试验区实质性运作的建议

基于虚拟现实产业先发优势和电子信息产业良好基础，江西省委、省政府明确要求南昌市打造元宇宙试验区。"全省深化发展和改革双'一号工程'推进大会"召开后，南昌市随即打响了元宇宙产业发展"第一枪"。面对各地"你追我赶"的激烈竞争，为推动南昌元宇宙试验区建设开局起步、抢占先机，提出以下工作建议：

（一）成立专门工作机构

南昌市进一步压实主体责任，尽快组建元宇宙试验区实质性运作机构，切实加强组织领导，建立工作机制。积极邀请头部企业、领军型创新团队、国内知名猎头公司、大型风投机构等，组建南昌元宇宙产业联盟或创新联合体，成立元宇宙专家咨询委员会，为元宇宙试验区建设提供专业支撑。

（二）编制规划和实施方案

邀请国际顶尖的专家团队，高标准规划，高质量设计，打造具有国际一流设计水准的元宇宙试验区。研究制定实施方案，明确在九龙湖区域建设南昌元宇宙试验区的目标定位、发展路径、重点举措和项目支撑，打造省数字经济创新引领区的核心区。

（三）出台专项扶持政策

省级层面研究制定"支持南昌市建设省数字经济创新发展引领区的实施意见"，重点支持南昌市出台元宇宙产业扶持、招商引资等专项政策和具体举措。重点协调省数字经济发展子基金，与南昌市、红谷滩区数字经济类基金联投，支持试验区重大项目和高成长、初创型数字经济企业发展，扶持一批虚拟现实、人工智能、区块链等领域标杆企业。

（四）抢先招引头部企业

依托"2022世界VR产业大会"，强化精准招商，围绕硬件、平台、智能芯片、NFT、VR/AR/XR等重点领域加大招引力度，抢抓先机招引元宇宙头部企业到元宇宙试验区设立总部、创新平台、制造基地等，促进项目、人才、技术和资本有效对接和转移转化。

（五）规划建设标志性工程

严格落实江西省数据中心规划布局，适当超前考虑项目的算力需求和产业的发展需要，适时研究建设南昌元宇宙"超算中心"，为元宇宙及相关产业发展提供实时、稳定、充足的算力支持。规划布局VR/AR、人工智能与5G、数字文创、智慧会展、动漫游戏与电子竞技等产业社区，推动建设若干产业地标，构建从底层技术到软硬件创新、应用场景建设的元宇宙产业完整生态。

（六）谋划示范应用场景

支持科研院所和企业打造具有南昌特色元素的元宇宙应用示范场景，推动三维数字空间、虚拟数字人和NFT数字资产在产业发展、城市管理、民生服务等领域的开发应用，遴选一批优秀元宇宙应用方案，形成可复制可推广的示范案例。

南昌元宇宙试验区研究报告

近期，元宇宙成为全球横跨科技、金融、社会多个层面的"破圈"热词。元宇宙是在传统网络空间基础上扩展虚拟现实、区块链、云计算、数字孪生等多种技术后，重构而成的产业生态，是一种既映射又独立于现实世界的虚拟世界，代表互联网进化的未来形态。它通过改变数字生态、重构社会及生产关系、改善生活方式等重塑我们的世界。作为多种尖端科技的超级综合体，元宇宙将成为数字经济的强劲引爆点和具有战略意义的竞争领域，将引发全球科技产业的新一轮洗牌，产生新的国际分工体系。

一、对元宇宙发展的四大判断

通过跟踪元宇宙的发展动态和深入分析江西省情，我们对元宇宙发展有四大判断：国外领先、国内关注、赛道初形成、江西有优势。

（一）发达国家元宇宙发展处于技术领先位势

发达国家在数字经济、科技创新、产业组织等领域均有雄厚实力，在全球元宇宙发展中处于技术领先位势。

1. 美国：头部企业率先布局

受益于美国在算力引擎、人工智能、云计算、数字孪生等基础技术领域的深厚底蕴，头部企业在元宇宙领域争先布局。例如，包含 AR、VR、内部孵化器等项目的谷歌实验室正在重组；英伟达依靠先进的虚幻引擎技术在元宇宙生产端发力；微软拥有全球领先的 VR/AR 设备；脸书改名为 Meta（元宇宙），意在社交等元宇宙场景上走前沿。

2. 欧盟：着眼元宇宙治理规则

元宇宙的出现对国家间经济竞争可能产生重大战略影响，对政治、社会等领域产生潜在风险。因严格监管而闻名的欧盟更多关注元宇宙的监管和规则问题，将在治理规则上占据先发优势，从而保护欧盟市场。

3. 韩国：政府部门强力推动

韩国科技与信息通信部在 2022 年 5 月成立了包括现代、SK 集团、LG 集团等 200 多家韩国本土企业和组织的元宇宙联盟；财政部在 2022 年斥资 2000 万美元用于元宇宙平台开发；首尔市政府发布《元宇宙首尔五年计划》，将在政府所有业务领域打造元宇宙行政服务生态，向市民提供公共服务。

4. 日本：聚焦元宇宙场景应用

日本经济产业省于 2022 年 7 月发布了《关于虚拟空间行业未来可能性与课题的调查报告》，归纳总结了日本虚拟空间行业亟须解决的问题。社交巨头 GREE 宣布将开展元宇宙业务；Avex 和 Digital 联合成立 Virtual Avex 集团，计划将动漫、游戏、演唱会等活动虚拟化；软银斥资 1.5 亿美元投资韩国元宇宙虚拟社交平台 Zepeto。

发达国家的争相布局，深刻表明在新一轮技术革命和产业变革深度演化下，元宇宙将成为新一轮全球数字创新竞争的制高点。我们应以全球性、前瞻性、开放性的眼光看待这一新生事物，主动学习、及时跟踪，在元宇宙大势来临之时从容面对、把握机遇。

（二）国内元宇宙发展处在同一起跑线

元宇宙爆热后，国内一些省份相继认识到元宇宙是全球创新竞争的新高地，专家、民间机构关注度高，少数政府部门展开初步研究，但均未正式出台政策规划，也未进行实质性布局。

1. 北京市

北京市具备较好的元宇宙发展技术基础和产业基础。中关村大数据产业联盟在 2021 年 10 月召开国内首个元宇宙会议，与各个企业深入探讨元宇宙的技术大融合、产业大融合。

2. 贵州省

贵州省对元宇宙有关研究报告作出批示。根据批示要求，省大数据发展管理局在 2021 年 11 月召开学习研究元宇宙专题会，研究部署元宇宙落地的基础优势和重点工作，下一步将成立工作专班，建立工作机制。

3. 浙江省

浙江省经信厅在 2021 年 11 月组织召开了元宇宙产业发展座谈会，对元宇宙的概念理解、应用场景和产业发展进行探讨交流，高校院所专家和相关企业代表建议主管部门做好元宇宙产业的顶层设计，加大政策扶持力度。

4. 湖北省

在 2021 年 11 月召开的湖北省农业博览会上，与会代表提出结合全省前沿科技发展，谋划打造全球第一个元宇宙"灵境"乡村，打响元宇宙乡村数字化的第一枪。

5. 江苏省

2021 年 12 月召开的数字经济相关会议，江苏省发展改革委鼓励科研院所、企业加强元宇宙支撑技术的研发突破，并关注元宇宙发展面临的原则规范、技术伦理、数据安全等一系列问题，确保在安全可控的前提下推动元宇宙产业持续健康发展。

从各省市的动态来看，虽然元宇宙概念大热，也得到了专家、民间机构广泛关注，但国内各地政府尚未出台关于促进元宇宙产业发展的政策规划，总体仍处于未实质性布局的起跑前阶段。江西应当抓紧研究、出台政策、抢先布局，尽快培植好元宇宙率先落地的沃土，抢占元宇宙产业新赛道先机。

（三）元宇宙赛道初步形成

数字经济正在经历高速增长、快速创新，并广泛渗透到其他经济领域的阶段。而数字技术的出现，为元宇宙经济系统内生价值的形成和流转创造了条件，也是承载元宇宙走向现实的关键支撑。

1. 硬件支撑逐步夯实

元宇宙场景作为一种沉浸式体验，需要以硬件技术为支撑，依托更先进的通信设备、物联网、交互设备、算力设施等硬件设备支撑虚拟世界的接入与运行。当前 5G、6G 保持迅猛发展的势头，将大幅提升元宇宙虚拟空间的感知实时性；大型服务器和终端设备也已具备条件，能够支持元宇宙所需要的大量应用创新。

2. 软件技术不断成熟

元宇宙沉浸式体验不仅需要精细逼真的特效和技术性的渲染，还需要借助视觉以外的其他感官进行科技创新。VR、AR、MR、XR 等技术可以提供现实世界与虚拟世界的桥梁，已取得大幅进步；AI 技术也基本形成了大规模的渗透性应用的场景；区块链技术、空间音频技术、力反馈手套触摸技术等虽然在应用上不广泛，但作为前沿技术，已取得长足发展。

3. 产业细分领域前景广阔

在产业组织方面，众多互联网巨头在元宇宙的技术、消费、应用等层面积极探索，如谷歌、微软、三星和索尼都加入了 XR 协会，旨在塑造"体验现实"的未来；腾讯正在基础设施和 C 端同时发力；阿里巴巴、百度、网易等企业在虚拟演出、AR 开发平台、AI、云计算、虚拟引擎、社交游戏平台等多方面布局；中国移动通信联合会元宇宙产业委员会于 2021 年 11 月顺利挂牌，均为元宇宙从前端研发到终端商业场景应用的全链路探索奠定基础。

随着扩展现实、数字孪生、3D 渲染、云计算、人工智能、高速网络、区块链等技术的发展及终端设备的迭代，元宇宙概念已经具备场景应用的前期基础并正在逐步落地。江西应当深度研究元宇宙产业格局的细分赛道，主动谋划、精细刻画，深刻把握元宇宙发展的产业逻辑，力争打造精细化特色化元宇宙产业链条。

（四）江西元宇宙发展具有独特优势

元宇宙作为新兴的市场正在爆发前所未有的活力，将成为中国数字经济发展的重要板块。面对蓬勃兴起的元宇宙，江西具备自身的独特优势。

1. VR产业取得先发优势

VR通过全面接管人类的视觉、听觉、味觉以及动作捕捉来实现元宇宙的信息输入输出，是元宇宙的重要技术基础。江西率先提出打造VR产业的高地，全省VR产业规模从2018年的42亿元迅速扩张到2020年的298亿元，2021年突破500亿元，一大批签约项目落地落实，世界VR产业大会永久落户南昌，"VR让世界更精彩、江西让VR更出彩"口号响遍全球。

2. 电子信息产业走在前列

元宇宙的硬件、软件和内容产业链均需要电子信息产业的强力支撑。2020年江西电子信息产业营业收入已达5253.5亿元，列全国第八位、中部第一位；2021年已进至全国第七位，拥有规模以上电子信息企业600余家，基本形成智能终端和电子元器件两大产业，拥有吉安电子信息产业基地、南昌高新区等国家新型工业化（电子信息）产业基地。此外，江西信息安全产业产值已达24.02亿元，先后在抚州、南昌、赣州、鹰潭等地建立信息安全产业园，未来将为元宇宙安全发展奠定重要基石。

3. 数字经济"一号工程"成效初显

江西近年来以数字产业化、产业数字化为主线，培育了人工智能、区块链、量子计算等新技术新业态新模式，构建了特色鲜明、优势明显的数字产业体系，在"数字+教育"、"数字+医疗"、"数字+文化"、"数字+养老"等领域培育了一批数字化典型应用场景，为元宇宙发展营造了良好生态。

总体来看，虽然江西新兴产业规模和科技研发力量在全国并不具备优势，但就元宇宙领域而言，VR、电子信息和其他元宇宙相关的数字产业已经具备较好的发展基础，这将成为未来开启元宇宙宝箱的"秘钥"。因此，江西要实现在元宇宙领域的率先布局，并不是纸上谈兵，更不是天方夜谭，接下来应当扩大优势领域、补齐突出短板，乘势而上、抢占先机，在数字经济与元宇宙发展的高速列车上谋得重要一席。

二、南昌元宇宙试验区概念性规划初步构想

基于南昌在江西虚拟现实产业、软件业等领域的突出优势，江西探索打造南昌元宇宙试验区条件具备、意义重大，有利于更好引领全省数字经济"一号工程"高质量

跨越式发展。对此，应从元宇宙生产、生活、生态"三大空间坐标"重点发力。

（一）以数字产业为引擎的元宇宙"生产坐标系"，构建"一核三基地"元宇宙产业发展格局

建议在南昌打造全省数字经济创新引领区（南昌元宇宙试验区），重点布局"虚、芯、屏、端、网、云、智"①产业，推动各区域有序竞争、紧密协作、抱团发展，构建"一核三基地"的元宇宙产业发展格局，抢占元宇宙发展制高点。

1. "一核"

将九龙湖片区打造成元宇宙先导区。积极在南昌 VR 科创城、九龙湖科技文化旅游区、西客站片区央企总部产业园等地引进国内外数字经济头部企业，重点布局虚拟现实、人工智能与 5G、数字文化与网络视听、动漫游戏与电子竞技等产业社区，突出社区智慧化治理功能，力争将九龙湖片区打造成以虚拟现实软硬件结合、总部企业集聚、科创文创迸发、绿色低碳宜居的元宇宙先导区。

2. "三基地"

以南昌高新区、南昌经开区、小蓝经开区三大片区为支撑，将南昌打造成国内重要元宇宙生产基地。一是南昌高新区大力发展移动智能终端、5G 与物联网、软件和信息技术服务产业，加快建设全国移动智能终端示范基地，创建全国软件创新基地。二是南昌经开区积极促进智慧物流、智能制造、跨境电商等产业集聚，依托国家北斗卫星导航综合应用示范项目，鼓励国内外知名企业在南昌经开区设立研发总部。三是小蓝经开区大力发展智能网联汽车、智慧物流、智能装备产业，打造 VR 产业特色集聚区，建设智慧物流全国枢纽、省高水平智能制造基地。

（二）以九龙湖为核心的元宇宙"生活坐标系"，打造南昌元宇宙试验区场景示范

以九龙湖 30.8 平方千米起步区为大框架，在"一轴、一带、一湖、四区"的城市空间基本格局基础上，依托现有生产资源、生活配套和人口分布，导入元宇宙核心概念，谋划打造"一中心四片区"的元宇宙"生活坐标系"。

1. "一中心"

即打造九龙湖"太阳系"元宇宙社区。依托 VR 科创城、海绵城市、教育资源云集等优势，选择配套齐全、资源叠加的成熟社区，链接未来居民的生活需求，突出全生活链功能配置，建设更有归属感、舒适感的新型城市功能单元，在未来生活场景与生活空间融合上先行示范，打造九龙湖"太阳系社区"。其由若干"行星社区"组成，

---

① 虚：虚拟现实；芯：芯片设计、制造；屏：移动显示屏；端：移动智能终端；网：物联网、区块链；云：云计算、大数据、软件和信息服务业；智："人工智能+"。

以金星、水星等行星命名，紧密结合周边配套设施资源，着重推动邻里、教育、健康、创业、交通、低碳、建筑、服务、治理、生态等不同的元宇宙应用场景模块落地，争取在不同领域树立模块标杆，做到各具特色、"星光灿烂"，共同组成"太阳系社区"，与星空浩瀚的宇宙遥相呼应。

2. "四片区"

即在站南商贸会展综合区、滨江功能复合区、九龙湖科技文化旅游区、望城研发创意区的基础上，打造元宇宙特色化应用区域。一是站南商贸会展综合区以华南城、西站广场为核心，依托现有交易广场、写字楼、购物中心、步行街、星级酒店、大型超市等商业配套，以"商业空间元宇宙"为主方向，谋划线上商城、数字化虚拟现实体验、智慧化消费模式、品牌虚拟展览等元宇宙商贸购物应用场景，为周边居民营造消费新体验。二是滨江功能复合区依托沿赣江西岸城市轮廓和风貌景观，推动元宇宙概念与生活、居住、休闲、娱乐、商贸等城市功能融合交叉，重点开发数字体验、数字娱乐等场景，探索将滨江功能复合区建设为全省元宇宙科技体验前沿带。三是九龙湖科技文化旅游区依托 VR 前沿技术和文旅资源，探索将元宇宙前沿技术与文化、旅游、休闲体验融合，拓展元宇宙的游戏、社交、娱乐概念，引进专业运营团队开发元宇宙特色主题乐园，创造具有江西人文特色的大型移动布景，结合 VR/AR 等技术，增强用户沉浸式体验，打造全国元宇宙主题乐园标杆。四是望城研发创意区重点结合现有文化创意产业和研发基础，推动文化创意、影视制作、出版发行、数字动漫等相关产业与数字技术融合，对文创资源进行深度开发与数字再现，打造"元宇宙+文创"先行地。

（三）以数字基建和科研平台为支撑的元宇宙"生态坐标系"，厚植南昌元宇宙试验区落地土壤

1. 扎实推进数字新基建

一是依托江西作为"03 专项"试点示范省和 NB-IOT、增强机器类通信（eMTC）移动物联网网络率先部署的优势，大力推进高速光纤网络等信息通信基础设施建设，扎实推进移动物联网建设提升工程、5G 网络建设提升工程等数字新基建工程，建设泛在领先的通信基础设施和物联网络。二是积极布局一批数据中心、算力设施、模拟实验室，部署一批人工智能、区块链等领域的服务平台，做实元宇宙的通信基础、算力基础、生成逻辑等技术底座。三是聚焦融合型智能化基础设施，加快推进新型智慧城市数字底座、车路协同基础设施和智慧能源系统等基础设施建设，提升元宇宙场景应用的稳定性、成熟度和延展性。

2. 抢先布局元宇宙技术赛道

一是充分发挥创新平台在关键核心技术攻关的引领作用，支持数字经济领域重点实验室、工程研究中心，产业创新中心、技术创新中心、企业技术中心等研发平台和

高校、科研机构等创新机构,组织实施与 XR、区块链、人工智能等相应底层技术相关的"从 0 到 1"的基础攻关。二是全面梳理和编制元宇宙产业关键核心技术攻关和项目清单,重点针对数字孪生、脑机交互、成像感知、端云协同等关键技术研究与产品开发,组织实施技术攻坚工程,突破一批关键核心技术和"卡脖子"难题。三是加强元宇宙标准统筹规划,引导和鼓励有条件的企业和机构开展技术、硬件、软件、服务、内容等行业标准的研制工作,积极参与制定元宇宙的全球性标准,抢占元宇宙产业发展话语权。

三、下一步工作建议

元宇宙作为未来全球科技创新和产业变革的新蓝海,谁能尽早抢占元宇宙的高地,谁就有可能引领未来数十年的行业发展。为更好地推动江西抢占元宇宙发展先机,提出五点工作建议:

(一) 出台专项方案

加强对元宇宙发展的顶层设计,在编制出台江西数字经济发展意见的同时,同步出台促进元宇宙发展专项方案,形成推进江西数字经济发展的"1+1"政策文件,明确江西元宇宙产业的发展目标、整体布局和重点任务。

(二) 举行揭牌仪式

建议在江西省数字经济大会上举行南昌元宇宙试验区揭牌仪式,邀请省委、省政府主要领导出席见证,分管省领导和南昌市委主要领导共同揭牌。充分发挥南昌元宇宙试验区的示范带动作用,加快探索元宇宙在创造、娱乐、展示、社交、交易的创新应用,积极完善配套相关地方管理政策,推动形成可在全国推广复制的典型案例。

(三) 举办世界元宇宙高峰论坛

建议在每年召开世界 VR 产业大会的同时,召开元宇宙高峰论坛,搭建元宇宙产业发展交流合作平台,及时跟进元宇宙产业发展趋势,推动更多元宇宙科技成果在江西转化落地,打响元宇宙发展的"江西品牌"。

(四) 成立工作机构

建议在江西省发展数字经济培育新动能领导小组下设元宇宙发展推进工作组,由分管省领导担任组长，高位推动全省元宇宙产业发展；南昌市成立南昌元宇宙试验区管委会，由分管市领导担任书记、红谷滩区区委书记担任主任、红谷滩区区长担任常务副主任，形成省市县共同推动南昌元宇宙试验区快速发展的合力。

（五）成立元宇宙应用研发中心

集合数字经济领域现有的科创平台、龙头企业等创新力量，积极与腾讯、阿里巴巴等国内头部企业和中国移动通信联合会元宇宙产业委员会等行业组织开展合作交流，紧跟元宇宙技术发展前沿，探索在南昌元宇宙试验区组建成立元宇宙应用研究中心，开展应用模式创新研究，推动技术成果转化，打造国内一流的元宇宙研发平台。

新型显示产业发展分析报告

当前，全球新型显示产业正蓬勃发展，产值产量均创历史新高。新型冠状病毒感染更是催生了全球远程会议、远程教育、居家娱乐等广泛需求，特别是元宇宙的兴起，为新型显示产业带来重大发展机遇。

一、全球及我国新型显示产业发展分析

新型显示技术是指基于芯片及器件、使用新型光电子材料的图像高清再现技术，主要包括液晶显示（LCD）、有机电致发光显示（OLED）、激光显示（LD）、电子纸显示（E-paper）、量子点发光显示（QLED）等，其中，LCD 与 OLED 在新型显示市场中占有率最高。与传统阴极射线管显示技术相比，新型显示具有薄、轻、功耗小、辐射低、无闪烁等优点，其产品广泛应用于高端显示、可穿戴设备、车载显示、虚拟现实等领域，是数字经济发展的重要赛道和动能引爆点。

（一）全球新型显示产业发展分析

从体量规模来看，2021 年，全球新型显示产业产值突破 2500 亿美元，营业收入规模达 1366 亿美元，均创历史新高。其中，全球 OLED 显示面板 2021 年营业收入规模达到 407 亿美元，同比增长 34.6%；激光器预计到 2024 年销售收入将达到 206.3 亿美元；电子纸模组 2021 年出货量为 2.1 亿片，2022 年达到 4.2 亿片、同比增长超过 100%，整体终端市场规模预计将在 2025 年达到 723 亿美元，复合增长率高达 59%。

从格局分布来看，全球新型显示产业呈现多头竞争格局。日本是 LCD 显示屏量产的起源地，但在历经辉煌后接连被中、韩赶超。以三星、LGD 为代表的韩国厂商逐步退出 LCD 并转向 OLED 赛道，OLED 市场占有率超过 80%。中国经历了 10 年以上高速发展期，以 LCD、OLED 为主的平板显示产能已占据全球产能 60% 以上，LCD 市场份额约占 50%；LD 技术水平已居国际领先地位，海信视像、光峰科技在全球激光显示技术

专利排行榜上高居冠亚。中国台湾厂商在 LCD 领域具备传统优势，但市场份额逐渐被内地厂商取代，鸿海、友达等龙头厂商已将目光转向技术尚不成熟的 Micro LED 领域；而台湾元太科技在 E-paper 市场"一家独大"。此外，QLED 技术仍处于研发和产品更新阶段，量子点材料与量子点技术呈现中、美、韩三足鼎立的竞争格局。

（二）我国新型显示产业发展分析

为促进新型显示产业发展，国家出台了一系列支持政策。例如，科技部设立"新型显示与战略性电子材料"等"十四五"国家重点专项，广电总局组织开展"百城千屏"超高清视频落地推广活动，国家税务总局发布 2021～2030 年支持新型显示产业发展进口税收政策，明确了相关税收优惠政策。

近年来，我国新型显示产业链逐渐完善。2020 年，全国新型显示产业营业收入为4460 亿元，同比增长 19.7%，全球占比达到 40.3%，增长速度和市场占有率均居全球首位。据赛迪研究院统计，我国内地已建成 6 代及以上面板生产线 35 条，产线总投资达到 1.24 万亿元，年产能达到 2.22 亿平方米。京津冀、长三角、东南沿海以及成、渝、汉等中西部地区齐头并进的产业发展格局初步形成，集聚了京东方、维信诺、天马、华星光电、中电熊猫、龙腾光电等一批新型显示龙头企业。

未来新型显示将在 8K 电视、元宇宙等领域大有作为。2021 年，我国 8K 电视市场规模为 7.6 万台，2022 年达 15 万台，8K 电视市场渗透率有望从目前的不到 0.5% 升至 2025年的 7%。元宇宙实施的重要硬件"微型显示屏幕"，大概率采用 Mini LED 技术，将成为显示产业赛道新的风口。预计到 2026 年，仅消费类 VR 市场就将达到 160 亿美元。

表 1 2021 年我国新型显示产业集群一览

区域	城市	概况	龙头企业	部分重点项目
京津冀	北京经开区	形成了"运进石英砂运出数字电视整机"的产业链条	京东方、康宁、冠捷、住友化学、德为视讯	京东方、康宁等项目
	河北固安高新区	全国首个获批的"全国光电显示知名品牌创建示范区"、国家火炬特色产业基地	京东方、维信诺、鼎材科技、翌光科技、通嘉宏盛	京东方、维信诺等项目
长三角	合肥新型显示产业基地	年产值超 2000 亿元，在国内居于第一方阵，形成了涵盖上游装备、材料、器件，中游面板、模组以及下游智能终端的完整产业链	京东方、彩虹、乐凯、康宁、宝明科技、力晶科技、住友化学、长阳科技	宝明科技（超 20 亿元）、长阳科技（12 亿元）
	南京经开区	年产值超 1000 亿元，形成从上游材料器件，中游面板、模组到下游应用较为齐全的产业链条	韩国 LG 电子、日本夏普、京东方、中电熊猫	—

续表

区域	城市	概况	龙头企业	部分重点项目
长三角	江苏昆山经开区	形成了"原材料—面板—模组—整机"的完整产业链	东旭光电、龙腾光电、弘凯光电、合丰泰、维信诺、康佳、国显科技、迈为股份	弘凯光电（10亿元）、合丰泰（50亿元）、迈为股份（15亿元）
	上海金山工业区	整合了从上游材料、设备、组件，到下游智能终端应用等配套项目	和辉光电、沈阳芯源	沈阳芯源（6亿元）
东南沿海	深圳光明科学城	形成了"龙头企业—重大项目—产业链条—产业集聚—产业基地"的集群发展模式	TCL华星光电、天马微、旭硝子、盛波光电	国显科技（4.6亿元）、TCL华星光电（18亿元）
	广州新型显示产业集聚区	千亿级产值，初步形成覆盖摄录编播的超高清视频全产业链	TCL华星光电、LGD、维信诺、国显科技	TCL华星光电（120亿元）、国显科技（24亿元）
	厦门火炬高新区	年产值超1500亿元，已形成覆盖LED、玻璃基板、面板、模组、液晶显示器、整机等较为完整的产业链	天马、友达、隆利科技、冠捷、宸鸿、厦门电气硝子	厦门电气硝子（6.5亿元）、隆利科技（14亿元）
中西部	成都高新区	形成了上游原材料、中游显示面板到下游终端生产的全产业链	京东方、天马、维信诺、三维大川、长虹、富士康、联想	京东方（25亿元）、三维大川（5.6亿元）
	武汉光谷	我国最大的中小尺寸显示面板聚集区	天马微电子、TCL华星光电、鼎龙股份、创维、康宁	TCL华星光电（150亿元）、创维（35亿元）
	重庆巴南经济园区	从液晶材料、光电器件、玻璃基板、液晶面板、液晶显示模组到整机等全产业链	惠科金渝、汉朗光电、莱宝科技	莱宝科技（3.5亿元）

表2　新型显示产业主要龙头企业

类型	龙头企业
LCD	京东方、天马微、华星光电、中电熊猫、惠科、信利光电、莱宝科技、群创光电（中国台湾）、友达光电（中国台湾）、鸿海集团（中国台湾）、JDI（日本）、Sharp（日本）
OLED	京东方、天马微、华星光电、维信诺、和辉光电、三星（韩国）、LG（韩国）
LD	海信视像、光峰科技、深康佳A、极米科技、四川长虹
E-paper	元太科技（中国台湾）、合力泰、秋田微、汉王科技、亚世光电、东方科脉
QLED	三星（韩国）、深纺织A、兆驰股份、TCL

二、兄弟省份主要发展举措

近年来，国内新型显示产业发展迅速，集聚发展态势愈加明显。多个省份提出要大力发展新型显示产业，实现关键核心技术突破。

（一）加强前瞻性规划布局

多地发布新型显示专项规划，明确新型显示产业发展的主要方向、重点任务、核心技术等。《安徽省"十四五"开发区高质量发展规划》发布，支持新型显示龙头企业加快超高清、柔性面板等量产技术研发，在超大尺寸、8K等显示领域开拓新的增长点。《河南省"十四五"制造业高质量发展规划》、《河南省新型显示和智能终端产业发展行动方案》印发，提出新型显示产业将坚持"龙头带动、屏端联动、集群配套、链式延伸"，重点引进OLED、Micro OLED等显示面板项目。《河北省新型显示产业创新发展三年行动计划2018—2020年》印发，组织实施"产业聚集发展、产业链延伸提升、技术创新升级、深化开放合作"四大行动，提升产业竞争力。《湖南省新型显示器件全产业链发展提升三年行动计划（2020—2022）》出台，推动新型显示器件产业与智能网联、5G、工业互联网、大数据、云计算等数字产业融合发展。

（二）立足发展基础推动产业链条延伸

从自身产业发展基础出发，聚焦行业技术创新、原材料拓展和终端应用开发，着力推进新型显示产业向价值链高端迈进。浙江省加快新型显示产业从元器件向面板和整机发展，积极引入高世代TFT-LCD、OLED、AMOLED面板线，大力拓展显示终端应用市场。河北省组织实施产业链延伸提升行动，推进上游单色液晶材料、液晶玻璃基板等基础材料技术创新，提升现有中小尺寸面板质量工艺水平，巩固液晶显示材料、玻璃基板优势地位。河南省拓展升级智能手机、车载手机终端、超高清医疗显示器等智能终端产业，大力挖掘新型显示终端市场。重庆市推动新型显示器件本地产业化，发展基于5G的4K、8K高清视频以及AR/VR/MR、全息成像、裸眼3D等技术，争取创建国家制造业创新中心。广州市实施技术延链行动，推进"5G+超高清"与先进制造、医疗健康、文教娱乐、智能交通、安防监控等领域融合，加快行业创新应用。

（三）结合地方优势实行一系列保障措施

围绕新型显示产业推出一揽子资金、土地、人才等要素保障措施，为产业创新发展营造良好环境。广东省发布 2022 年重点建设项目计划，包含了 12 个新型显示领域项目共计 1200 亿元投资，其中 2022 年投资约 110 亿元。河北省设立 100 亿元的新型显示产业发展基金、10 亿元的国投京津冀科技成果转化创业投资基金等 8 只产业基金，形成"引导基金—天使投资—风险投资—银行贷款"的完整资金链。湖南省成立新型显示产业专家咨询委员会，组建高端智囊团，并推动省市重点院校、科研院所等在人才培养方面进行产学研合作。广州市优先保障新型显示重大项目生产用地，鼓励通过厂房加层、厂区改造、内部土地整理、开发建设地下空间等途径提高土地利用效率。成都市对新型显示产业固定资产投入达到一定标准的市场主体，最高给予 1000 万元奖励，并对相关产品链创新应用、服务型制造等企业给予一定的奖励或补助。

三、江西新型显示产业发展分析

新型显示作为电子信息产业的重要新兴领域，产业发展前景广阔。江西既有发展基础和优势，也面临创新不足、企业流失等困难和挑战。

（一）基础和优势

一是电子信息产业基础良好。电子信息产业作为江西优势产业，2021 年营业收入达 6688 亿元，居全国第七位、中部第一位，涌现了华勤电子、立讯制造、欧菲光、合力泰、木林森、勤胜电子等 8 家龙头企业，培育了 15 个特色鲜明的产业集群；电子元器件产业营收超 2500 亿元，硅衬底 LED 原创技术是当今世界 LED 第三大技术路线。此外，智能终端作为新型显示下游的重要产业，也是江西电子信息产业的优势领域，这些都为江西发展新型显示提供了坚实基础。二是产学研协作持续深化。江西在电子信息通用及关键性技术上持续发力，一批技术含量高的重点项目落地并推动了关键技术的产业化。南昌大学国家硅基 LED 工程技术研究中心等一批重点科研平台先后落地，全省电子信息领域工程技术研究中心已超过 50 家。三是产业联动具备优势。粤港澳大湾区已将高端电子信息产业列为发展重点，将在新型显示等重点领域培育一批重大产业项目。江西依托初步形成的"一轴、四城、十基地"电子信息产业布局，携手与大湾区共同打造新型显示、智能终端等新兴产业集群具有区位交通、政策红利等多方面的独特优势。

（二）短板和挑战

一是产业生态体系不够健全。江西在新型显示产业的布局较少，产品、新兴技术等方面的配套能力相对薄弱，新型显示在文教娱乐、安防监控、医疗健康、智能交通、工业制造、智能家居等新兴领域的应用场景不够丰富。二是企业外迁压力较大。企业外迁尤其是部分龙头企业、重大项目流失，对江西快速集聚一批新型显示产业链各环节配套企业带来较大困难。例如，立讯智造迁移了约一半的生产线到越南，欧菲光正加快在安徽的产业布局。三是支持力度有待提升。安徽、湖北等地作为新型显示产业集中区，在财政、税费、信贷等方面拿出"真金白银"招引项目。例如，合肥成立超过 200 亿元的芯屏基金，带动社会资本支持产业发展。与之相比，江西在政策扶持力度上有差距。

四、对策建议

为深入推进数字经济做优做强"一号发展工程"，进一步巩固江西电子信息产业发展优势，抢占新型显示产业赛道，现提出以下建议：

（一）引导"元宇宙+新型显示"发展

结合南昌红谷滩区建设元宇宙实验区，顺应元宇宙时代新型显示发展方向，培育游戏娱乐、智能工业、视频直播、智慧教育、智慧医疗等场景需求，支持新型显示材料、AR/VR 等新型视听终端产品研发制造，推动全息显示、虚拟现实、裸眼 3D 显示等新型显示终端应用的发展，加快打造新型显示产品生产基地，培育电子信息产业新的增长点，助力实施强省会战略。

（二）优化省内产业布局

依托京九（江西）电子信息产业带，在南昌、吉安、赣州合理布局新型显示核心技术研发、上游基础材料、中游配套器件、下游显示终端，力争实现 VR 设备、小尺寸高端柔性显示屏、电子纸等产品和关键设备多点突破，培育 IC 驱动芯片等核心元器件显示配套企业，促进产业加速聚集和规模扩张，构建链条畅通、协同高效的新型显示产业发展生态圈。

（三）积极引进头部企业

密切关注京东方、TCL、维信诺等头部企业发展，主动了解头部企业投资或产能转移动向，开展"一企一策"招商引资。借鉴成都、合肥等地产业基金、优势资本、风险投资、高端论坛等招商方式，形成"引进团队—国资引领—项目落地—股权退出—

循环发展"闭环。重点推进兆驰红黄光及 Mini/Mirco LED 生产项目、吉安木林森 LED 全产业链项目等一批重大项目建设，强化要素配置，加快项目建设步伐。

（四）强化技术创新

支持量子点显示、激光全息、印刷显示、虚拟现实显示等新技术的前瞻布局，力争攻克 Mini/Mirco LED、OLED 等产品技术难点，发展面向普及型消费领域的移动端、CAVE 沉浸式系统等多形态虚拟现实显示系统。支持优势骨干企业与高等院校、科研院所协同创新，整合行业优势创新资源，组建新型显示制造业创新中心，开展新型显示领域关键共性技术研发，促进创新成果孵化转化。

（五）完善政策措施

充分发挥省电子信息产业链链长制抓总协调作用，把新型显示作为重点产业加强指导，支持企业积极争取国家级重大专项、试点示范等扶持政策，及时协调解决产业发展中的重大问题。密切关注国内外新型显示产业发展动态，加强新型显示产业发展研究，适时制定江西新型显示产业发展行动计划。协调省数字经济发展子基金，优先支持新型显示重大项目和龙头企业发展。积极落实新型显示器件进口物资税收优惠、进口设备增值税分期纳税等政策，争取江西新型显示器件有关进口物资及重大技术装备纳入国家进口税收优惠政策目录。

江西发展集成电路产业的对策建议

新一轮区域和城市竞争，越来越体现在科技创新整体实力和战略性新兴产业的竞争中。以芯片为代表的集成电路产业是科技自立自强的基础领域，是支撑经济社会发展的战略性先导产业，也是促进制造业转型升级、实现高质量发展的关键力量，正迎来前所未有的黄金发展期。

一、集成电路产业的政策导向和发展动态

（一）国家政策导向

国家高度重视芯片和集成电路产业发展，2000年、2011年、2014年陆续出台了《鼓励软件产业和集成电路产业发展的若干政策》、《进一步鼓励软件产业和集成电路产业发展的若干政策》、《国家集成电路产业发展推进纲要》等多个重要扶持文件，全面优化完善高质量发展芯片和集成电路产业的有关环境政策。

尤其是2020年7月，国务院发布《新时期促进集成电路产业和软件产业高质量发展的若干政策》，从财税、投融资、研发、进出口、人才、知识产权、市场应用和国际合作8个方面明确了扶持政策，被业界视为产业发展领域力度最大、干货最多的政策文件。此后，工信部、财政部、商务部、国家知识产权局、教育部陆续推出了一系列配套政策措施。

在国家政策利好的刺激下，各大企业开始争相投资集成电路产业，仅在2020年全国新加入的半导体企业就达2万多家，其中大部分为跨界进入集成电路行业。2020年底以来，集成电路行业盲目投资导致的市场乱象逐步浮出水面，有些企业"浑水摸鱼"拉投资，导致大量资金资源浪费，由此引起了中央高层的高度关注。

为有序引导和规范集成电路产业发展，国家发展改革委等部门加强了对集成电路项目规划布局的窗口指导，政策导向主要体现为"两个集中"。一是区域集中。重点引

导向三大区域集中，分别是以上海为核心的长三角地区、以北京为核心的京津冀地区、以深圳为核心的珠三角地区，中西部地区主要向成都、武汉等中心城市集中。同时，推动集成电路产业集群建设，支持产业园区特色化、高端化发展。二是主体集中。防止集成电路产业投资过热带来的"劣币驱逐良币"效应，引导和支持优质资源和要素资本向龙头企业集中。地方招引集成电路项目，原则上要依托在业界经营期较长、有较强自主创新能力的行业龙头企业。鼓励集成电路企业加强资源整合，按照市场化原则进行重组并购。

（二）国内发展动态

近年来，国内集成电路产业实现高速增长，主要呈现以下特点：

1. 从产业规模看

我国已成为全球最大集成电路消费市场，约占全球市场需求的40%。2020年，国内集成电路销售收入达到8848亿元，"十三五"时期年均增长率达到20%，为同期全球增速的3倍；集成电路进口总额为24207亿元，同比增长14.8%。2021年上半年，我国集成电路产量1712亿块，增长48.1%，已经达到2020年全年产量的66%。

2. 从区域格局看

主要分布在省会城市或沿海的计划单列市，为"一轴一带"格局。"一轴"是指沿江发展轴，从成都、重庆、西安、武汉、合肥直到南京、上海；"一带"是指沿海发展带，从大连、北京、天津、青岛再到厦门、福州、深圳、广州。总体呈现燕翅型布局，以上海为中心的长三角是燕头，珠三角、环渤海湾是两个翅膀，中西部是燕子的尾巴。

3. 从市场主体看

我国已拥有芯片企业超过6万家，企业实力稳步提升，技术创新不断突破。制造工艺、封装技术、关键设备材料水平都有大幅提升，在设计、制造、封测等产业链上涌现出一批新的龙头企业。众多的新生产品在2020年前后集中进入流片投产阶段，预计集成电路产能将在两三年内实现爆发式增长。

4. 从行业结构看

集成电路产业链中芯片设计、晶圆制造和封装测试三业格局不断优化。芯片设计业向产学研合作密集区域汇集，晶圆制造向资本密集度高的地区汇聚，封装测试行业向劳动力充裕且成本较低的区域加速转移，逐步形成了以芯片设计为龙头、封装测试为主体、晶圆制造重点统筹的产业生态链。

5. 从投资分布看

总体呈现"沪苏浙一枝独秀，粤京皖发力追赶"的态势。2020年，全国集成电路行业投资主要发生在长三角地区，沪、苏、浙三地集成电路企业全年共获得186次投资，占全国总数的54.1%，产业布局位居全国之首。投资重心进一步南移，突出表现为头部企业南迁，如 2020 年紫光展锐、豪威科技等知名企业将总部从北京迁往上海，中芯国际新增产能落户上海临港新城等。

6. 从技术迭代看

当前第三代半导体正处于高速发展的黄金赛道。与第一、第二代半导体材料相比，第三代半导体（碳化硅等化合物材料）具有耐高温、耐高压、低功耗、小型化的特性，在新能源车、光伏风电、工业电源、消费电子等领域有广阔的应用前景。同时，第三代半导体属于新兴技术，国内外差距不大，且投资规模相对较低，各地政府已积极参与到项目投资，迎来了快速发展的契机。

二、海外和中国台湾地区发展集成电路产业的实践

（一）美国的产学研一体模式

20 世纪 80 年代后期，美国出现许多由政府、企业和大学联合设立的半民间型顾问公司，通过政府资助的产、学、研一体发展模式，促进了美国集成电路技术和产业的发展。美国政府和企业先后推出了多个先进技术计划，推动在集成电路领域维持领先地位。此外，军事国防领域的巨大需求也是美国集成电路产业发展的重要推动力量。在集成电路发展早期，美国军工企业采购半导体元器件数量占比超过 50%，并带动了 PC、网络设备、通信设备等下游产业的发展。

（二）日本的国家干预模式

日本的集成电路产业发展思路与美国有着很大的不同，从一开始就体现出明显的国家干预特点。政府从政策和资金两方面对集成电路产业进行扶持，探索出一条引进、消化、吸收和追赶的技术路线。一方面通过政策来支持和控制集成电路产业；另一方面鼓励有资金和技术优势的企业通过联合研发来加强技术及生产能力。目前，日本牢牢控制了全球集成电路上游领域，占有全球 37% 的集成电路生产设备和 66% 的集成电路材料市场。

（三）韩国的龙头带动模式

韩国是集成电路产业的后起之秀，体现出非常明显的后发追赶特点。在国内政策和金融业的支持下，少数龙头企业（三星、海力士）通过跨国的生产基地起步，集中力量在特定领域（如存储器）全力突破，先扩大产业规模，再带动技术进步，实现了

跨越式发展。以韩国三星电子为例,在政府和财团的资助下,集中力量在存储器等特定领域全力突破,在全球各地成立三星综合技术院(SAIT),逐步在芯片设计、制造、封装和测试等关键环节建立自己的技术优势,击败了众多美国的集成电路行业巨头。

(四)中国台湾地区的专业代工模式

中国台湾地区的集成电路从20世纪70年代的封装环节发轫,起步于80年代末的晶圆代工厂,逐渐成为全球集成电路产业的重要力量。70年代中国台湾地区设立了非营利性质的工业研究院,并由该院牵头,按照"二高二低二大"(即技术密集度高、附加价值高,能源密集度低、污染低,关联度大、市场潜力大)的原则,选择机械工业和资讯产业作为重点工业进行培植。从1987年全球首家专业晶圆代工厂台积电发展开始,带动一批中小企业走上了专业代工的道路。新竹科学工业园更是逐步形成了覆盖芯片设计、光罩制板、芯片制造、封装、测试等环节在内的产业集群。

三、江西发展集成电路产业的基础条件

(一)较好的电子信息产业基础

"十三五"时期,江西省电子信息产业主营业务收入从3312.2亿元增至5253.5亿元,年均增长逾18%,高于全国同行业平均水平8个百分点;产业规模排名从全国第12位、中部地区第2位上升至全国第8位、中部地区第1位。全省电子信息产业正加速从以电子元器件为主的单一产业结构,向"整机+关键元器件+电子材料"加速转变。颇具规模的电子信息产业集群,为江西发展集成电路提供了坚实的基础。

(二)传统的军工产业基础

江西是人民兵工的发祥地,军工领域具有较好的资源优势和产业基础。2020年全省军民融合型企业达200多家,"民参军"、"军转民"成效显著,形成了以洪都集团、昌飞公司、省军工控股集团、泰豪科技为主的一批龙头企业,军民融合产业规模超过千亿元。特别是近年来江西信息产业军民融合发展力度逐步加大,在集成电路一些细分领域具有技术和制造优势。

(三)一定的市场主体基础

随着创新型省份建设提速,江西在VR、移动物联网、LED等与集成电路产业关系

密切的新兴领域取得部分先发优势。例如，南昌大学国家硅基 LED 芯片，由自主研发的第二代 MOCVD 设备生产，技术达到国内领跑水平。同时，引进培育了江西龙芯微科技有限公司、江西万年芯微电子有限公司、江西联智集成电路有限公司、江西创成微电子有限公司、江西芯诚微电子有限公司等一批从事集成电路设计和研发的企业，为江西集成电路产业发展开展了有益的先行探索。

四、江西发展集成电路产业的对策建议

江西应坚持积极稳妥但有所为有所不为，按照"集中布局、细分切入、招大引强"的发展思路，立足比较优势，加强政府引导，从集成电路细分领域入手，走特色工艺技术路线，逐步培育壮大具有江西特色的集成电路产业集群，为全省数字经济发展提供创新供给和基础支撑，并为国家自主创新战略作出江西贡献。

（一）明确全省只在南昌发展集成电路产业

鉴于集成电路产业属于资金、技术、人才"三个密集型"产业，投资大、周期长、风险高，建议遵循"区域集聚、主体集中"原则，省级统筹资源资金集中支持南昌市依托南昌高新区、小蓝经开区，联合赣江新区（重点是南昌经开区），高起点、高标准规划建设集成电路产业园，瞄准"电子信息竞争力百强企业""中国半导体集成电路七大领域十强企业"等重点榜单，合力招引头部企业，带动集聚一批中小企业，将集成电路产业打造成大南昌都市圈建设和实施强省会战略的标志性产业链。

（二）依托电子信息产业基础找准细分领域

深入推进万亿级京九（江西）电子信息产业带建设，鼓励龙头企业与有能力的研发创新主体联合攻坚，采取"挂帅"和"赛马"机制，力争在新型光电显示、VR、光学设备、印刷电路板、电子材料、智能传感器等集成电路细分领域关键技术上取得突破。避开通用（尤其是低端）芯片红海，选择符合条件的移动智能终端、可穿戴设备、半导体照明等专用芯片研发设计为切入点，精准引进集成电路先进工艺生产线，提升本土芯片设计、制造、封测等能力，完善封装胶、化合物、测试等相关材料供应链，力争在专用芯片上实现快速起步。

（三）充分发挥新基建带动效应

随着新基建的稳步推进，集成电路行业迎来巨大的市场需求和更多新机遇。聚焦

5G、物联网、工业互联网、人工智能等新基建，发挥好终端应用牵引的作用，针对性发展适销对路的集成电路技术和产品。面向新能源汽车、北斗卫星应用、智能家居等重大应用，组织开展"芯片—整机"交流对接活动，支持设计企业联合整机、制造企业共同开发技术先进、自主安全可控的芯片、基础软件及整机系统。

（四）加快发展第三代半导体

第三代半导体已迅速进入新能源汽车、充电桩、光伏逆变、5G 基站、PD 快充等应用领域。以第三代半导体器件应用到光伏逆变器为例，转换效率可从 96% 提升至 99% 以上，能量损耗降低 50% 以上，设备循环寿命提升 50 倍。江西也应搭上新能源汽车和光伏产业发展快车，依托本土较好的汽车产业基础和完整的光伏产业链，积极分享第三代半导体发展红利。

（五）加强军地战略合作

将军民融合应用与集成电路产业发展结合，深化与中央企业特别是军工中央企业的战略合作，推动在赣设立区域性总部企业或研发中心，鼓励其加大投入力度，加快布局军民融合集成电路产业项目。打破军民两用技术进入相关行业的壁垒，推动军民两用集成电路技术的研发和成果转化。引导军工中央企业采购江西具有自主知识产权、替代进口的集成电路技术与产品。

（六）将集成电路产业作为开放合作的重点领域

深化赣京、赣沪、赣深等合作，将集成电路产业合作列入"十四五"重点事项。借力北京、上海高校与江西战略合作和校省共建，引导集成电路创新成果在赣进行转化。深入对接央企，围绕航空、新能源、通信等领域的技术需求，共同组织一批具有较大量级和较强示范带动作用的集成电路应用示范项目。依托赣台会平台，推动赣台集成电路产业交流合作。加强与日韩半导体头部企业战略合作，参与共建东北亚集成电路产业供应链和创新链。

（七）搭建集成电路创新发展平台

依托南昌集成电路产业园建设集成电路产业链公共技术服务平台，组建集成电路产业技术联盟。在南昌综合保税区开展集成电路保税研发试点，以加工贸易方式对集成电路研发设计实施监管，破解集成电路研发流片贵、税负高、通关难等问题。主动对接"卡脖子工程"、"华为备胎计划"，积极参与申建国家集成电路领域重点实验室，推动优势产品及关键零部件企业进入国产替代等重大战略产业链、供应链体系。

（八）制定集成电路人才专项支持政策

针对高端人才"头人"匮乏和技术工人"人头"不足的两难问题，一方面，实施集成电路高端人才引进工程，通过境内外专题推介交流，与知名半导体协会、集成电路设计研发机构等建立密切联系，加快从全球靶向引进高端领军人才、创新团队和管理团队，优化省相关高层次人才引进计划将集成电路产业列入重点支持方向。另一方面，抓住"部省共建国家职业教育创新发展高地"契机，深化产教融合、校企合作，政、校、企多方协同推动建设"进校即入厂、毕业即就业"的集成电路职业院校。

（九）推进集成电路应用场景建设

通过开放应用场景，能够为企业拓展市场提供新实验空间，为推动创新成果应用提供孵化平台。建议南昌市从强省会建设需求出发，以重大工程建设、城市数字化管理、产业转型升级、优化公共服务等为资源，在市政、交通、环保、教育、医疗卫生、园林绿化等领域加快推出一批应用场景，推动大型国企、总部企业率先与集成电路及新产品新技术企业合作，加大本土集成电路、电子信息技术和产品在企业供应链中应用替代。

（十）探索金融创新助力集成电路产业发展

鼓励和引导金融机构创新提供差异化金融产品和服务模式支持集成电路产业，加大对重大科技成果转化、并购重组等方面的金融支持。组建国有资本投资平台，加快构建"资本+创新+产业+建设+运营"五位一体的发展模式，有力支持南昌集成电路产业园建设。实施"映山红行动"集成电路专项，深化与上交所、深交所、京交所、上海股权托管交易中心等合作，加大对集成电路类科创企业挂牌、上市的培育辅导和财政奖励。借力融资租赁和供应链金融，对发展前景好的集成电路企业，采取设备"平台购置、企业租赁"的方式给予支持，完善知识产权价值认定及质押担保机制，打通集成电路设备变现退出通道。组建江西省集成电路产业发展股权投资基金，积极对接国家集成电路产业投资基金二期（约2000亿元），引导银行、风投、民间资本注入，合力推动产业发展。

专题二

全面实施营商环境优化升级
"一号改革工程"

高质量实施江西营商环境优化升级 "一号改革工程" 对策研究

习近平总书记指出："营商环境只有更好，没有最好。"江西省第十五次党代会强调要坚持把营商环境优化升级作为全省"一号改革工程"，打造一流的营商环境，打响"江西办事不用求人、江西办事依法依规、江西办事便捷高效、江西办事暖心爽心"营商环境品牌，这是江西省委、省政府立足时代发展大势和江西发展现实方位作出的战略考量，具有全局性的战略意义。

一、实施营商环境优化升级 "一号改革工程" 是江西厚植战略竞争优势和永续发展动力的关键举措

（一）营商环境是区域竞争力的 "晴雨表"

营商环境作为市场主体从事创业、创新、融资、投资等活动时所面临的外部环境的综合性生态系统，它的好坏优劣直接关系市场主体的积极性与活跃度、资源要素的流动性与聚集度，是影响区域竞争力的关键因素。从我国经济发展看，党的十八大以来，我国深入推进简政放权、放管结合、优化服务，出台《优化营商环境条例》，营商环境大幅优化（世界银行数据显示，中国营商环境排名从 2013 年的第 96 位提升到 2019 年的第 31 位，是全球营商环境改善最显著的 10 个经济体之一），推动我国经济发展不断迈上更高质量的新台阶。10 年来（2012～2021 年），我国经济总量由 53.9 万亿元上升到 114.4 万亿元，占世界经济比重从 11.3% 上升到超过 18%；市场主体总量从 5500 万户增长到 1.58 亿户；创新指数全球排名从第 34 位上升到第 12 位；货物贸易国际市场份额从 10.4% 提升到 13.5%。从国内其他省份发展来看，营商环境较好的地区，其经济总量、创新能力、市场主体数量和层次、要素质量和规模等经济指标表现优异（以全国工商联发布 2021 年度 "万家民营企业评营商环境" 排名前 10 省份为例）。

表1　营商环境排名前10省份与江西相关经济指标在全国排名情况

省份	营商环境排名	GDP		科技创新能力排名	市场主体		上市企业		实际利用外资	
		总量（万亿）	排名		总量（万户）	排名	总量（家）	排名	总量（亿美元）	排名
浙江	1	7.35	4	5	868.47	4	624	2	183	7
广东	2	12.44	1	2	1526.44	1	807	1	275.04	2
上海	3	4.32	10	4	318.97	19	430	5	225.51	3
江苏	4	11.64	2	3	1358.9	2	602	3	288.5	1
山东	5	8.31	3	9	1328	3	281	6	215.2	4
北京	6	4.03	13	1	223.65	24	437	4	155.6	9
四川	7	5.39	6	7	771.64	6	162	8	115.4	12
湖南	8	4.61	9	10	546.12	11	135	10	24.1	17
河南	9	5.59	5	13	851.8	5	99	12	210.73	5
福建	10	4.88	8	12	676.72	8	167	7	58	15
江西	11	2.96	15	16	402.5	15	71	14	157.8	8

资料来源：全国工商联发布2021年度"万家民营企业评营商环境"报告、工信部赛迪顾问2021科技创新省（区、市）排行榜以及各省份官方统计网站。

（二）营商环境建设赛场上已形成"千帆竞发、不进则退"的竞争态势

在我国经济已转向高质量发展阶段的背景下，无论是沿海发达地区还是内陆省份，大家都在"植桐引凤"中比速度、比效率、比服务。东部地区，如北京于2017年在全国率先出台改革优化营商环境实施方案；上海自2017年起连续5年出台优化营商环境工作方案、召开全市优化营商环境大会；广州自2018年起将优化营商环境作为全面深化改革"头号工程"。这3个地区均已列入国家优化营商环境创新试点地区，优化营商环境行动方案实现从1.0版到5.0版迭代升级。中部地区，如河南提出把优化营商环境作为战略性基础工程，2018年开始常态化开展"万人助万企"活动；山西在全国率先开展全省域营商环境评价工作试点。西部地区，如贵州从2017年起率先采用世界银行营商环境评价标准对全省88个县进行营商环境第三方评估，是全国少数、西部第一个主动对标国际营商环境的省份。

（三）伴随着营商环境的不断优化升级，江西高质量发展的步伐更加稳健

近年来，江西主动对标国际国内先进水平，对照企业和群众期盼，先后成立省委、省政府主要领导任双组长的省优化营商环境工作领导小组，在全国率先推行"一照通办"改革，推广"容缺审批+承诺制"、"六多合一"、"一件事一次办"集成审批等改

革，构建起以《江西省优化营商环境条例》为基础性立法、其他法律法规为支撑的"1+N"法律制度体系和以《关于深入推进营商环境优化升级"一号改革工程"的意见》为主的系统完备政策制度体系，推动营商环境持续向上向好。全国工商联组织的2021年度"万家民营企业评营商环境"结果显示，江西营商环境在全国排名第11位，比2020年提升了7位。在营商环境不断优化的同时，江西主要经济指标增速持续保持全国前列，2021年全省GDP接近3万亿元，全国排名上升到第15位，创下有GDP统计以来的最好排位，在全国构建新发展格局中位势进一步提升。

综合分析，高质量实施营商环境优化升级"一号改革工程"，有利于江西保持经济稳中有进的良好发展态势，更有利于江西提升高端要素集聚和优势资源整合能力，有望推动江西在新一轮区域竞争赛道中抢占先机、赢得主动。

二、高质量实施江西营商环境优化升级"一号改革工程"的比较优势和主要挑战

（一）具备良好的比较优势

立足省情实际，综合比较分析，江西高质量实施营商环境优化升级"一号改革工程"拥有多重比较优势。

1. 战略支撑优势

长江经济带发展、中部地区高质量发展等国家战略以及鄱阳湖国家自主创新示范区、新时代支持革命老区振兴发展等区域战略在江西叠加集成，建立的国家开放口岸、综合保税区、跨境电商综合试验区、国家外贸转型升级基地等国家级平台以及103个省级以上开发区，均有利于江西对标国际先进规则，先行先试，加速推进贸易、投资、流通、监管便利化等改革进程，构建更加自由、便利、高效的对外开放环境。

2. 区位交通优势

江西处于沿海腹地、内陆前沿，具有承东启西、连南接北的独特区位优势，是全国唯一同时毗邻长三角、珠三角和海西经济区的省份，即将形成的南昌超米字形和赣州米字形高铁，以及正在谋划推动的赣粤运河，将大大缩短江西与全国各地之间的时空距离，推动江西成为长三角、粤港澳等全国开放程度最高、经济活力最强、创新能力最优地区的重要腹地，极大提升江西资源配置的能力和水平，助力市场主体不断拓宽市场边界和经济版图。

3. 产业基础优势

江西工业体系完整，在联合国分类的41个工业大类中江西拥有38个，在207个工

业中类中江西拥有 191 个。门类齐全、规模较大、分工协作的产业体系，有利于江西全面融入国际国内产业分工体系，吸引国内外特别是沿海地区先进制造业中更多细分领域优秀企业向江西转移集聚，进而带动形成大中小企业紧密协作、融通发展的产业生态。

4. 人文生态优势

绿色生态是江西最大财富、最大优势、最大品牌。江西具有独特而厚重的文化优势，稻作文化、陶瓷文化、商帮文化、中医文化、客家文化等名扬中外。宜居宜业、和谐包容的人文生态环境有利于吸引和聚集大批龙头企业、高层次人才等要素，不断提升经济发展活力。

（二）面临的主要挑战

近年来，江西营商环境优化升级取得了明显成效，部分改革走在全国前列，但与沿海发达地区相比，总体停留在 3.0 阶段，仍然存在代差，突出表现在以下几个方面：一是投资创业还不便捷。根据全国工商联发布的 2021 年度"万家民营企业评营商环境"结果，与 2020 年相比，江西 14 个二级指标中有 2 个指标排名下滑，服务便利是其中之一。例如，江西开办企业时间平均在 1.5 个工作日左右，浙江、深圳等地实现"一日办结"；一般不动产登记时间在 2021 年上半年实现 3 个工作日办结，江苏、浙江等地实现 1 个工作日办结。二是企业经营成本仍然偏高。近年来江西累计为企业减负超 9000 亿元，是全国降成本效果较明显省份之一。但江西企业经营成本总体上保持比较高的水平，2021 年全省规模以上工业企业每百元营业收入中的成本为 86.34 元，高出全国平均水平 2.6 元，居中部第 2 位。三是法治政府建设还有差距。打造履约践诺的信用环境还需进一步发力，特别是与企业市场竞争效益相关甚至生死攸关的"新官不理旧账"、招商引资政策不兑现、拖欠中小企业账款等问题时有发生。例如，江西省信访局反映，2021 年换届之后江西营商环境中涉及政府承诺不兑现信访件由 2020 年的 3 件骤增至 52 件；江西某省级开发区 2022 年新引进多个"5020"项目，后因政策资金兑现不到位，导致项目进度严重滞后。四是政策的制定和落实还需加强。市场主体参与政策制定的渠道不多，有的政策公开程度不高、宣传解读不透，有的惠企政策设置营收、税收等门槛，甚至一些地方、一些部门政策在一定程度上存在"朝令夕改"现象，离稳定的政策环境还有一定差距。全国工商联发布的 2021 年度"万家民营企业评营商环境"结果显示，江西在政策制定与落实得分上排名全国第 20 位，落后湖南两位。

上述问题的存在，深层次原因在于江西"放管服"、要素市场配置化、法治化等改革力度以及干部队伍建设水平与发达地区相比还比较滞后。

1. "放管服"改革面临"老问题仍有"和"新问题又现"双重挑战

老问题主要表现为有些领域放得还不彻底，仍在一定程度上存在变相审批、隐性壁垒等问题；企业退出面临不少困难，2020 年江西省营商环境自评价结果显示，办理破产是得分相对靠后的 3 个指标之一。新问题主要体现在新型监管和数字政府建设两方面：一是探索开展新型监管的力度与新形势的要求还有差距。以包容审慎监管为例，2022 年 7 月江西正式发布《市场监管领域轻微违法行为不予处罚清单 2.0 版》，共涵盖 118 项免罚事项，而广州已推出的市场轻微违法经营行为免处罚免强制模式清单事项达到 442 项。二是数字赋能程度还需进一步提升。江西"互联网+政务服务"、"赣服通"、"赣政通"等一系列平台建设成效显著，但仍然存在政务数据接入较慢、数据质量有待提升、平台应用推广力度还需加大等问题。例如，江西电子营业执照跨地区、跨部门、跨层级应用有所滞后，不动产登记所需的 12 个部门信息仍未全面实现共享，导致企业开办和一般不动产登记时间较长；江西征信平台"赣金普惠"2022 年 7 月入驻金融机构 280 家、累计发放贷款 3125.46 亿元，而 2021 年底江苏征信平台"信易贷"入驻金融机构、累计发放贷款分别达到 382 家、1.83 万亿元。

2. 要素供给面临"传统要素成本攀升"和"高端要素紧缺"的双重困境

一方面，随着原材料价格、劳务工资等持续上涨，电价市场化改革，特别是江西受限于园区存量务工人数不断降低、货运结构偏公影响（公路货运量占全省社会货运量 90%左右）等现实情况，中小企业普遍反映用工、用能、物流等成本持续攀升，不断拉高企业经营成本、挤压市场利润。另一方面，江西人才吸引力不足和资本市场规模偏小，直接导致江西高层次人才和资本等高端要素紧缺。例如，江西高质量院校不多，没有"985"工程高校，本土培养的两院院士仅有 5 位，而浙江大学 2020 年新增两院院士就达到 5 人，且江西人才流失现象较为严重，2021 年高校毕业生总量 32.47 万人、留赣就业比例 57.6%左右，低于湖南省 2021 年高校毕业生 42.5 万人、留湘就业比例 59%；中小企业融资难融资贵问题仍然比较突出，2021 年江西普惠小微企业贷款占全省各贷款余额 12.5%，较 2020 年下降 8 个百分点；制造业贷款为 9.46%，低于全国平均水平 2.03 个百分点。

3. 法治化营商环境建设面临法治化意识不够强、产权保护制度不完善、执法水平不够规范等多个"堵点"

随着《江西省优化营商环境条例》等相关地方性法律法规的颁布实施，江西法治化营商环境得到很大改善，但与公平、透明、可预期的法治化营商环境要求相比还有一定距离。一是法治化意识不够强。有的基层单位法律契约观念欠缺，办事逻辑取决于交办事项官员的职务，而不是对约定事项和责任清单的履约践诺。法治思维、契约精神与发达地区形成还有差距，如广东省委大院出现了一处违章搭建，街道城管直接向省机关事务管理局下发限期拆除通知单，违章建筑就在限期内拆除到位。二是产权保护制度不完善。总体来看，公有制经济产权以国家信用为后盾能够得到比较充分的保障，但非公有制经济产权保护仍有不确定性。此外，知识产权创造、保护和运用，与发达地区还有较大差距。2021 年，江西每万人发明专利拥有量仅为 5.11 件，北京、上海分别达到 185 件、60.2 件；江西专利权质押融资登记金额 40.52 亿元，浙江达到 784.4 亿元。三是行政执法还不够规范。一些地方和部门还存在多头执法、重复执法等问题，有的领域甚至存在"一刀切"现象。以金融监管为例，由于江西打击虚假结构性存款力度很大，造成江西成为全国唯一没有结构性存款的省份，在一定程度上迫使省内企业存款外流。

4. 干部队伍建设面临重塑营商服务理念、增强专业化工作能力等多项"重任"

江西干部主流是好的，干事创业环境也越来越好，但面对日益增长的市场主体服务需求，干部的服务理念和能力水平有待提升：一是干部理念作风还需提升。江西"官员装"和"排座次"的氛围较浓，人人是办事员的意识不强烈。据赣州挂职粤港澳大湾区的干部反映，骑单车、没有接待等出行办事方式是广州越秀区很多领导的常态；广州某街道办事处党工委书记全程陪同企业办理落户手续，企业负责人还以为是一名普通办事员。二是经济工作能力水平还需提高。总体来看，江西干部与发达地区相比，外出招商依然习惯"出差"式对接，基层干部中懂项目、懂融资、懂市场化运作的不多，运用市场思维、企业规则、商海语系去洽谈促成项目合作的本领还需提高。

三、高质量实施江西营商环境优化升级 "一号改革工程" 的总体思路和重点路径

要破解当前江西营商环境优化升级中面临的问题，特别是存在的深层次矛盾，必须强化改革思维、系统思维，以壮士断腕、刀刃向内的自我革命精神，加快改革创新力度，开拓出一条具有江西特色的营商环境国际化道路。

总的思路是：坚持以习近平新时代中国特色社会主义思想为指导，深入学习贯彻习近平总书记关于营商环境重要论述，坚定不移贯彻新发展理念，重点聚焦国际化、法治化、便利化三个维度，始终坚持改革为先、公平为基、法治为本、服务为要四项原则，全面深化"放管服"、要素市场化配置、法治化、开放型经济体制"四大改革"，加快建设"数智化"营商服务体系，充分激发营商环境改革创新动力，推动营商环境从点上突破向整体跃升转变，从表层修复向系统重构推进，真正打响"江西办事不用求人、江西办事依法依规、江西办事便捷高效、江西办事暖心爽心"营商环境品牌，为加快融入新发展格局、推进治理体系和治理能力现代化、实现高质量跨越式发展提供强有力支撑。

建议从以下五个方面协同发力：

（一）以深化"放管服"改革为统领，争当全国政务服务满意度一等省份

"放管服"改革是优化营商环境最主要的途径和抓手。要进一步为市场主体松绑减负，营造公平竞争环境，提高政府服务效率和质量，力争在政务服务满意度上走在全国前列。一要放出活力。进一步放宽民营企业市场准入，重点针对门槛高、条件多、"假备案真审批"、"准入容易准营难"等隐性问题，持续推进涉企审批减环节、减材料、减时限、减费用。持续深化工程建设、开发区管理等重点领域改革。二要管出公平。不断完善以"互联网+监管"为核心、"双随机、一公开"监管为手段、信用监管为支撑、重点监管为补充、包容审慎监管为辅助的新型综合监管制度。进一步加大市场主体轻微违法经营行为免处罚改革力度。三要服出便捷。聚焦全链条办成一件事，科学编制政务服务事项办事指南，建立健全信息公开、一次性告知等制度，打造"一件事一次办"升级版。加快优化民生服务供给，重点推进医疗、教育、养老等领域审批服务便民化。

（二）以要素市场化配置改革为牵引，打造综合成本适宜的市场发展环境

降低综合营商成本是优化营商环境的核心要义。要充分发挥市场对资源配置的决定性作用，推动各类要素跟着市场需求走，打造"配置更合理"的要素环境，不断降低市场主体经营成本。一要优化要素配置。深入实施金融赣军跨越工程、"映山红"企业上市工程等，创新金融支持实体经济政策工具，健全融资增信支持体系，降低综合融资成本。支持江西更多特色高校建设世界一流学科，加大本土人才培育力度，持续开展"才智江西、智荟赣都"等引才活动，加快完善人才评价、服务等机制，建设结构合理的创新创业人才队伍。加大赣籍务工人员回流，有序引导外出务工人员返乡创业就业。二要降低制度性成本。规范垄断性交易市场收费，加强对中介机构、行业协会、商会等领域的监督检查。积极推动赣粤运河开工建设，争取扩大"赣欧班列"规模，加快完善现代集疏运体系，推动形成"铁、公、水、空"有效衔接的多式联运发展格局，推进物流降本增效。三要落实惠企政策。不折不扣落实组合式减税降费政策，强化对中小微企业、个体工商户等支持力度。持续完善"惠企通"平台，加快实现惠企政策与企业信息自动匹配，智能化地向符合条件的企业主动推送政策，推动从"企业找政策"转为"政策找企业"、从"精准推送"转向"精准兑现"。

（三）以法治政府建设为突破口，打造一流的法治化营商环境

法治是更高层次、更有竞争力、更可持续的营商环境。要紧盯"规则"、"权力"、"公平"、"诚信"、"制度"等关键，依法平等保护各类市场主体产权和合法权益。一

要加强政府信用体系建设。健全政府守信践诺机制，持续开展"新官不理旧账"、招商引资政策不兑现、拖欠中小企业账款等专项整治，加大对行政行为失范和对失信行为的监督和惩处力度，以政府的诚信换取客商的信心。二要加强法治政府建设。持续完善以《江西省优化营商环境条例》为基础、相关领域专业立法为补充的"1+N"江西营商环境法规制度。深化综合执法体制改革，进一步加强行政执法监督，杜绝执法随意、执法不公、执法不严等问题。将优化营商环境工作纳入地方巡视巡察内容。三要健全平等保护的司法环境。坚持公正司法，加强反垄断和反不正当竞争执法，坚决做到依法保障企业权益与促进守法合规经营并重，对国企民企、内资外资、大中小微企业同等对待，一视同仁、依法保护。

（四）以加强国际通行规则衔接为重点，加快打造新时代内陆双向开放新高地

打造一流的营商环境，必须主动对标国际先进水平，以开放促改革，推动相关领域改革创新。要加快先行先试步伐，逐步探索建立一套与国际贸易投资通行规则相衔接的基本制度体系和监管模式，营造更加自由便利的投资贸易环境。一要加强与相关国际通行规则对接。深入对接《区域全面经济伙伴关系协定》（RCEP），积极申报建设中国（江西）RCEP高水平合作示范区，在贸易投资自由化便利化、知识产权保护等方面实行更高标准规则。二要持续推进贸易便利化改革。大力实行"两类通关、两区优化"、货物贸易"一保多用"等制度创新，持续深化国际贸易"单一窗口"建设，推动数据协同、简化和标准化，提升同步通关效率。三要加快融入区域一体化。积极推进政务服务"一网通办"，推动更多高频电子证照应用场景，加快跨区域互认共享，实现"跨省通办、一次办成"。

（五）以数字技术赋能为着力点，构筑便捷高效一流服务体系

数字治理能力、数字化转型程度直接影响地方政务服务便利性和经济效率。要综合运用区块链等新一代数字技术，系统重塑政务服务流程和方式，打造更多务实好用的多跨应用场景，不断增强公共服务、社会治理等数字化智能化水平。一是构建数字化政务服务体系。加快打通数据壁垒，清理整合各类办事系统，加强政务信息系统整合共享和电子证照共享互认应用，完善电子证照数据库各类信息，持续提高政务服务事项网办深度，推动由"一网通办"加速迈向"一网办好"。二是完善数字化一体平台服务。依托"赣服通"、"赣政通"平台，扎实推进"区块链+无证办理"、"区块链+信用办理"等改革，加快构建覆盖全省的"赣服通"前台受理、"赣政通"后台审批服务新模式，实现涉企服务主动化、办事一体化、平台开放化。三是提升数字化获得感安全感。坚持传统服务方式与智能化服务创新并行，在各类生活场景中适度保留群众熟悉的线下服务方式，发展全龄共享数字生活的友好型社会。

四、强化高质量实施江西营商环境优化升级"一号改革工程"的保障支撑

（一）大力重塑营商服务理念

要大力解放思想，领导干部带头淡化"官"念，牢固树立"人人都是营商环境、事事关乎营商环境"的理念，定期公布和不断推陈出新"服务菜单"，举办好"江西营商环境日"等专题活动，构建亲清新型政商关系，在全社会营造亲商重商尊商浓厚氛围。

（二）深化干部队伍能力建设

把优化营商环境作为全省党员干部教育培训重要内容，有计划组织干部到产业园区、重大项目等经济发展一线实践历练，选派干部到经济发达地区进行交流培训、挂职锻炼、跟班学习，着力建设一支善抓营商环境、懂市场化运作的高素质干部队伍。

（三）强化营商环境考核评价

对标世界银行最新发布的宜商环境评估体系，对接国家标准，立足省情实际，动态调整完善江西营商环境评价指标体系。以企业评价为第一评价、以市场主体感受为第一感受，逐步扩大评估公众参与面，加强第三方独立评估，积极推广智慧监测评估，不断提高营商环境评估工作的客观性和科学性。

以数字营商环境为重要抓手和基础场景协同实施发展和改革双"一号工程"

"数字营商环境"的概念最先出现在亚太经合组织领导人非正式会议上,即"努力构建开放、公平、非歧视的数字营商环境"。与传统营商环境的数字化不同,数字营商环境是更加侧重适应数字经济主体创新发展的新型营商环境。数字经济的蓬勃发展,亟须与之适配的数字营商环境。有关专家指出,当前我国基于世行模式的营商环境评价指标体系仍是面向"工业时代",难以适应当前"数字时代"的新要求。构建数字营商环境,作为"数字经济+营商环境"的结合部,"一号改革工程"是重要抓手,"一号发展工程"是基础场景,有利于双"一号工程"协同实施、互促共进。

一、构建数字营商环境对江西具有重要意义

数字营商环境作为面向数字经济市场主体所需的新型营商环境,是数字经济治理体系和治理能力现代化的重要体现。构建数字营商环境将推动江西实现"三个"转变。

(一)有利于实现江西营商环境由"2.0"向"3.0"阶段的能级跃升

早期优化营商环境主要以制度创新为核心、以政府流程再造为抓手,不断增强企业获得感,此为营商环境1.0阶段。随着数字化的持续发展,传统营商环境不断利用数字技术进行改善,数字政府建设的稳步推进,极大优化了传统营商环境,此为营商环境2.0阶段。伴随数字经济市场主体创新发展的需要,"数字"与"营商环境"相结合的营商环境3.0版应运而生。构建数字营商环境,是江西整体营商环境向更高水平跃升的关键,有利于江西在数字经济发展生态、数字政府建设上实现能级跃升,加速实现办事更快、服务更好、程序更简、花钱更少的"四个更"目标,助力江西打响"江西办事不用求人、江西办事依法依规、江西办事便捷高效、江西办事暖心爽心"的营商环境品牌。

（二）有利于江西数字经济由"跟跑"向"领跑"的蝶变升级

当前，数字经济拉动经济增长的作用日益增强，2020年，江西数字经济增加值占GDP比重在30%左右，更大力度推进数字经济做优做强"一号发展工程"，是江西高质量跨越式发展的重要动力源。适应数字经济发展的新要求，不断细分优化相关领域的营商环境，为企业提供更具针对性、系统性、有效性的优质服务，有助于江西构建数字经济创新体系、产业体系和市场体系，推动数字企业成长创新、数字产业做大做强、数字化转型走深走实和数字生态逐步完善，加快构建适宜数字经济成长的一流生态，打造数字经济发展新高地。

（三）有利于江西内陆开放型经济试验区建设由"起步期"向"攻坚期"的跨越迈进

2020年，江西获批建设内陆开放型经济试验区，方案指出要在促进贸易和投资自由化便利化等领域开展先行先试，其中国际贸易"单一窗口"、"极简审批"制度等举措均是数字化赋能对外贸易投资的代表性举措。加快构建江西数字营商环境，既有利于进一步用好数字化功能，加速推进贸易、投资、流通、监管便利化等改革进程；也有利于江西更好推进制度型开放，构建自由便利高效的对外开放制度和政策体系；更有利于以营商环境改革深化数字经济领域对外开放，积极融入全球价值链体系。

二、国内外构建数字营商环境的主要做法

当前，国内外数字营商环境建设的实践发展极为迅速，一系列前沿举措为江西协同推进发展和改革双"一号工程"提供了经验借鉴。

（一）国外高度重视数字治理与开放规则

数字治理是数字经济领域大国博弈的前沿阵地，发达国家更加重视在国际数字规则制定中抢占话语权，助力推动数字经济发展。日本明确推出"数字新政"，倡导"数据在可信任条件下自由流动"原则，着重强调数据流动的自由度、安全性和完整性，并与美欧共同构建数字经济治理合作平台，逐步将自身战略设计转变为具有实际约束力的规则条例。美国积极开放数据、建立数字政府，强调要"随时随地利用任何设备获取高质量的数字政府信息和服务"，还在数据跨境流动、知识产权保护、数字经济自由贸易等领域出台一系列规划，推动数字市场自由开放。欧盟颁布《一般通用数据保

护条例》，从数字商品和服务的准入、安全网络环境等方面推进数字单一市场建设，并提议征收数字服务税，力争成为除中美外的全球"数字化第三极"。此外，世界银行、国际电信联盟等国际组织均将数字营商环境相关指标纳入各类国别评价框架，重点关注数字基础设施、数字经济创新、竞争与消费者保护、数据与安全、监管和服务五个方面。

（二）国内兄弟省市注重从健全体制机制入手

国内部分兄弟省份在构建数字营商环境上做了先行探索，引导促进营商环境优化和数字经济发展。例如，湖北探索数字化改革，鼓励引导数字企业市场监管、数字产业投融资政策、数字经济财税政策等领域的创新探索，推进平台经济相关市场主体登记注册便利化，加快构建以信用为基础、以大数据和区块链技术为手段、以综合性执法为主要内容的新型监管体制，建立健全惠企政策体系，优化数据驱动的信用服务，全面优化数字经济发展环境。

浙江出台了《数字经济促进条例》等法律法规，积极开展数据资源利用与保护、平台经济发展与监管等立法研究；利用全国网络交易监测、"浙江公平在线"等平台，不断强化数字治理中数字技术的应用。

贵州鼓励市场主体利用数据资产参与收益分配，科学传导政策及产业信息，做好企业开办、生产经营、销售流通等全流程服务，在税收征管、财税支持、金融服务、市场拓展等方面创新支持形式，强化支持力度。

三、江西数字营商环境建设的基础和短板

近年来，江西出台营商环境系列政策，为数字营商环境的构建打下了较好基础，但相较发达省份的数字营商环境建设，江西在数字支撑体系、数据开发利用与安全、数字市场准入、数字市场规则、数字创新环境等方面还有不少短板。

（一）发展基础

1. 传统营商环境数字化取得积极进展

一是"赣政通"实现省市县乡四级联通，"通用审批系统"已完成对接并上线赣政通平台，覆盖事项持续拓宽，"赣服通"受理、"赣政通"办理的政务服务完整闭环初步形成。二是省直单位43套自建业务系统基本完成与全省"一窗式"综合服务平台的对接，全省政务服务事项网上可办率超过90%。三是通过流程再造、信息共享、帮

办代办、邮寄服务等方式,省、市、县三级依申请类政务服务事项"一次不跑"或"只跑一次"比例分别达 95.3%、90%和 86%。四是完成全省统一的行政权力清单编制,省本级行政许可事项持续精简,非行政许可审批事项全部取消,纸质材料实现"零提交"。五是各类市场主体登记业务已实现全流程无纸化网上办理,营业执照、公章刻制、预约银行开户等多个开办事项实现一链办理。六是扎实推进"一照含证"改革,"区块链+电子证照+无证办理"全面推行,一批涉企政策兑现打通了"最后一公里"。

2. **适应数字经济的新型营商环境持续优化**

一是出台《关于促进平台经济规范健康发展的实施意见》,通过 26 条具体举措,进一步深化"放管服"改革,破解平台经济发展突出问题,推动江西平台经济规范健康快速发展。二是建立健全数据安全管理规范,明确相关主体的数据安全保护责任和具体要求,加强数据收集、存储、处理、转移、删除等环节的安全防护能力,明确数据留存、数据泄露通报要求,加强数据安全监督检查。三是强化数字知识产权保护力度,组织开展了知识产权行政执法"铁拳"、代理机构整治"蓝天"、打击网络侵权盗版"剑网"、海关知识产权保护"龙腾"、"蓝网"、"净网"等多项知识产权执法专项行动。

(二) 主要短板

1. **数字支撑体系有待健全**

一是一体化支撑体系建设有待进一步完善,数据交换共享协同应用推进还较慢,数字应用方面的监管规范化、精准化、智能化与先进省市的差距较大。尤其在跨部门政务服务协同方面仍有较大提升空间,部分行政许可审批事项涉及的部门多、环节多、要件多,数字应用不够充分,制约了行政审批效率的提升。二是平台功能仍需拓展,"赣服通"尚未对行政审批和政务服务事项全覆盖,"掌上办"、"网上办"、"自助办"等覆盖面有待进一步拓宽,"不见面审批"仅适用于少数简易事项,复杂政务服务难以全程在线实现。

2. **数据开发利用与安全能力尚有提升空间**

一是数据要素市场体系尚未建立健全,数据资源开发利用不够充分;数字经济发展制度体系有待完善,数字经济监管理念和方式仍需创新优化,包容审慎的监管制度尚未成熟。二是一体化安全防护体系不够健全,重要领域数据资源、重要网络和信息系统需要全面加强安全保护,筑牢数字安全屏障,确保数字经济发展安全可控、规范有序。

3. **数字市场准入体系有待完善**

政府对数字经济资源的直接配置、对数字经济活动的直接干预较强,市场准入的便利性不够。数字技术与政务服务融合度不够高,大数据辅助科学决策和社会治理的机制尚未健全,政务服务便捷化、精准化、高效化水平有待提升。在企业开办、项目审批、一网通办方面仍存在信息壁垒,环节多、手续繁、时间长等现象依旧突出。

4. **数字市场规则仍有短板**

一是激励机制不够有力。数字经济发展的指标体系、监测体系、评价体系尚不完善，尚未纳入全省高质量发展综合绩效考核评价，缺乏有力的激励约束手段，各地推动数字经济发展的动力不足。二是未能充分发挥企业的市场主体决定性作用。中小企业数字化转型意愿不强、能力不足，数据、技术、人力、资本等要素的市场化有效流动推进困难，数字化总体水平不高。

5. 数字创新环境有待优化

一是技术层面支撑力度不够。数字经济发展需要大数据、云计算、物联网、5G、区块链、VR 等多领域共同推进，"数据孤岛"虽已打通，但数据共享质量和应用水平不高，数字化产业链建设仍需升级，数据中心、5G、物联网等利用率也有待提高。二是数字经济领域人才匮乏。政策针对性、匹配性不够强，政府评判导向的人才和市场需求导向的人才存在偏差，事业平台、启动资金、职称评定、收入分配、人才公寓等方面支持力度还不够大，无法吸引和留住数字经济发展亟须的高精尖人才、跨界复合型人才。

四、以数字营商环境为重要抓手和基础场景，协同实施发展和改革双"一号工程"的对策建议

随着江西数字经济快速壮大、营商环境不断优化，建议用 7~8 年的时间，推动打造全国数字营商环境先行区，以发展和改革双"一号工程"为引领，从数字支撑体系、数据开发利用和安全保护、数字市场规则、数字市场准入、数字创新环境五个方面发力，推动数字经济和营商环境深度融合、相互促进、共同发展。到"十四五"时期末为孕育期，数字营商环境初步构建，引领全省发展和改革双"一号工程"取得突破性进展；数字基础设施建设取得重要突破，数据资源开发利用达到全国上游水平；数字经济相关制度标准规范更加完善，数字经济创新创业活力持续迸发，数字人才加快会聚，数字政府管理机制更加健全。到 2028 年为发展期，数字营商环境进一步优化，数据驱动能力显著增强，实现跨层级、跨部门、跨区域高效协同，基本建成基于数字技术的数字政府，多项数字营商环境评价指标进入全国前列。到 2030 年为成熟期，数字营商环境进入全国第一方阵，数字市场主体活跃度和发展质量显著提升，数字经济和营商环境深度融合、繁荣共生的格局全面形成。

（一）夯实数字支撑体系"基本盘"

1. 加快建设泛在领先的数字基础设施

一是依托"03 专项"试点示范省和 NB-IOT、增强机器类通信（eMTC）移动物联

网网络率先部署的优势，大力推进骨干网、移动物联网、工业互联网等信息通信基础设施建设。持续推进"双千兆"工程建设，提升5G在高铁、高速、城市交通要道、政府机关、医院、学校、文旅场所、工业园区等重点区域覆盖深度和广度，全面支撑各领域5G应用场景。加快推进网络提速降费，着重降低中小企业用网成本。二是统筹推进部署数据设施，实施新型基础设施绿色高质量发展行动计划，重点推进"一核四副两备"（南昌为核心，九江、上饶、赣州、宜春为补充，抚州、鹰潭为备份）的数据中心空间布局。三是加快布局人工智能基础设施，重点推进交通、能源、水利、市政等领域基础设施数字化转型，形成适应数字经济和数字社会需要的融合基础设施体系。加快建设泛在电力物联网、能源大数据中心，谋划建设能源碳达峰碳中和数字管理平台，构建开放共享的智慧能源体系。

2. 加快建设智慧物流设施

一是加快建设和完善江西省物流大数据中心、省交通运输物流综合公共信息平台，构建物流信息共享互通体系，促进数据资源跨部门、跨区域开放共用，释放物流行业数据要素价值。二是在港口、园区开展智慧物流应用试点，推动九江港"5G+智慧港口"、赣州国际智慧陆港建设，加强AGV、无人机、巡检机器人等智能设备应用推广，利用智能化物流设备和技术推进现代物流园建设。三是建立智能化仓储服务平台，积极发展共享云仓，推进智能仓储、分拣、配送设施建设和运用，支持南昌、赣州、鹰潭、吉安、上饶等地建设快递智能分拣中心。四是建设智慧物流配送体系，加快完善县、乡、村三级智慧物流网络。加强智能末端配送设施网络布局，加大冷链智能自提柜、智能充换电站等末端设施覆盖范围。

3. 加快推动跨境贸易便利化

一是在南昌、赣州、九江、景德镇和上饶国家跨境电商综试区探索打造线上综合服务平台，为政府主体提供信息共享、统计监测等服务功能，为企业主体提供备案、通关工具、数据查询统计、业务咨询办理等一站式服务。二是加强国际贸易"单一窗口"与银行、保险、铁路、港口等部门对接，拓展贸易链、供应链、物流链、金融链、政务链数据采集范围，共同建设跨境贸易大数据平台，为全流程便捷通关和全领域风险防控提供平台基础。三是推动海关、港口、机场、铁路等信息共享，深化无纸化通关、不见面审批、"智能识别"等试点，重点将企业申报、账册管理等数据流信息与货物理货入库、仓储、打包出库等实货流信息融合，推动"碎片化"监管向"系统化"监管转变。

（二）做好数据开发利用和安全保护"必答题"

1. 培育数据要素市场

一是建立完善数据采集和汇聚长效机制，健全以省大数据中心为支撑的政务数据资源目录，规范数据资源有序采集。依托江西省电子政务数据共享统一交换平台，推进政务数据和公共数据开放共享，有序推进公共数据和信息资源在脱敏脱密的前提下向社会开放。二是挖掘社会数据资源价值，支持在社保、健康、教育、文化、交通等领域构建规范化数据开发利用的场景。聚焦实体经济数字化转型、乡村振兴、社会治理等重点领域，畅通政企数据双向流通机制，探索政府数据、公共数据、社会数据融合创新应用场景。三是着力构建数据要素市场化体系，探索组建全省大数据交易市场，探索推行数据商品、数据服务、数据衍生品等数据交易品种。加快建立数据资源产权制度和数据流通交易规则，制定科学有效的数据确权、定价、审计机制，完善数据要素交易监管机制，引导数据依法交易流通。

2. 加强数据安全和保护

一是推进九龙湖元宇宙试验区、南昌高新区新经济产业园、赣州数字经济产业园等数字经济集聚区建设，开展数据安全技术理论研究和数据安全关键前沿技术攻关，升级传统数据安全产品，研发新兴融合领域专用数据安全产品，全面提升数据安全保障水平。二是建立严格的数据安全保护制度，构建大数据安全综合防御体系，落实好省《政务信息资源共享管理实施细则》，加强对政务数据的保护。三是树立网络安全底线思维，打造复杂环境下的网络安全保障体系，落实好网络安全技术措施和网络安全防护工程，全面加强网络安全和重要信息系统保障工作。四是建立完善个人信息安全事件投诉、举报和责任追究机制，强化个人信息收集、使用、共享等环节安全管理。

（三）绘好数字市场规则"设计图"

1. 加强数字营商环境顶层设计

一是将优化提升数字营商环境纳入"十四五"数字经济发展专项规划，加快构建与江西发展特点相适应的政策框架。二是完善鼓励民营企业发展的政策体系，切实落实适用数字经济企业的减税降费政策，加强对5G网络、大数据中心、超算中心等项目的用地、用能、资金等配套保障。三是压实数字经济企业主体责任，重点完善数字经济平台监管体系，依法严惩算法歧视、大数据"杀熟"、数据垄断、诱导沉迷、操纵榜单等破坏市场公平竞争、扰乱市场秩序的行为，推动平台经济规范健康持续发展。四是探索开展数据权益保护、信息保护、数据安全等立法工作，梳理并修订阻碍数字经济发展的相关法律制度，逐步营造良好的数字经济法治环境。

2. 提高数字营商规范性便利性

一是推进部门业务监管系统与省"互联网+监管"系统对接联通，全面汇聚监管数据，实现监管业务协同联动。完善"双随机、一公开"行政执法监督平台功能，加强部分重点监管领域数据应用，提升行政执法智能化水平和工作效能。二是探索监管新标准和新模式，对新技术、新业态等实施智慧监管，建立健全触发式监管机制，依托监管平台信息共享，建立智慧化预警多点触发机制，增强早期预警能力。拓展"赣政通"平台"掌上监管"功能，探索开展移动监管。三是研究制定数字经济领域事中事后监管实施方案，重点强化以信用为基础的数字经济市场监管，探索开展跨场景跨业务跨部门联合监管试点，加快建立全方位、多层次、立体化监管体系。

（四）抓牢数字市场准入"关键项"

1. 积极放宽和优化数字市场准入

一是探索放宽数字经济新业态准入，放宽社会资本市场准入限制，落实市场准入负面清单制度，健全公平竞争制度框架和政策实施机制，完善数字经济公平竞争审查制度，营造公平投资环境。二是整合全省政务服务资源和审批服务系统，依托区块链等信息技术促进审批服务跨地区、跨部门业务协同，提升江西企业开办"一网通办"服务平台功能，扎实推进"证照分离"改革，对数字经济事项清单实行动态管理，提升涉企经营许可全流程网上办理能力，降低数字经济企业准入成本。

2. 深化数字市场开放合作

一是高水平办好世界 VR·元宇宙产业大会，打造全球 VR 和元宇宙产业重要对话交流平台和永久性品牌。组织召开数字经济主体招商会，瞄准元宇宙等重点领域开展招商合作。深化与头部企业合作，重点推进与阿里巴巴、华为、腾讯、用友等战略合作协议的落实。二是打造对接"一带一路"开放合作平台，加强在数字基础设施、数字人才、智慧城市、人工智能、跨境电商、远程医疗、数字治理等领域的深度合作，鼓励企业面向"一带一路"、RCEP 重点国别开展数字经济领域项目建设和交流活动，加快融入国际创新体系，打造数字丝绸之路关键节点。主动对接粤港澳、长三角等城市群，积极探索以"飞地经济"发展模式承接数字产业及相关领域创新成果转化和产业转移。三是推动江西内陆开放型经济试验区在数据产业、数字贸易发展、数据跨境流动、知识产权保护等方面探索创新和先行先试，积极参与国际数字化发展规则制定。

（五）厚植数字创新环境"营养土"

1. 大力引培数字经济人才

一是落实人才专项政策，制定数字人才需求目录，加快引进数字经济领域的"高精尖缺"人才。鼓励省内企业、高校与国内外知名高校院所和企业开展合作，共同培养数字经济学科带头人才、技术领军人才和高级管理人才。二是健全多层次、多类型数字技术人才培养体系，鼓励有条件的高等院所开设数字化相关专业。加快构建"政产学研用资孵"协同创新生态，建设一批有影响力的数字经济实训基地，加大赣都"数字工程师"培养力度。三是实施全民数字素养与技能提升行动，举办数字化专题培训班，全面加强全省党政干部和企业负责人的数字化时代的履职能力。

2. 高质量推进数字政府建设

一是提升江西政务服务网、"赣政通"等平台功能，加大"赣服通"迭代升级和应用推广力度，拓宽高频政务服务事项"掌上办"覆盖范围，优化延时错时预约、政务服务智能导航等线上服务。二是建立健全全省电子证照库和数据共享交换平台，在工商登记、投资审批、民生热点等高频政务服务中推广"刷脸"、"扫码"等授权方式进行"无证办理"。三是推动相关部门在线审批业务系统与省投资项目在线审批监管平台对接，重点落实电力报装、水气报装、测绘、不动产登记等事项数据共享、线上联审，加快实现全省投资项目申报、审批、电子批文等全流程全覆盖。强化"赣政通"在业务审批过程中的平台化作用，重点拓宽"通用审批系统"覆盖范围，加快市县部门线上审批全覆盖。四是充分发挥江西惠企政策平台作用，及时公布惠企目录清单和政策兑现的审批依据、审批要件、业务流程等办事指南，做好惠企政策线上及时更新，确保企业"找得到、看得懂"。完善平台功能，优化惠企政策推送、线下帮代办等服务。

3. 构建数字营商环境评价体系

一是在全国率先开展数字营商环境评价指标体系的顶层设计工作，包括数字基础、数字可访问性、电子商务平台、数字媒体平台、共享经济平台、在线自由职业者、数据自由流动、数据价值化及安全保护水平等，加快构建具有江西特色的"数字营商环境评价指标体系"。二是借鉴先进地区做法，启动江西省营商环境智慧监测评价系统建设。强化日常统计和大数据运行监测，定期发布数字营商环境评估报告，探索开展数字营商环境第三方评估。三是积极与江西省内专家智库开展合作，探索建立数字营商环境研究智库和咨询服务专家委员会，加强对数字营商环境理论和实践指导。

优化江西开发区体制机制研究

开发区承担着打造经济发展重要增长极和探索经济体制改革的双重任务，是经济发展的主阵地、动能培育的主引擎、体制机制创新的主战场。但当前江西开发区发展存在体制机制创新不足、聚焦主责主业不够、动力活力欠缺等问题，干事创业的激情没有充分迸发。

一、江西开发区体制机制改革的堵点和难点

自 2021 年推进深化开发区体制机制改革首批省级试点示范项目以来，江西在开发区体制机制改革创新方面取得了积极成效，但政府与市场作用不能科学匹配、主责主业不能有效聚焦、要素活力不能充分释放的矛盾仍然突出，具体表现为"三化"特征：

（一）选人用人衙门化

一是干部选拔仍有"养老院"色彩。部分开发区用人导向没有凸显"以实绩论英雄"，反而因为较高的收入水平，导致主要岗位用于解决一些干部的待遇问题、历史遗留问题，这些干部不了解产业发展、科技创新的专业知识，缺乏创新意识和前瞻思维，抱着做"太平官"的心态，不敢、不愿大力度推动开发区的改革创新，很多工作浮于表面、浅尝辄止，难以真正开创出一条符合开发区实际的改革路径。二是干部激励没有打破"铁饭碗"桎梏。江西开发区管委会是政府派出机构，大多为事业编制，缺乏上升通道，加上薪酬制度的一些刚性规定，缺乏有效的激励机制，引发工作骨干流失、缺少干事激情等问题。三是干部配备受制于"官本位"思想。受到行政化的思维习惯影响，不少同志存在观念误区，认为开发区招商引资只有通过党政领导带队，才能引起对方重视，才能招引大项目、大企业，一味强调开发区领导配置的职级。

（二）主责主业事务化

一是"小马拉大车"问题依然存在。开发区建立的初衷和主要使命是发展产业，但随着辖区及人口的不断增加，开发区需要承担社会管理、民生保障、环境卫生、安全生产等各项社会管理事务，各类督导、督查、检查等应对性工作占用了开发区干部的大量精力，聚焦产业发展、招商引资、项目建设、企业服务等开发区主责主业不够。如果完全剥离社会事务，又可能导致开发区失去平台抓手和土地等要素保障，招商引资面临困难。二是"身兼数职"问题依旧突出。受岗位员额限制，开发区管委会机构和人员高度精简（减），一个岗或一个人可能对口多个部门，"人少事多"矛盾十分突出。例如，南昌高新区设有经发局，但需要同时对接发改、统计、招商等部门，虽然能够最大限度地避免职能交叉、政出多门、多头管理，但干部在聚焦某项主业的基础上还要承担大量其他工作，机构人员高负荷运转成为常态。

（三）要素流动泥沼化

一是"僵尸企业"侵占土地空间。江西省内部分开发区土地遗留问题解决不力，土地被"僵尸企业"侵占、批而未供、闲置低效等情况仍不同程度存在，实际亩均产出不高，少数开发区亩均营收只有100多万元。没有盘活存量土地，而寄希望于通过扩区调区搞"摊大饼式"开发，资源集约利用效率低。此外，在开发区的前期建设发展过程中，一些企业因地价便宜过度圈地，造成单位产出效益不高。二是"成本洼地"优势逐渐消失。江西开发区招商引资长期以来较为依靠税收优惠足、用地成本低和环保压力小等优势，但近年来各地在降低税负成本上的政策空间明显收窄。三是融资压力日益增长。开发区大项目落地需要的金融支持具有数量大、周期长的特点，在征地拆迁、园区基础设施建设等方面资金需求也越来越大，南昌高新区、东乡经开区等不少开发区都反映财政吃紧、融资压力大的问题，拓宽资金筹措渠道已成为当务之急。

二、兄弟省市优化开发区体制机制的先进经验做法

国内各兄弟省市高度重视开发区建设，依托良好的市场化土壤，在体制机制改革创新方面，走出了不少成功的路子，为江西提供了很多有益借鉴。

（一）着力创新运营模式，全面提升开发区发展后劲

围绕园区发展定位，创新发展模式，优化产业结构，才能提高园区承载力和吸引

力。浙江省大幅精简开发区管理布局，全面推行"一个平台、一个主体、一套班子、多块牌子"的运作模式，注重优化职能履行，为打造重点发展平台和高能级战略平台提供集中统一、精简高效的机构职能保障。青岛市全面实行园区运营服务会商机制，积极构建"政企联动、龙头引领、联合创新"的"管委会+园区平台"服务模式，促进特色优势产业集群化、链条化、内涵式发展。阜阳市颁发《全市开发区开展"管委会+公司"改革实施方案》，明确在全市开发区全面推行"管委会+公司"模式，充分发挥市场在资源配置中的决定性作用，进一步激发开发区改革创新活力。山东滨州经开区实行扁平化管理模式，以小机构、大服务、高效率、少层级为原则，科学核定岗位数额，将工作岗位划分为招商引资、服务企业、综合管理三类，招商引资、服务企业岗位人员占人员总数的75%以上，最大限度突出主责主业，鼓励优秀干部到企业发展。

（二）聚焦开发区经济发展职能，加速推行"去行政化"

系统性进行职能重构，变革开发区行政化管理模式，瞄准主攻方向，聚力提升开发区经济效益。山东省推动开发区职能配置实现"两剥离、一加强"，剥离社会事务管理职能和开发运营职能，加强经济管理职能，机构设置突出精简高效，建立更加符合开发区发展需要的组织架构，让开发区聚焦主业、轻装上阵。南京市印发《关于优化开发园区管理运行机制的若干指导意见》，明确园区"去行政化"，重点改革运营模式、人事制度等问题。宁波市在现有管理范围基础上，将5个村的开发建设等经济事务委托宁波高新区管委会管理，社会事务仍由属地管理。江苏泰州医药高新区科学制定功能园区权责清单，组建功能园区开发集团，大力度精减园区机构人员。

（三）深化人才、土地等要素改革，激发开发区高质量发展动力活力

突破要素瓶颈，优化资源配置，完善用人制度，是引领带动开发区经济高质量发展的根本途径。山东省探索建立激励竞争的干部人事制度，建立"以实绩论英雄"、"凭能力定岗位"的管理机制，推行全员岗位聘任制、末位淘汰制，极大程度解决了园区队伍专业能力不强、结构老化、人才流失的问题。安徽省大力发展"飞地经济"、"园中园"等合作共建模式，全力推进开发区之间合作交流，鼓励开发区对引进的高层次管理人才及特殊人才实行年薪制、协议工资、项目工资等灵活多样的分配办法。杭州市推行全员聘用制、末位淘汰制改革，除党工委书记、主任、纪工委书记外，其他班子成员及以下各类管理人员实行全员聘任竞争上岗。实行全员聘用制的开发区（园区）可按有关规定自主确定薪酬水平、分配办法，允许开发区（园区）国有开发运营企业按市场化方式制定薪酬办法，激发干事创业热情。江苏省以"一区多园"为原则，优化开发区空间资源，提升全省开发区的整体产出效能；强化开发区动态管理机制，推动"低小散弱"园区整合退出；做优周边功能区块，提升产业承载能力。烟台市全

力保障土地要素，通过土地增减挂钩"扩"一块、闲置土地开发"换"一块、清理违规建设"清"一块等方式，推动要素充分汇聚涌流。

三、优化江西开发区体制机制的对策建议

聚焦江西开发区体制机制上的短板，抓紧制定出台相关意见，积极开展开发区体制机制改革创新试点，重点结合地方市场化水平和开发区发展阶段，找准管委会"管"与"不管"、社会事务"剥"与"不剥"的边界，因地制宜探索"管委会+公司"、"政区合一+公司"、"纯公司化"等多种路径，以改革创新为抓手，推动江西开发区高质量跨越式发展。

（一）推行"管委会+公司"模式

在管委会的领导下，组建开发区发展公司或引进第三方公司托管，探索推行"管委会+公司"机制。一是做优开发区管委会，剥离开发建设及运营等适宜企业化运作的职能，由开发区发展公司负责；因地制宜逐步精简或剥离社会事务管理职能，交由属地相关部门或代管乡镇（街道）承担，让开发区集中精力抓招商、抓项目、抓服务。承担区内发展规划制定、重大投资项目决策、财政预决算编制等经济管理职能，并根据开发区管理实际需要，承担必要的行政管理服务职能，包括相关行政审批、审批前置等事项，实现职能回归。二是按照简约高效原则，综合设置开发区内部党政工作机构，实行"大部门、扁平化"管理，不要求与所在地党政机构相对应。根据发展实际和工作需要，开发区在上级确定的机构限额内自主调整设立工作机构。三是管委会（工委）及内设机构按规定明确机构规格，领导职数配备按有关规定办理。进一步加强工作协调机制，设区市直接管理的国家级开发区和省级开发区，可由市委、市政府领导班子成员兼任开发区党工委书记；委托县（市、区）管理的国家级开发区，可由县（市、区）党政主要负责同志兼任开发区党工委书记；县（市、区）管理的省级开发区管委会（工委）可实行书记、主任一肩挑，由所在县（市、区）党委常委专职担任。四是委托代管的乡镇政府（街道）领导班子成员，由开发区管委会（工委）管理或任免。具有独立财权的开发区管委会，对托管乡镇（街道）财务管理进行指导，并对其财务收支进行审计监督。

（二）鼓励"政区合一+公司"模式

对整体位于1个县（市、区）或1个乡镇（街道）区域内、工作高度融合、领导

班子交叉任职且地方有积极性的开发区，在开发区开发运营主体公司化的前提下，探索政区合一体制机制创新。一是实行开发区与属地党委、政府合署设置，一个机关、两个牌子。属地党委、政府主要负责人兼任开发区管委会（工委）主要负责人，配备一名专职副书记负责日常工作。二是开发区管委会（工委）不再下设行政机构或事业单位，现有机构与党委、政府部门统筹设置，人员统筹安排，相关经济社会管理事务统一由属地党委、政府相关部门负责。

（三）探索开发区"纯公司化"模式

对于功能相对单一、地域面积较小、主导产业带动性强，且由 1 个县（市、区）党委、政府为主管理的开发区，试点推行开发区"纯公司化"改革。一是成立各类发展公司作为开发区的建设主体和运营主体，具体负责开发区的招商引资、项目建设、市场化服务等工作。不再保留开发区行政机构、事业单位，相关行政管理职能交由属地党委、政府承担。二是建立地方党委、政府与开发区发展公司的领导协调配合机制，地方党委、政府及其部门通过专项对接、要素保障、增设端口等方式，将执法、监管、服务站点延伸至开发区，为开发区办理商事登记、投资项目建设、企业服务等事项开通"绿色通道"。

（四）完善人事薪酬体系

创新人员管理机制，推动人员管理实现由身份管理向岗位管理转变，确保人与岗位相适宜。一是鼓励开发区人员实行双向选择，依据"编随事调、人随编走"原则对人员进行分流。决定留下的人员，实行全员聘用制、合同管理制，由区内发展公司与其签订合同，为其缴纳社保及企业年金。二是经省级以上公务员主管部门批准，根据各开发区实际工作情况，对专业性较强的职位和辅助性职位实行聘任制，聘任制职位推行竞争上岗制、绩效考核制，推动开发区公务员"能上能下"、"能进能出"。三是开发区根据有关规定及岗位要求，自主确定人员聘用办法、薪酬分配模式，经批准实行年薪制、协议工资等灵活多样的分配方式，并将薪酬待遇、提拔重用等工作与绩效考核结果相挂钩，激发开发区各类人员干事创业积极性。

（五）提高开发区行政管理效能

深入实施营商环境优化升级"一号改革工程"，精简督查检查，为开发区构建更优产业生态、聚焦发展经济主业营造良好环境。一是用足省领导挂点开发区机制，压紧压实责任、抓牢抓好项目推进调度，破解行政层面统筹协调的壁垒，及时处理好企业面临困难和工作落实难题。二是扩大开发区自主权，按照"充分放权、加强指导"的原则，进一步下放（委托）市、县经济管理权限。根据开发区实际需要，由县级以上政府有关部门通过采取刻制部门"2 号章"、设立派驻机构、开辟"绿色通道"等方式向开发区下放相应的审批权限，实现"办事不出区"。三是以市为主管理的开发区在机构限额内组建行政审批服务局、综合行政执法局，实行"一枚印章管审批"、"一支队伍管执法"、"一张网络管服务"。四是以县（市、区）为主管理的开发区依托当地行政审批服务机构设置开发区窗口集中办理相关事项，或行政审批服务机构在开发区设立办事窗口做好审批服务工作；行政执法实行属地管理的，由所在县（市、区）统一执法。

（六）推动土地供应从外扩式发展转向内涵式挖潜

强化"亩产论英雄"理念，做好"腾笼换鸟"、"筑巢引凤"的文章。一是多管齐下盘活土地资源。在招商引资、土地供应时充分考虑把项目投产时间、投资强度、产值、税收、退出机制等内容纳入投资协议。深入供而未建、空置停产、亩均低效企业调研摸底，了解原因、把握意向、分类施治，严格执行分期供给、项目竣工验收、违约处置等有关规定，对投资强度或产出不达标的项目及时落实追加投资、补缴税收等措施。加强土地二级市场建设，促进土地资源节约及循环利用，提高用地集约化水平。二是强化新型产业用地支持。在开发区内适当增加产品研发、创意、设计、无污染生产等新型产业用地及其有关配套生产、生活服务设施用地。严格新型产业用地资格准入管理，包括产业准入、主体准入等。新型产业用地出让价格，可尝试以商业用地价格、工业用地价格分别为上下限，并综合考虑自持物业比例等要素最终确定。三是持续创新土地供给改革。针对智能终端产业园等"园中园"产业集群的特殊用地需求，标准化、定制化打造和提供厂房，实现土地资源集约利用、减少企业用地成本。

（七）探索园区协作新模式

根据开发区发展情况和产业需要，探索"大园区+小园区"、"强园区+弱园区"的协作方式，推进开发区整合优化。一是对于规模小、潜力小的开发区，探索由国家级、省级开发区进行托管，促进园区间资金、项目、科技成果、土地等资源要素高效配置。二是借鉴南昌高新区进贤产业园发展模式，鼓励开发区发展"飞地经济"或依托产业技术联系共建产业合作园区，创新建设项目税收分配办法，探索园区 GDP、开发建设支出、能耗双控等方面的共享共担机制。三是总结赣州"三南"园区一体化、井冈山开发区"一区四园"经验，支持开发区跨区域产业整合和企业重组，强化上下游配套、大中小互补、产供销协同，统筹推进规划编制、产业协作、基础设施和公共服务平台建设、要素保障等工作，提高招商引资和承接产业转移的能力。

专题三

推动经济高质量发展

全面建设创新江西的路径和策略研究

江西省第十五次党代会报告指出，要全面建设创新江西，深入实施创新驱动发展战略、科技强省战略、人才强省战略，让科技创新这个"关键变量"成为发展的"最大增量"。江西省委经济工作会提出，要在科技创新上求进，强化科技创新这个"战略支撑"。

一、新形势下国内外科技创新的趋势和特点

置身世界百年未有之大变局和中华民族伟大复兴战略全局，面对高质量发展的新要求和现代化经济体系建设的新需要，作为推动经济社会发展的"主引擎"和"动力源"，科技创新的作用日益突出。随着新一轮科技革命和产业变革加速重建全球创新和经济版图，科技创新呈现出"五化"趋势。

（一）技术融合化

随着全球化与信息化的发展，新知识、新技术与新产业、新业态将在"十四五"时期乃至更长一段时期接续涌现，促进关联产业彼此交融，催生产业融合新态势，成为新时期传统产业改造升级的重要推力。同时，随着以多领域技术融合集成、多学科专业交叉群集成为特征的新一轮科技革命深入发展，数字经济迈入以产业数字化为重点的"下半场"，产业间创新因子相互渗透、交叉重组，从而形成新产业的动态过程，大幅推动产业链分解、重构与延伸，引发生产方式和产业功能形态重大变革，为新领域新优势的诞生和重塑创造契机。

（二）布局赛道化

进入新发展阶段，产业边界趋于模糊，云计算、大数据、人工智能等关键技术赋能产业成为必然趋势，专业细分领域新竞争版图加快形成。在产业变革和技术革命逻辑的演进之下，产业发展思维从做大做强的体量思维转变为做细做深、精细刻画的赛

道思维，更加强调依托产业创新能力来突破原有产业发展瓶颈。各地正抓紧布局、培育发展未来产业，多个省市在"十四五"规划相继提出超前布局一批未来产业，以分工更细、技术更高、迭代更快为特征的新赛道成为未来产业领跑和抢跑的战略重心。

（三）基础自主化

在国内外形势日趋复杂的背景下，科技创新成为世界各国挣脱发展泥潭和安全困境的战略牵引，科技制高点"守成国"与"崛起国"的大国博弈愈演愈烈，以美国为首的西方大国在芯片等核心技术上对我国进行封锁、禁售与禁运，意图将我国"固化"在产业链低端。同时现阶段我国基础科学研究短板依然突出，关键核心技术受制于人的局面没有得到根本性改变，更加凸显了关键核心技术自主可控在打破外部封锁、保障国家安全等方面的战略意义。前沿技术储备、基础研究自主化正成为我国深度参与甚至局部引领国际科技的重心。

（四）要素集群化

近年来，创新要素加速从传统的产业园区向高端研发机构、企业孵化器、高技能人才等资源集聚的城市科创中心流动，特别是以为北京、长三角、粤港澳大湾区等先进地区为代表的科创中心强力吸引了国内外一流的创新资源。创新集群正成为加快推进创新型国家建设的重要抓手和载体，各地创新资源也呈现出向自创区、科创走廊、科创城等重大平台集聚的趋势，建设区域创新中心和创新集群将成为各地打造新时代区域竞争优势的战略重点。

（五）投入资本化

在我国多层次资本市场体系中，服务科技创新的板块正不断丰富，为处于不同发展阶段的创新主体提供投融资支持，以科创板、创业板、北交所为代表的资本市场服务科技创新的能力持续提升。科创板支持了一大批"硬科技"企业上市发展，创业板成为创新创业企业集聚地，北京证券交易所的设立使得多层次资本市场对科技创新的支撑力量进一步增强。同时，近年股权投资行业从财务型投资向产业化和实体化转型，更加注重项目孵化和落地，创投行业对科技领域的投资策略更加积极主动。

二、江西建设创新型省份的成效与差距

（一）取得的成效

近年来，江西深入实施创新驱动"5511"工程，开展全社会研发投入攻坚行动，

加快科技创新体系建设，创新型省份建设取得重大进展。2020 年，全省综合科技创新水平指数升至 56.68%，居全国第 16 位，较 2014 年上升 8 位，实现"七连进"；研发经费投入总量达 430.72 亿元，是 2015 年的 2.49 倍；专利授权 80239 件，是 2015 年的 3.3 倍；技术合同成交额 233.4 亿元，是 2015 年的 4.6 倍；高新技术企业数量达到 5595 家，是 2015 年的 5.1 倍；入国家库科技型中小企业 6416 家，是 2017 年启动期的 13.8 倍；高新技术产业增加值增长 11.2%，占规模以上工业增加值的比重为 38.2%，占比较 2015 年提升 12.5 个百分点。

1. 核心技术有所突破

"十三五"时期，江西坚持紧盯制约产业发展的关键领域和引领未来发展的核心技术，在新材料、新一代信息通信、航空、生物医药等优势特色领域前瞻布局，遴选实施重大科技研发专项 63 个，推动大飞机制造、烯烃高效高选择性转化、视频图像特征表达与智能分析、中药制造现代化等方面，突破了一批关键核心技术，为推动"2+6+N"产业高质量发展提供科技支撑。例如，大飞机制造关键技术填补航空装备制造领域空白，技术整体达到国际先进水平，有力保障了产业链安全稳定。

2. 创新体系不断健全

"十三五"时期以来，江西不断优化资源配置打造创新高地，初步形成了"一廊两区六城多点"的创新区域体系。南昌高新区等 7 个国家高新区获批建设鄱阳湖国家自主创新示范区，井冈山国家农业科技园区升格为国家农高区。南昌航空、赣州稀金、中国（南昌）中医药、上饶大数据、鹰潭智慧、南昌 VR 六大科创城成为全省重点产业与科技创新融合发展的"主战场"。井冈山市等国家级、省级创新型县（市、区）建设全面铺开。

3. 政策环境持续优化

出台创新型省份专项计划、基础研究计划、科技重大专项、重点研发计划、技术创新引导计划、基地和人才计划，构建了布局合理、功能定位清晰的"1+5"科技计划体系。开展减轻科研人员负担专项行动，加大对研发活动的政策支持，积极引导企业创新创业，加大研发经费投入，创新政策落实效果进一步显现。2020 年规模以上工业企业享受的研究开发费用加计扣除减免税和高新技术企业减免税分别为 47.18 亿元和 45.6 亿元，分别比上年增长 29.5% 和 20.6%。在减税政策带动下，企业开展研发活动的积极性持续提高，2020 年规模以上工业企业开展研发活动企业占 35.4%，较上年提高 2.1 个百分点。

4. 人才规模加速壮大

启动实施江西省高端领军人才培育项目，以重大科技创新平台为载体，筑巢引凤，聚集了一批在国内各领域有一定影响力的专家学者，初步构建了引进与培育并重、梯次合理、符合人才成长规律的科技人才计划体系。截至 2020 年底，江西共有国家级重大人才计划 98 人，长江学者、省"双千计划"及其他各类人才计划高层次人才共计

2058 人。其中，赣州市通过中科院赣江创新研究院建设，组建科研团队 16 个，引进科研人员 246 名，其中院士、国家杰出青年 14 人。

5. 创新平台加快布局

突出江西省产业特色和未来发展重点，采取引进共建、整合资源发挥企业积极性、争取国家部委支持等措施，在稀土、中医药、航空、铜、电子信息等领域布局建设一批重大科技创新平台，进一步优化了创新格局、提升了创新能力。截至 2021 年 6 月，江西拥有已建成或正在建设的国家级重大科技创新平台 33 个，中国工程科技发展战略江西研究院等重大创新平台落户，尤其是中科院赣江创新研究院的成立，填补了江西无大院大所直属机构的空白。

（二）存在的差距

虽然江西省科技创新综合实力较往年相比明显增强，但与全国及其他发达省份相比，在要素规模、平台能级、成果转化等方面还存在不小差距。

1. 综合实力存在差距

虽然江西综合科技创新水平指数连续 7 年进位，但在全国的位次仍落后于 GDP。2020 年，江西全社会研发经费投入强度与同期全国平均水平（2.4%）相比相差较大，仅相当于浙江 2009 年、安徽 2012 年的水平；R&D 经费支出、R&D 经费支出占 GDP 比重、高新技术企业数量远低于浙江、安徽等周边省份。

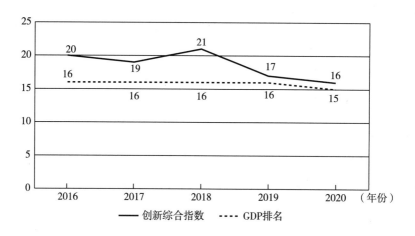

图 1 "十三五"时期创新综合指数和 GDP 排名

2. 要素规模存在差距

2020 年，江西省战略性新兴产业增加值占规模以上企业比重 22.1%，较安徽的 40.3%低 18.2 个百分点。截至目前，江西无一所双一流大学，创新型领军人才不足、高层次人才缺乏、战略性新兴产业领域人才短缺等现象依然存在，尤其是两院院士数

表1　研发投入、高技术企业数量指标对比

| 年份 | 研发投入 | | | | | | | | 高新技术企业数量（家） | | |
| | 全国 | | 江西 | | 安徽 | | 浙江 | | | | |
	R&D支出（亿元）	占GDP比重（%）	R&D支出（亿元）	占GDP比重（%）	R&D支出（亿元）	占GDP比重（%）	R&D支出（亿元）	占GDP比重（%）	江西	安徽	浙江
2020	24393.1	2.4	430.70	1.68	883.20	2.28	1725.1	2.80	5595	8559	22158
2019	22143.6	2.23	384.30	1.55	754.03	2.03	1669.8	2.68	5145	6636	16316
2018	19677.9	2.19	310.69	1.41	649.00	2.16	1445.7	2.57	3521	5403	14649
2017	17606.1	2.13	255.80	1.28	564.90	2.09	1266.3	2.45	2138	4310	11462
2016	15676.7	2.11	207.31	1.13	475.13	1.97	1130.6	2.39	1455	3863	9474

量与周边省份相比有较大差距，湖北、湖南、安徽、河南2019年就分别有75名、69名、38名、26名两院院士，而江西仅有5名。同时，尽管近年来各部门联同各金融机构通过出政策、搭平台、强投入等一系列措施，科技金融发展取得了较好的成效，但各管理部门统筹联动有待加强、科技金融产品创新不足、科技企业经营管理水平不高以及信息不对称、科技金融规模不够大等问题仍然存在。

3. 平台能级存在差距

一是平台数量不够。"中字头"科研院所稀缺、国家级双创基地屈指可数。目前，江西拥有国家重点实验室6个，国家工程技术研究中心8个，在中部地区排名倒数第2。全省仅一家中科院直属机构，而湖北仅武汉市就有11家。二是大科学装置缺乏。从中国（深圳）综合开发研究院整理情况来看，我国已建成的22个国家大科学装置中，合肥、北京分别占据6个、5个，新增的16个中，上海占据3个，合肥、武汉、北京、哈尔滨分别占据2个，江西无国家大科学装置。三是创新基础设施项目不多。2021年"项目大会战"项目4004个，总投资3.91万亿元。其中，创新基础设施项目仅23个，占比0.6%；总投资183.2亿元，占比0.47%。

表2　2020年中部地区及浙江省创新平台数量对比　　　　　单位：个

指标	江西	安徽	湖北	湖南	河南	山西	浙江
国家重点实验室	6	12	29	19	16	6	15
国家工程技术研究中心	8	9	19	14	10	1	14
省级以上科技企业孵化器	88	113	219	97	124	70	—
其中：国家级	21	38	63	26	44	16	83
省级以上众创空间	181	220	346	238	198	253	—
其中：国家级	50	53	83	61	54	52	163
国家高新区	9	6	12	8	7	3	8

4.成果转化存在差距

专利转化率较低，技术合同成交金额不高，成果平均市场价值低于全国平均水平。2020年，江西技术市场合同成交金额233.4亿元，占全国28252亿元的0.8%，明显低于江西研发经费支出、专利申请数、授权专利数占全国的比重。

表3　江西省"十三五"期间成果转化市场情况

| 年份 | 专利申请数量 | | 授权专利数量 | | 签订技术合同数 | | 专利转化率（%） | | 技术合同成交 | |
	江西（个）	占全国比重（%）	江西（个）	占全国比重（%）	江西（项）	占全国比重（%）	江西	全国	江西（亿元）	占全国比重（%）
2020	114299	2.2	80239	2.2	4086	0.7	5.1	15.1	233.4	0.8
2019	91474	2.1	59140	2.3	2799	0.6	4.7	18.7	148.6	0.7
2018	86001	2.0	52819	2.2	3024	0.7	5.7	16.8	115.8	0.7
2017	70591	1.9	33029	1.8	2404	0.7	7.3	20.0	96.2	0.7
2016	60494	1.7	31472	1.8	1985	0.6	6.3	18.3	79	0.7

三、先进地区创新驱动发展的典型经验

近年来，各地坚定不移走科技创新引领高质量发展之路，努力打造创新的重要策源地，涌现出很多特色做法，包括强化科技平台建设、核心技术攻关、加快成果转换等，建设了各具特色的区域创新体系，为经济发展带来了新动力，为江西全面建设创新江西提供了诸多值得借鉴的经验。

（一）链群思维驱动下的深圳模式

作为我国科技创新的前沿阵地，深圳被誉为"中国硅谷"，诞生了一批以华为、腾讯、大疆、华大基因为代表的明星企业，是全国首个以城市为基本单元的国家自主创新示范区。2020年深圳国家级高新技术企业超过1.86万家，位居全国第二；PCT国际专利申请量连续17年居全国首位；每万人发明专利拥有量119件，约为全国平均水平的8倍；商事主体总量达359万户，创业密度居全国第一；高新区国际化和参与国际竞争能力位居全国第一；自2010年以来，深圳连年斩获国家技术发明奖一等奖、科技进步奖、特等奖等国家科技奖项148项，其中2020年国家科技奖13项。深圳创新主要表现在建设了系统的创新生态链，涵盖了基础研究、技术攻关、成果产业化、科技金融、人才支撑等全过程。

1. 推动产业链"全链条、矩阵式、集群化"发展

强化政策支持，出台《关于支持企业提升竞争力的若干措施》《关于促进人才优先发展的若干措施》《深圳市重点产业链"链长制"工作方案》等多个文件。坚持"一链一图"，针对重点产业链的绘制发展路线图。建立立体多维度的产业扶持体系，积极主动为企业提供全流程、常态化服务。整合产业发展重点依托的空间载体，如新型工业化产业示范基地、各类开发区等，集中布局产业链上中下游企业，推动建立"头雁引领群雁飞"、"大手牵小手"产业生态，实现产业集群化发展。确立企业创新主体地位，形成"四个90%"的创新格局，让企业在科技创新中唱主角，推动产业链创新链深度融合。

2. 提升基础研究能力

高标准谋划建设科教平台，大力推进大科学装置群带动战略。完善重大科技基础设施建设，成立国际化、专业化深圳综合粒子设施研究院，启动脑解析与脑模拟、材料基因组大科学装置平台等区域性重大科技基础设施建设。加大符合科技发展需要的科技力量引进力度，尤其突出对中科院等高层次科技力量的重视程度。制定出台《深圳经济特区科技创新条例》，设立市级自然科学基金，引导企业及其他社会力量通过设立基金、捐赠等方式，加大对基础研究和应用基础研究的投入力度。对重大科技项目的立项和组织管理方式进行改革，推行"揭榜挂帅"等制度。

3. 强化关键核心技术攻关

对重点产业链实施"链长制"，由市委书记担任集成电路的链长，相关市领导担任5G、智能网联汽车、生物医药、人工智能等产业的链长，全面系统地对重点产业链进行梳理，找到其核心技术和关键部位的卡点。聚焦基础技术研究、生物科技、通信技术等重点领域，坚持系统攻关，全力疏通科技"卡"点。坚持推进科技创新，支持多主体合作建立协同创新联合体，共同致力于产学研合作技术研究，形成满足需求方为出发点的攻关机制，推动共性技术供给体系的形成。

（二）数智思维驱动下的浙江模式

浙江把数字创新作为科技创新的重要支撑，依托数字经济，构建了实体经济、科技创新、现代金融、人力资源协同发展的产业体系，数字产业创新步伐不断加快。2020年，核心产业制造业新产品产值6095亿元，占全省规模以上工业新产品产值的20.8%；新产品产值率达57.2%，比规模以上工业高出18.2个百分点。全省数字经济领域有效发明专利达6.5万件，拥有专利的企业数为3.4万家，位列全国第三。数字经济类"万亩千亿"新产业平台累计达11个。数字经济领域超百亿元企业25家；入选全国电子信息和电子元件百强企业分别为16家和19家，均位居全国第二。

1. 完善数字基础设施

打造全国领先的电子商务、物联网、云计算、大数据、互联网金融创新、智慧物

流、数字内容产业中心，抓好大数据省级重点企业研究院建设，培育数据服务型企业。推动以集成电路为代表的数字化基础产业发展，高效推进杭州、宁波等省级集成电路产业基地和杭州"芯火"双创基地（平台）建设。加快工业互联网国家示范区、开源社区等平台建设，推进阿里云 supET 工业互联网创新中心建设，加快推进长三角工业互联网一体化发展示范区建设。加快对"未来工厂"建设要求和发展路径探索，推动更多企业进行数字化、智能化转型发展。强化基础研究、应用研究与产业化对接融通，推动数字经济、生物医药和新材料产业竞争力整体提升。

2. 加快培育战略科技力量

打造杭州城西科创大走廊创新策源地，联动推进宁波甬江、温州环大罗山、嘉兴G60、浙中、绍兴、台州湾等科创走廊建设。实施引进大院名校共建创新载体战略，中法航空大学、北航杭州研究院、中科院肿瘤所等一大批高端科研机构落户。推进之江实验室、阿里达摩院、西湖大学、浙江清华长三角研究院、北京航空航天大学杭州创新研究院等建设。支持阿里巴巴集团和杭州市创建国家数据智能技术创新中心。支持浙江大学、之江实验室谋划建设工业互联网安全、量子精密测量与观测等大科学装置。支持头部企业牵头组建产学研协同的创新联合体，打造"头部企业+中小微企业+服务环境"创新生态圈，加快完善技术创新中心体系，争创智能工厂操作系统、数据智能国家技术创新中心。

3. 全面加强关键核心技术攻关

重点瞄准关键领域，建立从绘制地图、列出清单、开展项目到形成研究成果的系统立体机制，反复对数字安防、集成电路、生物医药、炼化一体化与新材料等产业创新链绘制相应的"五色图"，最后研究形成首批关键核心技术清单和重大科学问题清单。瞄准世界科技前沿，聚焦国家战略需求，实施 5 个以上重大基础研究专项。紧扣新兴产业发展和传统产业改造提升的技术需求，实施 15 个以上重大科技专项。全面实施"揭榜挂帅""赛马制"等机制，不设门槛，充分赋权，压实责任，限时攻关，以成果论英雄。积极培育和推进一批新型产业和未来产业，打造世界级先进制造业集群。

（三）创投思维驱动下的安徽模式

安徽坚持把政府投资基金模式创新作为完善创新体系、扩大创新主体的重要路径，积极促进技术与资本融合、创新与产业对接，推动全省大众创业万众创新取得新突破。2020 年，安徽省区域创新能力排名居全国第 8 名，连续 9 年居全国第一方阵。新一代信息技术、人工智能、新材料等十大新兴产业迅猛发展，战略性新兴产业产值占规模以上工业比重达到 40%以上；国家实验室、合肥综合性国家科学中心、合肥滨湖科学城、合芜蚌国家自主创新示范区、全面创新改革试验省等创新主平台建设初见成效；"九章"量子计算机、"嫦娥钢"、"质子刀"、"量子显微镜"、"墨子号"实验卫星等一批重大创新成果相继问世。

1. 发挥"三重一创"产业发展和创业投资引导基金作用

在"三重一创"产业发展基金方面，集合政府投资和市场投资组建总规模近千亿元的产业发展基金，投资覆盖 16 个市，从支持新建项目、奖励重大项目团队、支持企业境外并购、完善奖励机制、补助研发生产设备投入、补助研发试制投入、支持高新技术企业成长、支持创新平台建设、支持创新创业和运用基金支持 10 个方面强化细化具体支持政策，重仓投资了蔚来汽车、长鑫存储等一批重大项目。在创业投资引导基金方面，设立按照市场化方式运作的政策性基金，通过扶持创业投资企业，引导基金坚持服务实体经济发展、服务创新创业，主要支持基础性、带动性、战略性特征明显的战略性新兴产业领域，促进中小企业成长。

2. 多渠道拓展创业投资空间

支持和鼓励外商来头次和创业，进一步放宽外商准入标准，加快推进出台的政策措施落实落地。继续完善吸引投资的相关政策和配套服务，以更大力度吸引创新创业投资主体在皖集聚。支持省内创新创业主题与国内各创业创新平台以及创业投资主体进行合作，形成合力，增加发展的活力欢迎和鼓励大型投资机构来皖投资，增加省内投资企业和母基金的信心。商业保险资金投资门槛设置更加灵活和宽松，鼓励保险机构、保险资产管理机构为创业企业提供融资服务。

3. 支持创新平台建设

安徽充分发挥科教优势，坚持数质并重、优化布局，大力推进国家实验室、合肥综合性国家科学中心、合肥滨湖科学城、合芜蚌国家自主创新示范区、全面创新改革试验省"五个一"创新主平台和安徽省"一室一中心"分平台建设，形成自主创新的"安徽现象"。加快构建交叉前沿研究平台，突破一批关键核心技术，重点加快天地一体化信息网络合肥中心、中科院临床研究医院、大气环境污染监测技术与装备国家工程实验室等平台建设。

（四）赛道思维驱动下的成都模式

成都坚持以创新发展培育新动能，2020 年新增国家级孵化载体 2 家和国家备案众创空间 6 家，新建 28 家市级科技企业孵化器及众创空间，市级及以上创新创业载体累计达 250 家，在孵企业及团队 1 万余家。成都超算中心建成并投入试运营，新一代"人造太阳"（中国环流器二号 M 装置）建成并首次实现放电。成都推进科技创新的关键，是以布局新赛道塑造未来竞争优势，以战略眼光和前瞻思维加快新赛道布局、新赛手培育、新赛场建设，全面提高产业竞争力。

1. 布局新赛道

成都基于全球科技创新趋势和产业发展规律、城市现代产业体系比较优势等基础，布局新技术、新生物、新能源、新制造、新生活 5 个新赛道。面向基础赛道与优势赛道的共性需求，布局一批国家技术创新中心。鼓励企业与高校、科研院所共建创新平台，打造一批以市场为导向的新型研发机构。针对"卡脖子"技术难点，进行重点攻关突破，依据需求方的要求进行答题，形成"一技一策"的技术攻关机制。建立科研设施和仪器共享机制，深入推动产学研发展，建设科技成果转化和服务平台，推动中试转化基地建设和发展壮大，培育发展一批技术转移机构和技术经理人。

2. 培育新赛手

差异化推进本土企业培育，围绕打造上下联动的产业生态圈、创新生态链，每个赛道梳理 10 个左右综合规模、发展潜力、科技创新能力强的重点企业，建立成都新赛道企业培育库，对入库企业实施"一对一"精准服务。加快形成根植成都、引领产业发展的行业领军和独角兽企业，打造一批市场占有率高、关键环节竞争力强的准独角兽企业，培育一批处在产业技术前沿的种子企业。聚焦头部企业产业链上下游、生态相关目标企业及应对前沿科技发展趋势需要的顶级研究机构、创新团队，开展靶向招商、精准招商，引进龙头项目、高端项目和特色项目，提供精准指导和政策支持，形成由点到线、由线到面的新赛道生态效应。

3. 打造新赛场

科技招商引资定位精准化，鼓励各县区提前谋划，做好科技创新规划。深入实施《成都建设国家新一代人工智能创新发展试验区实施方案》，发挥现有产业功能区最大作用，致力于打造"三大特色应用场景"和"四大重点应用场景"，加快推动人工智能领域发展。深化场景创建，优化"创新应用实验室+城市未来场景实验室+十百千场景示范工程"场景供给流程，推动技术进步更好地服务现实发展。支持人工智能走进消费性场所，鼓励实体经济引入人工智能服务，提供兼具互动性和场景化的体验式服务，打造具有竞争力的产品，推动建设世界级地标性商圈。

四、全面建设创新江西的总体思路

面对新阶段科技创新呈现的新趋势、新特征，全面建设创新江西应坚持以下总体思路：按照"四个面向"要求，强化创新在现代化建设全局中的核心地位，坚持聚焦"三个服务"、促进"三维协同"、推动"三高集聚"，着力完善创新体系、集聚创新要素、优化创新生态、提升创新效能，加快建设高水平创新型省份，为全面建设社会主义现代化江西提供强大科技支撑。

（一）聚焦"三个服务"

推动科技创新，关键是以国家战略需求为根本，紧密结合地方经济社会发展实际，提升科技引领经济社会发展的能力。服务国家战略，紧紧围绕中央对中部地区高质量发展的战略部署同向发力，强化战略科技力量，优化创新资源配置，形成点线面结合、具有江西特色的科技创新体系，引领江西加快崛起。服务经济发展，加强科技与经济发展在规划、政策等方面的相互衔接，深刻认识和把握科技创新与产业发展的内在逻辑规律，顺应新一轮科技革命和产业变革趋势，塑造更多依靠创新驱动、更多发挥先发优势的引领型发展。服务美好生活，依托科技创新提升供给侧的品质和效率，通过点亮消费场景、赋能便捷服务、优化生活体验，满足人民群众的前瞻性、前沿性、前卫性需求，适应生活方式的精细化、个性化变迁。

（二）促进"三维协同"

技术创新的本质是经济活动，提高创新效率的重点，是通过区域、平台、主体三个维度的协同联动，通过市场需求引导创新资源有效配置。促进区域协同，依托南昌的创新平台和高校资源优势，以南昌为创新"头雁"，北拓南延赣江两岸科创大走廊，加强与G60科创走廊和广深澳科创走廊的链接，提升大南昌都市圈创新辐射能力，做强赣州、上饶等重要创新枢纽，形成"一核引领、圈层辐射、廊道拓展、节点支撑"的区域协同创新格局。促进平台协同，以鄱阳湖自主创新示范区为重要策源地，以国家重点实验室体系重组为契机，优化省级重点实验室、工程技术中心、新型研发机构、创新孵化园区等各类创新载体，建设跨学科大协作的区域性协同创新平台网络，促进创新要素的流动和创新主体间的资源共享和互动协同，实现有限创新资源的组合优化配置。促进主体协同，以企业为主体开展协同创新，推进重点项目协同和研发项目一体化，发挥政府、企业、高校、科研院所、中介机构和社会组织等主体作用，构建龙头企业牵头、高校院所支撑、各类创新主体相互协同的创新联合体，优化创新资源配置，降低创新成本，提高创新绩效。

（三）推动"三高集聚"

实施科技创新战略，必须加快高端创新要素集聚，并使之实现优化合理配置。集聚高素质人才，健全高层次人才成长机制，向用人主体放权、为人才松绑，营造人才友好型环境，集聚培养战略科学家、科技领域战略家、科技引领发展的战略家、科学技术领域的智库专家，积极培育高层次复合型人才。集聚高能级平台，围绕全省重点产业，以独立建设或合作共建方式设立产学研紧密结合的创新平台，加快新型研发机构引进培育，实现创新平台从"量的积累"迈向"质的飞跃"、从"点状突破"迈向"系统提升"。集聚高质量资本，加强场外市场建设，推动科技要素流转，大力发展股权投资机构，加大科创领域投资力度，提升投行业务能力，增强金融服务科创企业能力，优化金融发展基础环境，引进更多优质资本促进科创企业发展。

五、全面建设创新江西的突破口

全面建设创新江西要实现创新突围，必须推陈出新，在新赛道、新选手、新基建、新场景"四新"领域加快突破，做强做优发展的"最大增量"。

（一）瞄准新赛道

新赛道是以新技术、新模式为核心竞争力的分工更细、技术更高、迭代更快、更利于形成优势的新兴产业或细分领域。面对新一轮科技革命和产业变革新机遇，科技和产业"新赛道"正在加速孕育，借助"新赛道"实现换道超车，是江西创新资源布局的重要突破口。围绕新赛道布局创新资源，除要与周边地区"错位竞争"外，更要系统考量江西的基础优势和发展需求（如南昌可依托虚拟现实产业、软件业等领域的突出优势，探索打造元宇宙试验区），聚焦技术优势、资源优势、规模优势谋划创新驱动战略发力的重点产业领域。

表4　重点产业赛道创新资源布局方向

技术优势	新兴动能	元宇宙、虚拟现实（VR）、移动物联网
	基础支撑	工业互联网、生物技术、中医药、食品
	未来科技	前沿新材料、半导体材料
资源优势	新兴动能	锂电新能源、稀土新材料
	基础支撑	有色金属新材料、数字文旅、智慧农业
	未来科技	数字文旅
规模优势	新兴动能	航空装备
	基础支撑	智能网联汽车
	未来科技	自动驾驶

（二）引育新选手

新技术的孕育、新赛道的形成、新产业的爆发，往往始于行业领域"黑马"企业和人才的突破性贡献。因此，科技创新突破的关键在于培育、发现和吸引科技赛道的新选手。江西应充分重视新兴领域和细分行业新选手的引进、培育和挖掘，营造更有利于瞪羚企业、独角兽企业创新的空间，发挥新选手对新兴技术发展的引领性作用，对重点企业、重点人才开展"一对一"全生命周期精准服务，引进培育一批头部企业和行业领军人才。

（三）提速新基建

新型基础设施特别是创新基础设施，与创新能力和策源水平息息相关。当前，国内已涌现出一批科技创新要素集聚、创新链条上下游贯通、有力支撑重大产出的创新基础设施，成为我国国家创新体系的重要力量。江西作为科技创新"跟跑"型省份，应兼顾适度超前和尽力而为的原则，针对科技创新短板领域，聚焦航空、中医药、新能源、新材料等优势产业领域和食品、化学、生物等基础研究领域布局一批科学研究、技术开发和试验验证设施。

（四）营造新场景

技术应用场景的搭建，是完成科技成果转化的关键环节。当前，数字技术与实体经济深度融合，催生出大量新业态和新模式，为新场景的应用提供无限可能。同时，应用场景落地能够为新技术、新模式、新业态提供"试验场"，极大丰富数字经济创新发展生态，数字经济发展与新场景营造构建成良性循环生态圈。这就需要我们大力发展数字经济"一号工程"，更加积极主动地为企业创造和提供丰富应用场景，以需求牵引供给，以供给创造需求，促进新技术的商业化应用。

六、全面建设创新江西的重大举措

创新是一个复杂的社会系统工程，涉及经济社会各个领域。坚持创新发展，既要坚持系统观点，又要善于抓住关键，以重要领域和关键环节的突破带动全局。

（一）坚持"扩大增量"与"提高质量"相结合，着力壮大企业主体规模

创新链产业链融合，关键是要确立企业创新主体地位。要按照"科技型中小企业—高新技术企业—高成长企业—科技型领军企业"全链条成长模式，大力实施创新型企业梯次培育计划，推动创新型企业数量质量"双提升"。

1. 加大科技型企业培育力度

加快布局建设众创空间、科技企业孵化器、双创示范基地等"双创"载体，构建全链条创新创业服务体系，孵化培育一批成长能力强的科技型中小企业。逐步优化高

新技术企业遴选、入库、培育、认定工作机制，引导人才、服务、政策、资本向高新技术企业聚集。积极推动优质高新技术企业挂牌上市。

2. 引导科技型企业积极"升高"

加强科技型中小企业数据库和高新技术企业数据库对接。加大对"专精特新"中小企业的支持力度，鼓励政府投资引导基金对种子期、初创期科技型企业给予支持，培育更多具有创新能力的"隐形冠军"企业。鼓励规模以上企业加强研发投入，推动一批规模以上工业企业升级成为高新技术企业。

3. 构建企业主导的融通创新生态

大力支持重点行业骨干企业提升研发能力，培育具有技术优势或市场优势的"链主企业"。支持科技型领军企业联合上下游企业、政产学研力量组建协同创新联合体，加强与产业链上下游中小企业的衔接和资源共享，打造"头部企业+中小微企业"创新生态圈。

（二）坚持"政策引才"与"环境聚才"相结合，着力打造天下英才重要首选地

创新之道，唯在得人。人才是创新活动中最为活跃、最为积极的因素，谁能培育和吸引更多优秀人才，谁就能在竞争中占据优势。

1. 以真招实策延揽人才

健全江西省"双千计划"等重大人才计划实施机制，引进培养一批高层次科技人才和创新创业团队。突破刚性引才的政策限制，树立"不求所有，但求所用；不求常住，但求常来"理念，通过兼职聘任、远程参与、专家顾问等多种方式，吸纳一批高水平"周末工程师"、"候鸟型人才"。全面深化首席科学家、编制周转池等制度。在具有战略性的项目管理上探索新机制，实施"揭榜挂帅"、"赛马制"机制。设立颠覆性技术专项，探索首席科学家负责制。

2. 以真金白银激励人才

积极探索"人才团队+科技成果+政府参股+股权激励"模式，深化经费"包干制"试点，下放预算调剂权限，赋予科研人员更大技术路线决定权和经费使用权。采取"一事一议"方式，解决创新团队的科研立项、经费支持和团队核心成员的职务职称、薪酬待遇、服务保障等事项。

3. 以真情实意服务人才

坚持"破四唯"和"立新标"并举，持续提高对人才的吸引力，推动从"抢人"到"养人"转变。继续推动为科技人才"松绑"、"减负"的政策落地，建立健全领导干部联系服务高层次人才制度，深化拓展高层次人才服务卡服务事项，为人才提供全生命周期的优质高效服务，真正让人才安心创业、顺心工作、舒心生活。

（三）坚持"国家所需"与"江西所能"相结合，着力强化平台承载能力

栽好"梧桐树"，才能引来"金凤凰"。要聚焦最有基础、最有优势、最需突破领域，坚决摒弃"等靠要"思想，抢抓国家重点实验室体系重构机遇，加强与国家科研院所、高等院校的对接合作，系统谋划战略科技平台、院校地协同创新平台、产业创新平台等建设，着力构建结构优化、链条完整的科技创新平台体系，提升创新体系整体效能。

1. 加快培育战略科技平台

依托鄱阳湖国家自主创新示范区国家级金字招牌，整合各方优势科技资源，高起点高标准建设中国（南昌）科学岛，力争实现国家实验室零的突破，积极创建国家重点实验室，优化省级重点实验室体系，推动形成以"国家实验室、国家重点实验室、省级重点实验室"为架构的源头创新平台体系。以前瞻性、战略性、整体性眼光，聚焦生物医药、新材料、发酵工程、航空、射电望远镜等领域，积极争取国家支持，谋划建设国家重大科技基础设施。

2. 打造院校地协同创新平台

支持高校院所、产业功能区、创新企业组建创新联盟，鼓励国内外优势科技创新主体建设新型研发机构，推动科研组织方式从供端研发向需端牵引变革。持续加大与国内外一流知名高校、"国字号"科研院所的合作，通过建设联合实验室、产业技术研究院、人才培养基地等方式，吸引大院大所在江西设立分支机构或共建新型研发机构，促进更多一流科研成果在江西落地。

3. 构建新型产业技术创新平台

聚焦六大优势产业，统筹建设一批技术创新中心、产业创新中心、制造业创新中心，鼓励企业建立院士工作站、博士后流动站等，推动大中型工业企业和规模以上高新技术企业研发机构全覆盖，打通研发—工程化—产业化创新链条。

（四）坚持"自立自强"与"开放协作"相结合，着力构建内外联动格局

以自主创新打造高质量发展新引擎，要以开放合作增创高质量发展新优势。打造科技创新领域开放发展新局面，有利于融入国内国际双循环新发展格局。

1. 提升原始创新能力

聚焦江西传统优势产业和VR、移动物联网、区块链、中医药等战略性新兴产业及民生短板领域，加强需求导向的基础教育、基础学科建设和基础理论研究、"无人区"前沿探索，大力实施原始创新计划，实施"首席科学家"、"揭榜挂帅"、"赛马制"等制度，集中全省优势科技力量，着力突破一批"卡脖子"技术，努力实现更多"从0

到 1"的突破。

2. 抓好共性技术联合攻关

围绕战略性产业集群和产业链发展需求，组建由战略性产业领军企业、产业链"链主"等骨干企业及研发机构为"盟主"，上下游企业、高效、中介机构等为成员的创新联盟，推动科技、产业、市场、金融和管理等创新，合力解决产业链发展中存在的关键共性技术问题。

3. 拓展科技开放合作新渠道

深度融入共建"一带一路"建设，充分利用世界 VR 大会等开放平台，积极开展与美国、英国、法国等发达国家科技合作，加强与粤港澳大湾区、泛珠三角、长江经济带、长三角科技创新资源对接，加强合作研究，实现成果转移转化及产业化，探索建设并布局"科研飞地"。

（五）坚持"给予优惠"与"给足机会"相结合，着力畅通成果转化通道

围绕"愿意转"、"有权转"、"怎么转"、"转得顺"、"转得快"，全面深化科技成果转化体制机制改革，加快完善技术市场服务体系，着力破解科研成果与市场主体衔接"分离"难题，让更多成果从"实验室"走向"生产线"。

1. 加大科技成果转化"奖励"

建立快捷的新技术新产品准入机制，落实自主创新产品政府采购等支持政策，实施首台（套）装备、首批次材料、首版次软件应用奖补政策，促进重大创新产品推广应用。赋予科研人员职务科技成果所有权或长期使用权，全面落实科技成果转移转化所得收入奖励给研发团队、成果完成人的奖励政策。

2. 强调科技成果转化"赋权"

借鉴发达地区经验，赋予科研人员技术股加现金股，一定条件下由高校院所自主实施转化和自主决定资产评估，对科研成果实施"事后奖励+事前产权激励"，由财政支持应用类科技项目成果限时转化。

3. 促进科技成果转化"交易"

拓展完善"江西省网上常设技术市场"平台综合服务功能，建设赣江两岸科创大走廊科技大市场、区域科技大市场，打造国内一流的科技成果交易综合服务平台。推动科技创新券对科技型中小微企业和创新创业人员全覆盖，实现全省互通互认。

（六）坚持"科技项目"与"金融资源"相结合，着力提升金融赋能水平

建立科技金融导向的立项机制，健全科技创新和金融创新融合发展的体制机制，构建金融支持科技企业发展的全生命周期模式，推动科技和金融"双轮驱动"。

1. 畅通"信息链"

将企业按照成长周期进行分类，从知识产权、财务、团队等方面为入库企业进行创新能力画像，助力金融机构进行精准滴灌。构建"金字塔式"科技企业数据库和科技创新主体分布图，涵盖科技型中小企业、高新技术企业、科技领军人才企业、瞪羚计划企业、独角兽培育企业五个梯次，绘就江西科技创新的"地理轮廓"，动态展示从科技创业、专利授权到研发团队，再到研发投入、产品收入的成长性科技创新研发指标体系，构建监测江西科技创新发展的"晴雨表"，引导金融机构为不同发展阶段的科技企业提供更加贴合的金融服务。

2. 撬动"资金链"

充分发挥财政资金引导作用，大力发展以 VR 产业为引领的科创产业全生命周期融资体系。引导金融机构建立对立项项目的跟贷机制，鼓励商业银行开发信用贷款、知识产权质押贷款、股权质押贷款等科技金融产品，开展投贷联动融资服务，吸引社会资本设立创新创业投资、股权投资和天使投资基金；做大科技贷款风险补偿基金、信用保证基金、科技贷款贴息等专项奖补资金池，通过"政府补偿+银行信贷"风险共担模式，对科技信贷所产生的损失进行补偿。

3. 优化"服务链"

支持国有大型银行、股份制银行和城市商业银行依托国家及省级高新区、孵化器、众创空间新设或改造主要为科技型中小微企业提供信贷服务的科技支行。稳步开展科技保险和专利保险业务，支持科技担保业务发展，选择有条件的高新区、孵化器、众创空间等作为科技金融结合实验区试点，在实验区试点探索银行和创业投资机构合作，以贷款和股权投资相结合的方式支持园区内科技型中小微企业发展。

锂电池产业发展分析报告

随着新能源汽车产业快速发展，作为核心部件的动力电池进入爆发式增长阶段。特别是锂电池行业在各方资本追逐下，产能快速扩张，带来产能过剩的隐忧。

一、全球及中国锂电池产能分析

据初步匡算，2021年全球锂电池产能规模约为1012吉瓦时（GWh）。我国在全球锂电池供应链中处于主导地位，产能规模约为634吉瓦时，占比达62.6%。

（一）全球锂电池产销形势与预测

近年来，全球锂电池产能保持高速增长，2021年增幅达25.9%。同时，产业集聚度进一步提高，全球前十大锂电池公司（中国有6家）所占市场份额达91.24%，中国、韩国、日本占比分别为53.4%、33.27%、13.33%。2022年，全球锂电池产能达到1328吉瓦时，中国为801吉瓦时；预计2023年全球产能达1693吉瓦时，中国为1056吉瓦时。

从需求来看，锂电池市场也实现大幅增长。2021年，全球锂电池销量约为353.2吉瓦时，同比增长36.1%；预计2025年销量为1135.4吉瓦时，比2021年增长221.5%。

表1 2016~2023年全球及中国锂电池产销情况及预测   单位：吉瓦时

指标＼年份	2016	2017	2018	2019	2020	2021	2022	2023
全球锂电池产能	151	245	387	592	804	1012	1328	1693
中国锂电池产能	105	177	282	391	511	634	801	1056
全球锂电池销量	85.6	115.3	158.2	194.3	259.5	353.2	495.1	673.3

（二）中国锂电池主要企业产能及规划

2021 年，宁德时代锂电池产能规模为 108 吉瓦时，其他主要企业分别为：比亚迪 75 吉瓦时，国轩高科 35 吉瓦时，中航锂电 25 吉瓦时，天津力神 25 吉瓦时，孚能科技 21 吉瓦时，亿纬锂能 18 吉瓦时，中创新航 11.33 吉瓦时，蜂巢能源 14.5 吉瓦时[①]。截至 2021 年底，国内主要锂电池企业产能约 634 吉瓦时，是当年全球锂电池销量（353.2 吉瓦时）的 1.8 倍，接近 2023 年的全球销量预测值（673.3 吉瓦时）。

表 2　2016~2023 年中国锂电池主要企业产能情况及预测　　　单位：吉瓦时

年份 企业	2016	2017	2018	2019	2020	2021	2022	2023
宁德时代	8	18	28	53	75	108	143	240
比亚迪	10	16	26	40	60	75	100	130
中航锂电	5	5	5	11	15	25	55	100
亿纬锂能	4	4	5	7	16	18	27	50
国轩高科	5	7	11	12	28	35	57	67
瑞浦能源	1	3	3	6	6	14	20	25
天津力神	5	7	10	15	20	25	30	36
孚能科技	2	2	3	3	13	21	29	40
其他电池企业	65	115	192	244	278	313	340	368
合计	105	177	283	391	511	634	801	1056

根据相关企业披露信息，到 2025 年，宁德时代产能规划为 800 吉瓦时，蜂巢能源产能规划为 600 吉瓦时，比亚迪产能规划为 600 吉瓦时，中创新航产能规划为 500 吉瓦时，国轩高科产能规划为 300 吉瓦时，亿纬锂能产能规划为 200 吉瓦时。仅上述企业产能规划合计就达 3000 吉瓦时，加上其他国内企业产能规划，预计达 4700 吉瓦时，约为全球市场 2025 年预测需求量的 3 倍。

二、江西锂电池产能分析

截至 2021 年，江西锂电池产能约 50 吉瓦时，占全国产能的 8% 左右。预计现有项目全部投产后将新增产能超 300 吉瓦时，届时江西产能占全国比重将大幅提升。同时，

[①]　锂两家公司 2016~2020 等数据不全故表格中未体现，并入其他电池企业中。

江西电池级+工业级氢氧化锂产能位居全国第一。

（一）新余市

新余市锂电产业主要集中在新余高新区，有锂电企业 22 家，其中规模以上工业企业 11 家、高新技术企业 7 家，锂盐产能 15.95 万吨，占全球的 25%、全国的 39%。其中，赣锋锂业锂盐产能约占全球产能的 15%、全国的 25%，是国内最大、全球第二的锂盐大供应商；金属锂产能约 2000 吨，约占全球产能的 35%，占国内产能的 55%，是全球最大的金属锂供应商。江西东鹏年产 2.5 万吨锂盐项目将于 2021 年 8 月实现项目试产。

（二）宜春市

宜春市有锂电新能源产业链企业 118 家，其中规模以上企业 100 家、主板上市及上市企业控股子公司 15 家。2021 年 5 月，宜春国轩电池项目一期 15 吉瓦时项目开工，投资 51.5 亿元；二期投资 100 亿元，2026 年投产后预计实现产能倍增。2021 年 9 月，宁德时代新型锂电池生产制造基地开工建设，总投资 135 亿元，预计新增产能 137 吉瓦时。

（三）南昌市

南昌市有锂电新能源产业链企业 100 余家。2021 年 8 月，欣旺达动力电池生产基地项目落户南昌经开区，总投资约 200 亿元，年产动力电池 50 吉瓦时。

（四）上饶市

上饶市有锂电新能源产业链企业数十家。2022 年 2 月，蜂巢能源上饶基地二期 20 吉瓦时动力电池项目开工建设，加上一期已投产 4 吉瓦时，总产能为 24 吉瓦时。

（五）抚州市

2021 年 12 月，比亚迪与抚州签署协议，将投资 80 亿元在抚州高新区建设新能源汽车动力电池项目，预计实现产能 15 吉瓦时。

（六）赣州市

2021 年 5 月，吉利赣州动力电池（一期）12 吉瓦时项目开工建设；11 月，耀能新能源年产 6 吉瓦时锂离子动力电池项目开工。赣州孚能科技 2021 年有效产能为 24 吉瓦时，并在安徽芜湖扩建 24 吉瓦时产能。

三、全球动力电池技术创新趋势分析

一年多来，特别是受俄乌冲突影响，动力电池原材料价格大幅上涨，成为制约行业发展的重要因素。在上游原材料短缺且价格高企的背景下，各大动力电池企业正加快发展固态电池、钠离子电池、氢燃料电池等新型电池技术，多种技术路线的竞争持续升温。

（一）固态电池

固态电池是使用固体电极和固体电解液的电池，具有能量密度更高、体积更小、柔性化更优、安全性更佳等优势，代表动力电池的重要发展方向。预计未来 10 年全球固态电池出货量将高速增长，到 2030 年有望突破 250 吉瓦时。

美国、德国、日本、韩国对固态电池的发展规划较为完善。其中，日本、德国以全固态电池为主要发展目标，并谋求其他新型电池发展；美国则致力于降低电池成本；韩国三星对全球范围内固态电池技术相关项目进行大量投资和布局，LG 新能源计划在 2025~2027 年实现全固态电池商业化。我国发布《新能源汽车产业发展规划（2021—2035）》，首次将发展固态电池上升到国家层面。

（二）钠离子电池

钠离子电池使用的电极材料是钠盐，资源分布广泛，价格相对低廉。但钠离子电池能量密度不高，目前主要用于储能领域。

2021 年 7 月，宁德时代发布了第一代钠离子电池产品；12 月，三峡能源在安徽阜阳建成全球首条钠离子电池规模化量产线，产能为 1 吉瓦时。2022 年 4 月，华为宣布入股中科海钠，其钠离子电池的能量密度达到 145 瓦时/千克，是铅酸电池的 3 倍左右，循环寿命达 4000 次以上，具有高低温性能优异、安全性高、具备快充能力等特点。

（三）氢燃料电池

我国发布了《氢能产业发展中长期规划》，明确支持氢燃料电池产业发展，并提出对其关键技术研发给予财政补贴、税收减免等。预计 2030~2035 年，我国氢燃料电池汽车保有量将达 100 万辆左右，氢燃料电池发展前景广阔。

国内企业正加快布局氢燃料电池，如潍柴动力认购加拿大巴拉德公司 19.9% 股权，获得其下一代燃料电池在中国的独家生产和组装权利；雪人股份收购意大利莱富康公司，获得压缩机设计和制造核心技术；亿华通与北汽福田、丰田共同开发燃料电池大巴，作为 2022 年北京冬奥会用车；鲍斯股份与华熵能源、雄韬股份共同开发氢燃料电池汽车用的空压机、回氢泵等产品。

除以上三种类型动力电池外，从电池使用材料看，高镍电池、无钴电池、无镍无钴电池、果冻电池等也相继开始研发或发布；从电池设计外形看，大圆柱电池的商业化量产引起市场关注，预计将对传统的方形和软包电池形成冲击。相关研究机构预测，未来几年动力电池产业将面临一轮大洗牌。

四、几点建议

当前江西锂电池产业发展势头良好，形成了一定的比较优势。但随着各地锂电重大项目相继开工，还有一批项目正在排队上马，也带来产能过剩的风险。为引导锂电产业健康有序发展，现提出以下工作建议：

（一）抓好锂电产业统筹布局

充分发挥江西省新能源产业链链长制抓总协调作用，加强锂电产业发展规划、重大项目的统筹和前沿技术的跟踪研究，及时协调解决产业发展中的重大问题。推动落实《江西省"十四五"新能源产业高质量发展规划》，优化产业布局，防止盲目投资，促进区域集聚、主体集中，提升产业集群集聚度和竞争力。

（二）及时发布锂电产能预警提示

结合国内外锂电产销形势与预测情况，针对锂电产能过剩的苗头，适时发布预警信息，提示相关地方政府和企业合理把控项目建设进度和规模，引导各类社会资本有序参与江西锂电产业发展。同时，加强锂电项目节能审查和环境评价，坚决遏制"两高"项目上马。

（三）加强锂电产业技术创新

坚持以高新技术成果转化应用为主导，支持宁德时代、国轩高科、比亚迪、孚能科技、赣锋锂业等企业加大技术创新力度，加快突破高比能量密度锂离子动力电池开发与产业化技术瓶颈，提升产品核心竞争力。同时，积极布局钠离子、固态锂电池，前瞻布局氢燃料电池。

（四）引导各地锂电产业链对接互补

根据各地资源禀赋、产业基础、比较优势和头部企业落地等实际情况，健全产业有序发展引导机制，推动差异化发展，搭建全省锂电产业公共服务平台，促进产业链互补。注重引进一批产业关联的基地型、龙头型企业，形成核心层企业、配套层企业、关联层企业紧密衔接的产业链。

江西有色金属产业高质量发展研究[*]

金属作为一种具有良好导电性、导热性与机械性能以及正的温度电阻系数的光泽物质，拥有 86 个品类，通常分成黑色金属和有色金属两大类。其中，黑色金属只有铁、锰、铬三种，"黑色冶金工业"专指生产以锰钢与铬钢为主的合金钢的钢铁工业，故而人们理所当然地把锰与铬也算成是"黑色金属"一族。如此一来，剩下的其他 83 个品类，就都被称作有色金属。

一、江西有色金属产业高质量发展面临的机遇

（一）江西有色金属产业发展目标

江西作为有色金属大省，在"十四五"开局之年，全省有色金属产业营业收入率先突破万亿级，成为江西"2+6+N"产业高质量跨越式发展的过万亿的"2"个产业之一。同时，其产业优化升级也取得决定性进展，新材料在产业发展中的引领地位越发凸显，企业技术创新能力大幅提升，有色金属集群优势越发稳固，产业链运作达到高级化层次，基本形成超万亿级产业规模的"高端化、智能化、绿色化"强大产业体系。其目标如下：

一是营业收入逐年升高。到 2025 年，江西省有色金属产业营业收入年均增长率达到 10%，钨、稀土等战略性资源产业均迈入千亿级规模。

二是结构调整取得新成效。新材料产品品种明显增加，产业布局更加合理，产业集中度进一步提高，到 2025 年，新材料产值占有色金属产业的 30% 以上。

三是创新能力得到新提升。到 2025 年，规模以上企业 R&D 投入强度达到 1.5%，骨干企业 R&D 投入强度达到 4% 以上；同时培育 3 家国家技术创新示范企业，而且所

---

* 本文发表在《老区建设》2022 年第 19 期。

有骨干企业均要建立省级技术中心，最终形成产学研深度融合的有色金属技术创新生态体系。

四是集群能级达到新水平。到 2025 年，鹰潭市"世界铜都"和赣州市"中国稀金谷"建设取得新突破，成为全省万亿有色金属产业集群核心区；同时协调发展水平进一步提升，初步形成需求牵引供给、供给创造需求的发展局面，建成具有国际影响力的有色金属新材料产业集群。

五是企业培育迈上新台阶。铜、钨、稀土等重点企业发展水平加快，到 2025 年，打造 5 家具有战略主导力的产业链领头企业，培育 50 家左右国家级专精特新"小巨人"企业，20 家国家级制造业单项冠军企业。

六是绿色制造和智能制造迈出新步伐。到 2025 年，节能减排、清洁生产、资源回收利用技术广泛应用，绿色制造体系基本确立，打造 30 个以上绿色工厂；铜、钨、稀土等重点企业数字化、网络化、智能化水平显著提高，培育 100 个以上 5G、物联网、VR、AI 等新一代信息技术赋能的数字化车间和智能工厂。

（二）江西有色金属产业发展机遇与优势

1. 江西有色金属矿产丰富且用途十分广泛

江西工业基础较为扎实，矿产资源富饶，有色金属矿产在我国占有不可替代的重要地位，铜、钨、铀、钽、重稀土、金和银矿被称为江西"七朵金花"。不仅坐拥亚洲最大的铜矿和全国最大的铜冶炼基地，还获得了"世界钨都"、"稀土王国"、"中国铜都"、"有色金属之乡"等诸多美誉。江西已探明有资源储量的有色金属高达 139 种，名列全国前十位的有 71 种，其中钽、铀、重稀土、铷、伴生硫、化工用白云岩、粉石英、麦饭石 8 种居全国首位。

2. 智能化技术助力有色金属产业安全生产

智能化技术的应用，既为江西有色金属产业的安全生产提供了技术保障，又为江西有色金属产业实现高质量发展创造了巨大的机遇。

第一，中国作为世界电解铝产销量第一大国，在铝用炭素阳极的生产过程中，由于产生的污染源相对较多。而通过人工智能化技术对现有生产装备进行智能化改造，设计可以实现生产过程无人化和污染处理集中化的封闭式新型智能生产设备与工艺，便能从根本上解决炭素与焦化生产过程中产品质量控制与效率、污染泄漏和排放等关键问题，从而实现电解铝和冶金焦化行业高污染环境的智能化和无人化，为彻底解决有色和冶金碳材料的清洁生产与环境污染及工人的身体伤害提供了可行方案，并将产生巨大的经济效益和良好的社会效益。

第二，在下游加工领域，由于传统的手动黏合模式下的轧制，操作频繁，精神高度集中，容易产生疲劳而出现误操作，同时也容易引起规律性成品气泡、复合层脱落缺陷导致产品报废。而应用热轧复合自动黏合技术和智能轧制控制技术，实现智能制造与产业的有机结合，便能通过自动化、智能化、信息化和标准化作业，有效解决以往方法的固有缺陷。

第三，面对新型冠状病毒感染等不确定性的风险冲击，如何促进提质增效无疑是江西有色金属企业发展的重中之重。而应用工业互联网下的人工智能方法，采用高效的智能制造技术、Mixking 软件管理系统和工业 4.0 链接，便能为有色金属企业量身设计专用的智能化管理系统，打造数字工厂，建立可控的"弹性产业供应链"，在制品物流、产量统计、品质管理、降低库存等方面实现信息化和智能化管理。

3. 国家及地方出台众多政策推动企业复产

新型冠状病毒感染后，国家紧急应对，一系列推动企业复产和经济回升的减税降费政策纷纷颁布实施，针对性特别明显，涉及财政贴息、大规模降费、缓缴税款等资金支持、减税降负内容，借此加大宏观政策调控力度，统筹推进防控和经济社会高质量发展。特别是 2020 年 3 月，《关于提高部分产品出口退税率的公告》宣称，对包括多个有色金属品种在内的 1084 项产品出口退税率提高至 13%。这无疑给江西有色金属产业的发展带来了较大的机遇。

让人振奋的是，在《"十四五"原材料工业发展规划（2021—2025 年）》中明确了我国原材料工业"十四五"时期发展的指导思想、基本原则与战略方向，制定了供给高端化、产业数字化、发展绿色化的战略目标，这对于江西有色金属产业如何实现由大到强的质变和跨越起到了指南针式的战略作用。

4. 再生金属将成为金属制造业核心竞争力

2019 年，我国再生有色金属产量高达 1437 万吨；与此同时，再生铜和再生铝原料回收量为 215 万吨和 607 万吨，分别占到原料供应量的 65.2% 和 83.7%，呈现出了勃勃的发展生机。

再生金属具有节能减排、降低成本（再生铜、铝、铅的生产加工成本分别仅为原生金属的 25%、2.86%、66.7%）的优势，金属生产企业一方纷纷将再生金属的生产作为攻城略地的战略利器，而金属制品生产企业一方则尽可能多地使用再生金属来制造产品，很多世界知名企业都使用 100% 的再生金属材料，还有越来越多的生产商直接要求供应商提供至少包含 30% 废料的产品。这意味着越来越多的企业正在具备科技创新和重视生态环保的绿色战略价值观，再生金属将成为有色金属制造业角逐的新战场，给江西有色金属产业带来了巨大的发展空间。

5. 绿色转型与可持续高质量发展的助推力

2021 年，中国有色金属绿色低碳发展创新联合体正式成立，在我国碳达峰碳中和决策部署下，通过推进低碳工艺革新和数字化升级等一系列实际行动，引导有色金属企业大刀阔斧地开展低碳改造与绿色转型。尤其是进入 2022 年以来，国家再次提出要大力推动钢铁、有色、化工、建材等产业加快实现结构优化升级和绿色低碳发展，以不断改善环境生态。因此，江西有色金属产业发展正迎来重要的变革之机，"双碳"目标将成为重要的发展方向。如何抓住"双碳"机遇，以降碳为重点目标，实现产业变革与转型升级，推动节能减排和协同增效，进而走出一条生态优先、绿色低碳的独特发展路径已成为当前首要的战略问题。

6. 新一轮科技革命为转型升级提供新动能

随着"5G+工业互联网"的日益融合发展，新一轮的科技革命滚滚而来，为江西有色金属产业的高质量发展提供了新动能。例如，可将大数据、云计算、区块链应用到有色金属企业的生产经营环节，不断推进数字矿山和智能工厂建设，促进有色金属产业朝共建共享的集群化方向发展；同时构建上下游企业紧密衔接的有色金属产业融合体系，创新军民融合、央地融合、跨行业融合等发展模式等。

7. 关键材料需求增加为产业发展提供空间

随着一些战略性新兴产业的崛起，对有色金属关键材料的需求不断增加，为江西有色金属产业的高质量发展提供了广阔空间和动力源泉。例如，国产大飞机、航空发动机、新能源产业、集成电路等有色金属重点应用领域获得较大发展，"十四五"时期更将实现新的突破，意味着对有色金属材料必会提出质和量的新需求。这一切无疑带给江西有色金属产业无穷的发展机遇，有助于促进江西有色金属企业不断向高端迈进。

二、江西有色金属产业高质量发展存在的问题

（一）有色矿产资源发展后劲难继

1. 矿产资源保障能力匮乏

江西探明的铜资源量占全国的1/5，位列第一，但按现有储量，矿山服务年限为25～30年；钨资源量在全国居湖南之后，排第二位，但在不升级储量的情况下静态服务年限为10～15年。至于稀土，中国已查明的储量占世界的21.3%，江西储量为56万吨，其中可采储量仅31万吨，以离子型稀土为其特色，如果按照现有产能计算，其服务年限为12～15年。

综合分析，江西有色金属矿产储量及其消耗速度，可以发现，除铜、铝等大有色金属呈现严重短缺之势；铜、锡、钛、锑已不能保证未来10年的供应，稀土、金、铅也只能勉强维持，至于氧化铝、锆英砂则不得不依靠进口，而珍贵的中重稀土矿将可能耗尽。

2. 资源价格影响力仍然高

由于江西贫矿多富矿少，可供开发利用的矿产资源越来越短缺。例如，江西铜矿

石品位大都小于1%；金银矿无论是独立矿还是伴生矿，多数都较贫；钽铌矿虽然规模大，但品位低，一般在0.015%左右，且选矿收回率仅50%左右；还有一些大型矿产因开发条件欠佳或地质勘查程度不够而得不到适时的开发利用。

长期以来，我国作为消费大国，居然没有有色金属资源的定价权，国际市场上渐渐出现了"中国买什么，国际市场就涨什么；中国卖什么，国际市场就跌什么"的怪现象。由于缺少定价权，中国在"买"的方面不得不多付钱；更令人痛心的是，中国在"卖"的方面也是屡现"肥水外流"。稀土便是最好的例子，铁矿石、石油、铜、粮食等大宗商品的进口也面临类似局面。据统计，2020年，我国有色金属进出口贸易总额为1427亿美元，贸易逆差高达907亿美元，需要引起高度警觉。

（二）有色金属技术层面欠缺创新力

1. 科技创新能力亟待提高

对于中国有色金属产业而言，提高科技创新能力已成为构建国际竞争优势的关键所在。长期以来，发达国家垄断了有色金属工业高端技术水平的发展，在关键材料和核心技术方面说一不二，而我国有色金属发展总体上处于下风，在产业链的中低端摇摆，科技创新能力亟待提高。江西也是如此，尽管在有色金属领域拥有较多的创新平台，但产学研结合不够紧密，科研成果产业化程度不高，工艺技术升级缓慢，现有科研能力和创新优势不能有效支撑有色金属产业的高质量发展；加之缺少行业领军型创新创业人才，企业研发投入又捉襟见肘，颇为不足，以致高端领域攻关能力不强，关键技术缺乏自然就在情理之中了。

2. 有色金属的循环率不高

美国等西方发达国家有色金属的循环利用率已超过60%，我国还有较大差距，主要原因除循环经济思维、循环利用技术和社会环境支持跟不上外，还有一个重要原因就是在《国民经济行业分类（GB/T 4754—2017）》、《绿色产业指导目录（2019年版）》及《战略性新兴产业分类（2018）》中产业归类不规范，以致部分再生有色金属产业由于在这三个目录中的类别名称不同而不能享受到相关政策扶持。这无疑影响了江西再生有色金属产业的高质量发展。

3. 税收优惠适用范围有限

近年来，我国资源综合利用税收优惠政策未能紧跟绿色生态思维、"双碳"战略目标、循环经济发展和时代变革进步而作出及时的更新，原来的适用范围十分有限，增值税即征即退的优惠目录有点偏窄，诸多产品原料皆未列入其中，以致不少资源综合利用较好的再生有色金属企业并没在减免范围之内，其采用目录外的其他废料所生产出来的产品根本享受不到即征即退的税收优惠。这无疑限制了当前江西有色金属企业更快更好地发展。

4. 原料保障体系尚不健全

我国回收利用原料保障体系不健全，由于与国外的专业化合作一直较为薄弱，布局方面也棋差一着，处于下风，再加上受环保政策的影响，以致我国在废旧金属原料的进口上品种较少。江西的情况则更加严峻一些，不仅废旧金属的集散和加工配送环节出现堵点，而且分类处理也甚是粗糙，跟不上有色金属回收利用企业对原料规模和品质的需求，导致企业发展后劲难继。

5. 领军企业龙头企业较少

当前，江西再生有色金属产业以中小企业居多，领军、龙头企业十分稀缺，导致整个产业不重视基础研究，再生利用的关键核心技术如精细化分选、再生废渣材料的资源化和无害化处置等的自主创新研究上迟迟得不到有效推进。其结果是废旧金属的回收利用缺乏技术规范，总体发展严重滞后，最终使得江西再生有色金属产业遭遇的重大发展瓶颈一直难以突破。

（三）有色金属产业向绿色环保经济发展步履维艰

1. 绿色低碳发展推进尚有差距

由于投资和技术的双重缺乏，有色金属产业高能耗、高污染问题的解决仍然任重道远，绿色低碳发展阻碍重重。据调查，江西有色金属产业经过几十年的发展，污染问题较多。如废弃的废石和尾砂堆积成山，一旦山洪暴发，有的尾矿库就面临决堤、造成重大环境污染事故的风险，尤其是排放的废水就似一条滚滚"黑龙"，污染了整个水系，严重危害了工农业生产和人民的生活与健康。此外，江西部分有色金属企业的资源综合利用率较低；部分矿山的地表植被遭到不可逆的破坏。江西有色金属产业实现绿色低碳转型发展仍面临种种挑战。

2. 安全生态修复压力持续加大

在长江大保护战略和生态红线等硬约束下，江西有色金属采选、冶炼等环节发展受限；同时，多年积累的环境问题和新的环保要求叠加，导致环境治理压力剧增。例如，铜矿山长年开采导致环境风险较大；赣州中重稀土矿山饱受植被破坏、水土流失等问题困扰；受开采工艺影响，稀土矿山长时间处于停产状态；钨企业的危废贮存和处置等安全环保问题多多。这一切对江西有色金属产业的高质量发展无疑是一个严峻的考验。

3. 能耗排放资源约束逐步增强

面对碳达峰碳中和的新形势与新要求，江西传统有色金属产业亟须优化升级，而有色金属冶炼受能耗、排放限制，已经表现出发展后劲不足；再加上资源自给率不高、国际资源控制力不强等，可以说，江西能源资源的捉襟见肘已经越来越难以保障有色金属产业的持续、快速和健康发展了。

（四）产业结构调整任重而道远

1. 提振绿色刚性需求导致供需缺口

近年来，全球绿色经济发展来势迅猛，中国 2030 年前实现碳达峰、2060 年前实现碳中和目标相应出台。在此背景下，有色金属产业结构绿色转型势在必行，有色金属供需缺口进一步扩大。各国纷纷加大对新能源技术创新的投入，促进了铜、锂、钴等有色金属材料的需求剧增；根据《巴黎气候协定》，为控制全球升温而使用清洁能源，也会导致锂、钴、镍、石墨等矿产需求大幅度增长。面对这一新的形势变化，按江西有色金属产业当前的发展状况看，明显跟不上全球绿色经济的发展节奏。

2. 当前产业发展层次有待继续提升

当前，江西有色金属产业主要集中在资源开采、冶炼及初级加工等中低端，无论是整个层次还是总体水平，与先进省份和发达国家相比，都存在着较大的差距。尤其是新材料产业占比不高，深加工环节偏少。2020 年，江西有色金属规模以上企业 657 家，虽然数量较多，但户均规模小，高附加值产品占比较低，发展韧性偏弱。如铜产品同质化现象严重，受市场波动影响较大，在铜价暴涨暴跌时抗风险能力不强，在受疫情冲击时韧性不足。

（五）有色金属产业危机仍在

在有色金属产业高质量发展方面，除《节约能源法》、《清洁生产促进法》、《关于进一步开展资源综合利用的意见》、《淘汰落后生产能力、工艺和产品的目录》外，缺乏具体化的法律法规和可操作的实施要求。并且，对地方政府的考核仅强调 GDP、对企业的考核仅强调经济效益，以"三高"为代价的经济增长方式仍占主导地位，从上至下明显缺乏对循环经济发展的考核评价和监管机制。有色金属产业循环发展需要政府各部门的齐抓共管和组织协调，但江西至今尚未见统一规划，也没有形成统一的组织管理，各个部门在此方面也是职责不清，行动缺乏协调性。

三、江西有色金属产业高质量发展的扶持策略

（一）逆势扩张，畅通国际大循环

1. 加大资源整合，深耕国际市场

受国外新型冠状病毒感染反复及智利等大型铜矿罢工影响，市场铜精矿原料供应偏紧，出入境人员受限，物流运输受阻，产业链、供应链区域化、本地化特征更趋明显，经济逆全球化甚嚣尘上。对此，江西有色金属企业应该立足双循环新发展格局，积极瞄准国际市场，通过资源整合，强化资源保障，主动出击，逆势扩张，应对市场紧张局面。根据国际市场动态调整生产计划，增加货源发运，寻找货柜资源，优化业

务流程，以江西品牌进一步提高境外业务占比，打通国际大循环。

2. 精准风险管理，强化原料保供

为应对当前高波动性市场，规避不确定风险，江西有色金属企业应该实行精准风险管理，强化原料保供，对一些高风险业务应多做调查，细加考察，在精准评价的基础上实现风险可控；对信誉好的国内外客户需进行定时回访，加强交流，打造情感纽带，杜绝潜在风险；同时要落实常态化审计，充分发挥审计监督的作用，加大风险文化培育及宣传，最大限度地降低各种风险，保证原料供给。

3. 坚持战略布局，推行效益为先

江西有色金属企业应通过密切联系上游矿山、下游炼厂和深加工企业，加强战略布局，将全球金属资源直接纳入终端客户，充分利用好国内和国际两种资源；同时以效益为先，坚持降库存、控规模，铜、铝、铅、锌等多品种做好总量控制，以此不断优化库存管理，凭借江西特色的运营模式畅通国际循环，推动有色金属产业实现高质量发展。

4. 加强战略协同，持续挖潜增效

江西有色金属企业应树立"与顾客共创价值"的发展理念，加强与国际矿业巨头、国内有色央企、重要的行业企业以及如托克、中信金属、铁总物通等贸易企业形成产业链、供应链、资金链等方面的战略协同，积极开拓国内国际两个市场，提升盈利能力；同时应用数字化技术，持续开展挖潜增效，提高企业核心能力，重塑有色金属品牌，实现高质量发展，为"十四五"战略的展开迈出坚实的一步。

（二）增强产业基础能力

1. 提升产业技术创新能力

首先，多角度开展技术攻关。运用新一代技术，支持有色金属生产企业联合科研单位、应用企业开展智能制造关键工艺攻关；瞄准碳中和碳达峰目标，推动节能减排技术在有色金属企业的应用推广。

其次，创建协同创新体系。打造"基础研究+技术攻关+成果产业化+科技金融"的科技创新生态链，加快构建以企业为主体的"政产学研融用"六位一体紧密结合的协同创新体系，充分发挥江西有色金属产业现有协会、联盟等行业组织作用。

最后，锻造创新型人才队伍。创新人才激励机制，完善本地优秀人才成长通道，培养一批高素质有色金属专业人才。鼓励企业发挥主动性，以项目、技术为载体，积极引进国内外知名有色金属企业的一流人才和创新团队。

2. 提升产业公共服务能力

首先，完善产业公共服务体系。一方面，依托大数据、云技术、人工智能、物联网等新技术，逐步推动江西有色金属产业实现资源的充分共享。另一方面，鼓励有色金属企业等市场化主体立足江西，辐射周边，共同构建基于云计算、大数据、移动互联网等新兴技术的产业公共服务体系。

其次，健全产业公共服务平台。一方面，推进江西省有色金属创新中心建设，加快打造铜冶炼及加工工程技术研究中心、钨资源高效开发及应用技术工程中心、离子型稀土资源高效开发利用工程技术研究中心、稀土功能材料创新中心等创新平台。另一方面，建立一批专业水平高、服务能力强、产业支撑力大的有色金属产业公共服务平台，促进江西各地的有色金属服务资源互联互通。

（三）提升产业链竞争力水平

1. 提高关键控制力

培育有色金属领航企业，增强对关键环节、标准和核心技术的控制力；鼓励龙头骨干企业加强矿产资源储备，提升资源保障能力；激励江西省内拥有有色金属相关专业的高校、科研机构等集聚技术资源，加大研发投入，提高创新能力；号召行业协会积极组织和推动企业标准、行业标准建设，同时参与制修订地方标准和国家标准，以抢占产业发展制高点；提高有色金属领域的开放合作水平，进一步延伸产业链、贯通供应链、提升价值链，切实增强有色金属产业链、供应链的自主可控能力。

2. 促进数字化发展

首先，加强物联网、大数据、人工智能、5G、边缘计算、虚拟现实（VR）等前沿技术在有色金属行业的应用，鼓励有色金属矿山采用全流程智能生产管控系统，逐步推进传统信息化业务云化部署，打造本质安全、资源集约、绿色高效的有色金属智能矿山。

其次，推动有色金属设备、物料等资源要素的数字化汇聚、网络化共享和平台化协同，建设集全流程自动化生产线、综合信息管控平台、智能生产体系、精细化能效管控等于一体的清洁环保、优质低耗、安全高效的有色金属智能冶炼厂。

最后，从"平台协同运营"和"工厂智能生产"两个层次加强业务管理控制，建设集柔性化组织生产、产品质量全生命周期管控、供应链协同优化运营与服务等于一体的质量稳定、高效协调、响应快捷的有色金属智能加工厂。

3. 推动绿色化发展

首先，从制度创新高度加强江西省顶层设计。以国家《2030年前碳达峰行动方案》为战略指南，结合江西有色金属产业的个性化特点和发展实际情况，稳步推动有色金属企业开展碳达峰行动，实现绿色化发展。

其次，采取"源头减量、过程控制、末端循环"的"三保险"措施，杜绝非绿色行为。全力推广应用绿色制造新技术、新工艺、新装备，并持续改进关键工艺，提高资源的利用率和效益水平，扎扎实实开展绿色制造行动。

再次，发展循环经济，推进绿色工程。充分运用5G技术，依托江西再生资源绿色加工园区，推行绿色回收模式，提升高价值元素回收和保级升级再利用水平；加快高值再生的产业化基地建设，支持以废杂铜、铝为原料生产高值铜、铝加工产品；提高尾矿砂石资源综合利用和熔炼渣、废气、废液及余热的资源化利用水平。

最后，全产业推广绿色技术。实施烟气脱硫、脱硝、除尘改造工程，加强产业园区尾气资源管理和水梯次利用，推广大型高效节能自动化采选装备，推广重金属废水生物制剂法深度处理与回用技术以及采矿废水生物制剂协同氧化深度处理与回用技术等。

4. 发展服务型制造

首先，深化有色金属产业与现代服务业全方位、宽领域、深层次的融合发展，加快培育一批有色金属领域的服务型制造示范企业以及掌握核心技术的应用服务提供商，完善有色金属领域服务型制造发展生态体系。

其次，鼓励有能力、有条件的有色金属生产企业提供工业设计服务、定制化服务、供应链管理、检验检测认证服务、全生命周期管理、总集成总承包、节能环保等新服务，向服务型制造方向拓展产业链。

最后，激励金融机构针对有色金属产业特点提供生产性金融服务，促进有色金属生产企业探索和实践智能服务新模式，同时大力发展有色金属制造服务外包产业。

（四）构建大中小企业融通发展体系

1. 推动龙头企业继续做强做优

一方面，鼓励有色金属龙头企业整合创新资源，加强核心技术攻关，提升产品品质，增强综合竞争力，成为有色金属技术创新的排头兵和产业转型升级的引领者。另一方面，支持有色金属龙头企业通过并购重组、联盟合作等方式，集聚资产、人才、技术等优势资源，成为产业链上具有主导能力的"链主"企业。

2. 促进中小企业专精特新发展

一方面，充分激发中小企业技术创新的积极性，促进其往"专精特新"方向发展，在小批量有色金属细分品种领域构筑独特的竞争优势，成为有色金属"小巨人"。另一方面，营造有利于中小企业发展的市场环境，大力开展"映山红行动"，支持有色金属领域中小企业科创板上市，打造一批质量优、潜力大、成长快的创新型有色金属企业。

3. 推动大中小企业的融通发展

一方面，鼓励龙头企业牵头搭建线上线下相结合的开放式产业创新分享平台，实现大中小企业之间多维度、多触点的资源整合与优化配置，实现创新能力和制造能力的优势互补。另一方面，激励龙头企业将配套中小企业纳入产业链、质量标准、合作研发、品牌服务等管理体系，建立稳定的供应和营销协作关系，实现大中小企业融通发展。

（五）推动产业集群提能升级

1. 推动优势产业链条做强做长

一方面，瞄准世界有色金属前沿领域，有针对性地引进一批优势企业和重点项目，提高江西有色金属产业技术水平和产业链竞争力，增强供应链的稳定性及发展韧性。另一方面，重点围绕有色金属新材料行业，培育一批成长性好、带动力强、关联度大且拥有自主知识产权的单项冠军企业。

2. 推动重点产业集群做大做强

一方面，鼓励重点产业集群结合自身实际绘制产业链图谱，制定产业集群"扬优势、强弱项、补短板"战略行动方案，加快培育壮大产业集群的步伐。另一方面，以"世界铜都"、"中国稀金谷"为核心，优化产业集群空间布局，促进空间相近、产业相邻的集群产业链融合发展，不断提升鹰潭和上饶铜产业集群、赣州和九江钨产业集群以及赣州稀土、锡、钴产业集群的竞争力。

3. 培育重点产业集群发展生态

一方面，鼓励有色金属产业集群内龙头企业联合上下游企业、高校、科研院所等共同承担国家和省级重大项目，推动产业链协同创新，提升产业集群整体创新能力。另一方面，积极引导金融等中介机构参与有色金属产业集群建设，增强集群配套服务能力，持续支持集群的高质量发展。

（六）打造竞合价值网

1. 建立全球资源供应网络

一方面，树立竞合思维，合理开发全球矿产资源，鼓励龙头企业实施"走出去"战略，在海外布局资源基地，建立多元化、多渠道、多方式的资源供应网络。另一方面，积极开展矿产资源领域的国际合作，逐步参与境外资源开发，增强矿产资源的全球配置能力。

2. 拓展进出口贸易机会

一方面，加强全球营销网络建设，提高有色金属出口产品价值与出口规模，优化贸易结构。另一方面，鼓励企业积极参与"一带一路"沿线国家的国际展会、电子商务等有色金属贸易平台，推动有色金属进出口贸易平稳发展。

3. 加强深度合作高端合作

一方面，抓住"一带一路"倡议、长江经济带发展等战略机遇，与先进省市加强深度合作，主动承接有色金属产业转移，同时招大引强，吸引国内外龙头骨干企业落户江西。另一方面，聚焦江西有色金属领域的关键技术及应用技术瓶颈，鼓励有色金属企业与国外优势企业、科研机构、人才团队在研发创新、标准制定、品牌塑造、国际营销等方面开展高层次、高水平合作。

4. 加强与相关产业的融合

当前，高铁跨越空间、拉近距离的优势，为江西有色金属企业提供了与国内知名钢铁、汽车企业加强技术、产品、人才交流合作，提高技术创新能力、改善产品品质的机会。因此，应大力推动江西有色金属产业与其他相关产业的融合发展，在此基础上进一步加大高附加值产品的开发力度，提高优势产品在国内外市场的占有率，打造江西特色的集钢铁冶炼、精深加工于一体的高端产业集聚带；同时，污染减排达到国内同行业先进水平。

（七）统筹规划做好战略保障

1. 加强风险管理

需充分发挥江西工业强省建设工作领导小组统筹协调作用，强化省、市、县三级协同合作，建立责任明确、协调有序、推进有力的有色金属产业高质量发展工作体系，定期协调解决产业发展中存在的困难和问题。针对有色金属产业的特征，树立危机管理思维，增强安全责任意识，提升风险管理水平，包括强化安全生产监管，落实企业安全生产责任制，健全风险管理制度和安全操作规范，创新危机预警与风险监管的方式方法，不断加强事前、事中、事后全过程安全监督管理，为实现"十四五"时期有色金属产业高质量发展夯实安全管理基础。

2. 优化发展环境

一方面，进一步加强政策宣传，加大帮扶企业力度，减轻企业发展压力，努力营造公平、公正、透明的发展环境，引导有色金属企业加快技术更新与升级的节奏。另一方面，严格执行国家下达的稀土、钨等生产总量控制计划，组织开展打击稀土违法违规行为专项行动，维护良好的稀土行业秩序，同时做好市场调查与预测，为企业发展提供及时有效的方向性指南。

3. 增强要素保障

先统筹考虑并综合权衡江西有色金属产业高质量发展要求与过万亿目标的关系，能耗和排放较高项目建设需求与实现"双碳"目标要求的关系，筛选出当前江西有色金属产业高质量发展的重点方向、重点企业和重点项目。在此基础上，大力推动用地、用能指标和资金、人才、技术、成果等创新要素向这些重点方向、重点企业、重点项目集聚与倾斜。

4. 做到精准施策

一方面，根据企业需求，有针对性地制定和实施支持有色金属产业发展的各种财税、金融、贸易政策，鼓励企业开展多层次多元化融资。另一方面，激励金融机构根据有色金属企业生产经营的特点，推广"财园信贷通"等新型融资模式，加大信贷支持力度，缓解小微企业融资难的问题，同时鼓励有色金属新材料企业积极参与重点新材料首批次保险，为实现"十四五"时期的持续健康发展系上牢固的安全带。

（八）立足生态修复，加强环境治理

对于有色金属产业而言，加强环境保护、实现和谐发展尤其重要。一是对有色金属建设项目投入生产或使用后所产生的环境影响加强跟踪检查，加大监管力度，对造成生态破坏的，应当追究责任。二是加强环境监测、监管能力建设，完善环境风险防控体系，引导有色金属企业开展环保绩效管理；冶炼企业则要加强废水深度处理，降低污染物排放。三是展开对工业污染土地、废弃地的绿色治理，大力推进废弃矿山地质环境生态修复保护，建设"绿色矿山"。如当前可重点开展德兴市、赣州市、永丰县3个绿色矿业发展示范区建设，引导和带动其他地区相继开展绿色矿业建设行动，以此筑牢江西全省生态安全屏障。

关于优化大南昌都市圈工作推进机制和政策体系的研究报告

江西省第十五次党代会明确提出，要加快把大南昌都市圈打造成为富有活力、创新力、竞争力的现代化都市圈。高质量推进大南昌都市圈一体化发展，不仅是江西加快打造全国构建新发展格局重要战略支点的关键举措，更是在新时期培育塑造区域竞合新优势、实现中部崛起勇争先的必由之路。当前，大南昌都市圈建设取得了初步成效，但在工作推进机制和政策保障上仍存在不足。

一、国内区域一体化的先进经验

近年来，国内发达地区积极推动区域一体化建设，长三角、京津冀、成渝和广佛等区域在产业内部分工协作、体制机制协调保障、营商环境一体化、干部队伍建设等方面都有许多值得学习借鉴的先进经验。

（一）优化内部产业结构，加强区域优势互补

一体化区域整体竞争力的提升，重在依托历史文化、资源禀赋塑造合理分工、错位竞争、互动发展的区域产业合作格局。长三角地区坚持市场机制主导和产业政策引导相结合，推动中心区布局总部经济、研发设计、高端制造等产业链环节，推动中心区重化工业和工程机械、轻工食品、纺织服装等传统产业向具备承接能力的以外城市和部分沿海地区升级转移，建立与产业转移承接地间利益分享机制，加大对产业转移重大项目的土地、融资等政策支持力度。广佛同城化以"1+4"高质量发展融合试验区等重大平台建设为依托，协同开展先进装备制造、汽车、新一代信息技术、生物医药与健康4个万亿级产业集群的互补招商，重点推动广州市金融、现代物流、商务服务、电子商务、科技服务等现代服务业与佛山市制造业深度融合，加速构建"广州服务+佛山制造"的协同发展格局。京津冀协同发展高度重视产业的有序转移与精准承接，以

产业一体化为主要抓手，构建了地区间"2+4+46"的产业转移和承接平台。成渝双圈形成了以"重点突出，以点带面"为鲜明特色的"四圈一带"产业布局，打造重庆、成都制造业高质量发展双引擎，推动都市圈外围地区加快发展电子信息、汽车等产业，形成研发在中心、制造在周边、链式配套、梯度布局的都市圈产业分工体系。

（二）重视体制机制的协调保障作用，加速打破行政壁垒

国内发展较好的一体化区域注重建立组织领导和完善协调保障机制，破除妨碍区域协调发展的规章制度，打造资源共享、市场共通、利益共赢的经济一体化格局。长三角地区组建长三角区域合作办公室，抽调各地人员集中在上海办公，每年由一个省（市）作为轮值方牵头负责区域合作工作，形成了包括"三级运作"政府协商机制、经贸市场合作机制、区域协同治理机制、资源共享机制及民间组织合作机制等全方位的一体化发展机制，设立了一批跨区域一体化运作的轨道交通、发展银行和社会组织管理等专业推进机构，在跨行政区域协调机制建设方面取得了较为显著的成绩。成渝双圈建立了重庆四川党政联席会议和常务副省市长协调会议机制，组建一体运行的联合办公室，共同设立交通、产业等多个专项工作组，形成决策层、协调层、执行层上下贯通运行机制，首批共同编制的13个规划（方案）有序推进，规划建设万达开川渝统筹发展示范区等10个区域合作功能平台，以健全的合作机制、紧密的经济联系和协同的政策体系唱好"双城记"。长株潭城市群建立高层协调机制、调度督办机制、理论研究机制3个重要工作机制，探索建立长株潭城市群一体化互利共赢的投入政策、发展专项基金、税收分享机制和征管协调政策，以体制机制的完善来提升工作推进效率。

（三）共推营商环境建设，加速释放市场主体活力

一体化的营商环境是更好促进区域融合发展的重要纽带。只有大力推进办事流程、市场标准、市场监管一体化，才能最大限度提高跨行政区域项目推进效率、激发市场主体活力。长三角地区发布《长三角开发区营商环境建设标准》，江浙沪皖联合签署《长三角地区共同优化知识产权营商环境合作意向书》，力求在知识产权保护协作、知识产权服务体系、知识产权海外资源共享等方面推进一体化。同时，还建立了长三角税收营商环境合作平台，推进区域税收政策执行标准规范统一和税收数据共享共用。成渝双圈两地优化营商环境条例相继出台，30余项条款针对同类事项作出相近规定，《川渝人大法制工作机构推动成渝地区双城经济圈建设协同立法工作办法》以制度固化推动两地开展协同立法工作，两地高新区实现了"证照异地互办互发互认"。长株潭城市群出台了《推进长株潭区域营商环境一体化建设实施方案》，在政务服务平台建设、行政许可互认、统一市场准入标准、深化市场监管合作等10大领域发力，共推营商环境一体化。京津冀地区中，北京经开区与天津经开区签署《推进政务服务"跨省通办"授权协议》，首次实现国家级经开区之间事项办理"跨省通办"，完善线上"全程网

办"和线下"代收代办"的主要服务模式。

（四）加强干部队伍建设，创造有利于区域一体化的软环境

各地经验表明，无论是都市圈还是城市群，跨行政区划推进一体化的区域，发展的关键是干部的眼界理念、专业能力和工作作风。只有各地干部摒弃本地狭隘利益观的束缚，站在一体化更高更大的层面上思考和谋划发展，淡化行政区划观念，冲破行政壁垒和地方保护主义，积极主动融入一体化进程，才能处理好集聚和辐射、龙头和配套、自赢和共赢的关系。长三角地区领导干部盛行"穿透式工作法"，即便是基层干部专业水平都普遍较高，问题想得清、讲得清、拎得清，工作抓得准、方法多、落得实，有着强烈的目标导向、问题导向、现场意识。安徽省政府第五次全体会议暨加强十大新兴产业"双招双引"会议中，各位厅局长直接采用PPT演示汇报工作，将丰富的专业内容深入浅出、形象生动地呈现，扎实专业水平和创新工作方法得以充分展现；芜湖市委书记、市长通过"畅聊早餐会"形式对接众多企业家和社会各界人士，实施"顶格战法"，顶格倾听、顶格协调、顶格推进。成渝双圈积极进行思想除旧、干部革新、人才促活，加大容错纠错，鼓励引导党员干部抢抓机遇；两地干部培养形成"一盘棋"，川渝首批遴选101名干部互派挂职，有效推动双圈融合实际问题的解决。

二、当前制约大南昌都市圈一体化
发展的主要政策机制短板

当前，大南昌都市圈固然存在经济体量不大、龙头引领作用有限、工作落实未到实处等问题，但从政策机制上看，更深层次的不足是有利于产业互补的协调政策尚未健全、有利于科学配置资源的工作机制尚未健全、有利于营商环境一体化的保障举措尚未健全、有利于提升干部能力素质的措施尚未健全。

（一）产业同质化较为严重，有利于产业互补的协调政策尚未健全

大南昌都市圈内存在着产业空间集聚不足、同质化竞争严重、发展平台质量不高等核心问题，制约了产业基础水平高级化和产业链现代化建设进程。从主导产业来看，电子信息产业是都市圈共有的主导产业，尤其是以半导体照明及显示为代表的细分领域存在突出的同质化问题；纺织服装（南昌、九江、奉靖组团、丰樟高组团、鄱余万组团）、生物医药（南昌、抚州、丰樟高组团、鄱余万组团）、绿色食品（南昌、九江、奉靖组团、丰樟高组团）等主导产业同样存在同质化布局的现象。从都市圈的38个省级重点工业产业集群看，各地产业也存在较严重的同质竞争。一是电子信息类产

业集群 7 个，其中南昌 4 个，九江、宜春高安、抚州临川各有 1 个；二是新材料类产业集群 5 个，其中九江 3 个，上饶万年、抚州东乡各有 1 个；三是纺织服装类产业集群 5 个，其中九江 3 个，南昌和宜春奉新各有 1 个；四是钢铁、有色金属及建材类产业集群 5 个，其中南昌 2 个，九江、宜春的丰城和高安各有 1 个；五是装备制造类产业集群 5 个，其中南昌 2 个，宜春丰城和上饶的鄱阳、万年各有 1 个；六是汽车及零部件类产业集群 4 个，其中南昌 3 个，抚州临川有 1 个；七是生物医药类产业集群 2 个，其中南昌 1 个，宜春樟树有 1 个。只有绿色食品、家具、家电、精细化工等少数产业领域同质竞争较弱。由此可见，都市圈内没有形成分工协作的产业发展体系，目前仍是各自为政，甚至相互竞争，促进大南昌都市圈产业互补的政策发挥作用不够、协调推进机制仍未健全。

表 1 大南昌都市圈省级重点工业产业集群名单

序号	行业大类	具体行业	集群名称	地区
1	电子信息	光电及通信	南昌高新技术产业开发区光电及通信产业集群	南昌市
2		光电产业	南昌经济技术开发区光电产业集群	南昌市
3		软件和信息服务	南昌高新技术产业开发区软件和信息服务业产业集群	南昌市
4		电子信息	南昌临空经济区电子信息产业集群	南昌市
5		节能灯	武宁节能灯产业集群	九江市
6		光电	高安光电产业集群	宜春市高安市
7		电子信息	抚州高新技术产业开发区电子信息产业集群	抚州市临川区
8	新材料	有机硅	江西星火有机硅产业集群	九江市
9		玻纤及复合材料	濂溪区玻纤及复合材料产业集群	九江市
10		新材料	湖口高新技术产业园区新材料产业集群	九江市
11			万年高新技术产业园区纺织新材料产业集群	上饶市万年县
12			东乡经济开发区新材料产业集群	抚州市东乡区
13	纺织服装	服装	青山湖区针织服装产业集群	南昌市
14			共青城羽绒服装产业集群	九江市
15		纺织	瑞昌棉纺织产业集群	九江市
16			德安棉纺织产业集群	九江市
17			奉新棉纺织产业集群	宜春市奉新县
18	钢铁、有色金属及建材	铝合金塑钢型材	安义铝合金塑钢型材产业集群	南昌市
19		钢结构	进贤钢结构产业集群	南昌市
20		钢铁	九江沿江钢铁产业集群	九江市
21		再生金属	丰城再生金属产业集群	宜春市丰城市
22		陶瓷	高安建筑陶瓷产业集群	宜春市高安市

续表

序号	行业大类	具体行业	集群名称	地区
23	装备制造	医疗器械	进贤医疗器械产业集群	南昌市
24		智能装备	南昌高新技术产业开发区智能装备制造产业集群	南昌市
25		装备制造	丰城高新技术产业开发区装备制造业集群	宜春市丰城市
26		机电	鄱阳五金机电产业集群	上饶市鄱阳县
27		机械电子	万年高新技术产业园区机械电子产业集群	上饶市万年县
28	汽车及零部件	汽车及零部件	南昌小蓝经济技术开发区汽车及零部件产业集群	南昌市
29			新建区汽车及零部件产业集群	南昌市
30		新能源汽车	南昌经济技术开发区新能源汽车及汽车零部件产业集群	南昌市
31		汽车及零部件	抚州高新技术产业开发区汽车及零部件产业集群	抚州市临川区
32	生物医药	医药	南昌小蓝经济技术开发区医药产业集群	南昌市
33			樟树医药产业集群	宜春市樟树市
34	绿色食品	绿色食品	修水工业园区绿色食品产业集群	九江市
35			濂溪区绿色食品产业集群	九江市
36	其他	家电	九江经济技术开发区智能家电产业集群	九江市
37			樟树金属家具产业集群	宜春市樟树市
38		精细化工	彭泽工业园区精细化工产业集群	九江市

（二）行政壁垒依然存在，有利于科学配置资源的工作机制尚未健全

从已召开的都市圈市际联席会发布的合作重点事项来看，第一届签署事项仍有不少在第二届签署事项中，如"加快推进昌抚城际轻轨前期工作；积极推进城际公交化运营，开通或增设南昌市至大南昌都市圈范围内兄弟城市城际公交线路，实现大南昌都市圈公交全覆盖"等，这些跨行政区域的公共基础设施项目推进迟缓，既反映出都市圈相关设区市利益和动力尚未达成一致，又反映出基于都市圈整体发展的资源科学配置机制有待完善。领导机制方面，市际联席会议制度尚未常态化，对重点合作事项的进展情况调度效率不高，市县互访交流不频繁，对于都市圈一体化发展出现的问题不能及时处理。工作推进机制方面，圈内各市县党政主要领导组成的一体化落实机制尚不完善，以项目促合作的协同机制不充分，在集成化、规范化、精准化上仍未下足功夫，没有将资金、土地等要素资源向都市圈跨行政区域项目倾斜，各地仍处于单打独斗的状态。考核机制方面，尚未形成与大南昌都市圈一体化发展相关的行之有效的评价体系，奖惩制度不完善，都市圈一体化发展与领导干部政绩关联性较弱，各自为政的现象难以避免。利益分享机制方面，共建园区的利税分享机制不够健全，导致地方政府缺乏产业转移和共建园区的积极性。保障机制方面，要素流动的壁垒仍然存在，

导致对人才、创新、龙头企业等资源的争夺依旧激烈，招商引资未能有效协作。

（三）各领域协同不够高效，有利于营商环境一体化的保障举措尚未健全

大南昌都市圈营商环境存在政策不够协同、标准不够统一、要素自由流动性不够强等主要问题。政务服务方面，地方间的政策衔接性不足、配套措施相对较少，与都市圈一体化发展不相符的地方性政策仍然存在。地方"放管服"改革存在"空放假放"、"你不放我也不放"等问题，圈内政务服务事项的流程、标准还未统一，并联审批、容缺审批等新举措推广程度有限。企业发展环境方面，政企沟通效率不高，圈内没有统一调度的政企沟通平台，中小企业权益保护也缺乏统一规则，"亲清"新型政商关系有待完善。圈内人才、就业与创业政策参差不齐，公共服务一体化程度不足，对企业、人才的吸引力有限。法治营商环境方面，地方法规、标准的协同性不足，市场监管的区域联动性欠缺，产权保护仍有短板，信用建设区域合作不够深化，圈内诚实、自律、守信、互信的环境和氛围还未完全形成，诚信都市圈建设有待加强。

（四）眼界理念不够宽广，有利于提升干部专业能力素质的工作方法尚未健全

近年来，圈内各地在推进高素质专业化干部队伍建设方面开展了尝试和探索，但面对新时代、新形势、新任务和新要求，提升干部专业能力素质任重道远。思想认识方面，各地干部的一体化协同意识需要再强化，对于大南昌都市圈是一个发展共同体、利益共同体、命运共同体，"五市一区"应该"情同手足"这一认识不够深刻，未能以开放的胸襟、共赢的理念协同落实各项工作。干部队伍培训方面，还存在不少短板。干部缺少对推动都市圈协调发展涉及的产业协同、资本运作、基础设施建设、公共服务供给、生态环境保护、法律法规保障等全领域多方位专业知识的学习，对产业链、现代金融、数字经济等现代经济知识储备不足，工作上问题把握不清、抓得不准、方法不多。这反映出干部的培养体系有待完善。当前的干部培训方式主要依靠党校，培训内容中课堂教学多、实践调研少，理论探讨多、实践结合少，内部学习多、外出交流少，加之行业专家型教师资源缺乏，使得培训主题内容与干部实际需求之间存在差距。更是缺乏到国家部委、国内先进地区、省直部门跟班学习的锻炼机制，干部的眼界得不到拓宽，理念得不到更新。

三、优化大南昌都市圈工作推进机制和政策体系的对策建议

锚定大南昌都市圈一体化目前存在的政策机制短板，牢固树立"一盘棋"思想，重点在产业互补、资源科学配置、营商环境优化、干部能力提升等领域谋划促进一体化的工作推进机制和政策体系，为大南昌都市圈一体化发展提供重要保障和不竭动力。

（一）进一步健全有利于产业互补的协调政策

1. 建立产业项目并联审批制度

一是围绕落实《大南昌都市圈产业布局规划（2020—2025年）》，紧扣"一核、两翼、三区、多支点"的产业空间格局，加快制定都市圈统一的产业发展指导目录、统一的企业投资项目核准目录、统一的产业准入标准、统一的项目审批标准和统一的招商引资政策标准、服务标准，建立健全项目共推合作机制。二是在招商引资和政务服务"一张网"覆盖都市圈的基础上，探索由省工信厅、省发展改革委、省政务服务办等部门联合成立都市圈产业项目并联审批专项小组，对于拟在都市圈投资的重大产业项目，由相关市县向专项小组专门报送，专项小组根据都市圈产业规划指引和产业项目特点，统筹安排项目落地，进一步提升产业的互补性。

2. 促进圈内产业联动协作

一是发挥南昌科技研发、工业设计、文化创意、金融服务、商务会展等高端服务业的带动作用，夯实丰城、樟树、高安、鄱阳等地制造业基础，探索完善总部研发和龙头项目在南昌、生产转化和产业配套在周边的发展模式。二是加强南昌与赣江新区空间优化、战略协同、功能耦合，加大高新区、经开区、小蓝经开区与赣江新区对接力度，重点在生物医药、电子信息、智能装备等产业开展协作。三是强化"南昌向西南发展"的导向，探索将南昌—丰樟高打造为都市圈一体化先行区，优先推进丰樟高三地交通基础设施建设与南昌市深度对接，加强产业统筹布局和分工协作，联手打造电子信息、中医药、生态农业、现代物流、康养旅游等一批在全国具有较强影响力的产业集群。

3. 创新园区共建机制

一是以国家级和省级开发区为主体，借鉴南昌高新区进贤产业园发展模式，鼓励都市圈发展"飞地经济"或依托产业技术联系共建产业合作园区，共同承接发达地区产业转移。二是推动资金、技术、劳动力等要素资源在都市圈内科学配置，鼓励跨区

域产业整合和企业重组，强化上下游配套、大中小互补、产供销协同，将电子信息、生物医药、纺织服装等圈内具备比较优势又存在一定同质化竞争的产业焊接成链，塑造产业集群互补优势。三是省直部门牵头整合圈内各类开发区、科技园、产业园区等资源，用足鄱阳湖国家自主创新示范区、中药国家大科学装置、国家级技能人才培养综合园区等重大平台，用好世界 VR 产业大会、世界赣商大会、南昌飞行大会、樟树药交会等活动品牌，促进园区间信息、资金、项目、科技成果常态化对接共享。

4. 健全与长江中游三省合作发展相衔接的政策机制

抢抓长江中游三省协同推进高质量发展的重要契机，做大做强大南昌都市圈，重点在产业、创新、生态等领域完善跨省协作机制。一是借力湖北、湖南科技创新优势资源，积极推动电子信息、航空、新材料、新能源、装备制造、生物医药等产业创新成果在都市圈落地，探索仪器、人才和中试研究基地等研发服务平台等各类科技创新资源跨区共享。二是推动长江中游生态环保协同治理，借鉴长株潭绿色发展和武汉市推进碳达峰先进经验，助力都市圈打造长江经济带绿色发展样板。三是扩大省内文旅资源影响，加快推出都市圈精品旅游线路，在湖北、湖南两省积极开展文旅招商推介和旅游营销活动，将都市圈文旅项目纳入跨省旅游产品策划开发。

5. 支持南昌加快打造全省产业发展核心增长极

一是省直有关部门牵头开展全省市场资源的挖掘梳理和市场开放研究谋划，支持契合南昌市产业发展需求的重点产业项目优先落户南昌，重点关注"VR+元宇宙"发展契机，支持南昌新经济新业态重特大项目招商和数字经济产业集聚发展。二是丰富完善南昌市"一廊（赣江两岸科创大走廊）、一区（鄱阳湖国家自主创新示范区）、一岛（中国（南昌）科学岛）、三城（航空科创城、中医药科创城、VR 科创城）、多点（创新型县（区））"模式，加快推动中药国家大科学装置落地，积极争取国家重大科技基础设施、重点实验室、工程技术中心和技术创新中心等在南昌布局。三是抓住南昌市与广东省 7 个地级以上市签署战略合作协议的重大机遇，支持南昌市加快对接融入粤港澳大湾区，继续深化泛珠三角区域合作，围绕电子信息、汽车和新能源汽车、新材料等领域深化产业链合作，共同开展关键核心技术协同攻关，提升主导产业发展能级。

（二）进一步健全有利于科学配置资源的工作机制

1. 掌好组织领导"指挥棒"

学习长三角地区先进经验，推动大南昌都市圈发展协调推进领导小组和综合交通、产业协同、公共服务、生态环保 4 个专项小组尽早实质性运转，持续完善决策层、协调层和执行层"三级运作"的区域合作机制，站在都市圈整体高质量发展的大局科学配置资源，促进事关都市圈区域合作的重大事项有效落实。一是适当提高大南昌都市圈发展协调推进领导小组会议频次，加强对重大规划、重大项目和重大问题的统筹协调力度。二是在省级层面成立大南昌都市圈一体化发展办公室，增加相关干部职数和人员编制，强力推动都市圈一体化发展工作。三是依托现有4个专项小组，抓好相关领域政策制定、工作协调、督促落实等重点工作，适时增设其他专项小组。四是探索将市际联席会议年会时间提前至第一季度，以加强对全年重点工作的谋划部署，定期调度重点合作事项的进展情况。五是省直有关部门根据形势变化和发展需要，适时出台更具针对性、牵引性、示范性的政策措施，同时围绕制定的配套政策或实施细则，加强对都市圈内市县的指导。六是建立健全"省—市—县"对接机制，完善党政主要领导定期协商、分管领导互访交流、干部交流任职等工作机制，做好项目分级分期调度和推进工作。

2. 当好区域合作"领头雁"

一是充分发挥南昌市牵头作用，从五市一区抽调一批骨干力量在南昌市实现联合集中办公，协调推进一体化合作中的重大政策、重大事项、重大项目，加强跨区域部门间信息沟通、政策协调和资源共享。二是完善都市圈领导高层会商和互访制度，定期由南昌市牵头开展市、县（区）政府主要领导联席会议，制订年度行动计划和建立专项合作机制，统筹协调推进合作事项和项目。三是南昌市要主动彰显省会担当，在推进产业跨区合作、基础设施和公共服务共建共享过程中发挥好引领示范作用，积极提高事关都市圈联动发展重大项目的财政支出比重。

3. 建好互联互通"要素链"

一是发挥企业创新主体地位，推动产业链上中下游、大中小企业融通创新，支持跨区企业联合打造技术中心、研发中心，促进研发成果都市圈共享。二是探索都市圈"人才飞地"，推动都市圈人才待遇和保障标准统一，将"本地筑巢"模式转变为"邻凤筑巢"，促进一流科技人才、创新团队和大国工匠等创新人才在都市圈流动共享。三是创新土地供应模式，加快建立区域性城乡统一的建设用地市场，增加对重大基础设施项目和重大民生项目特别是引领性、高端化产业项目的用地供给。四是用活都市圈产业协同发展的产业专项基金，探索组建都市圈一体化发展投资基金，重点支持跨区域重大基础设施互联互通、生态环境联防共治、创新体系共建、公共服务和信息系统共享、园区合作等。

4. 用好利益共享"凝心剂"

一是深化省级层面对共建园区相关指标、税收利益分享的指导，创新建设项目税收分配办法，合理分配共建园区和跨区域重大项目的税收。二是积极探索共建园区GDP、固定资产投资、能耗双控等方面的分配分担机制，适当向都市圈市县倾斜，提升设区市向县域产业转移的积极性。三是探索以都市圈为基本空间单元的税收分享、征管协调和财政支出机制，在税收共享的基础上统筹安排都市圈范围内的基础设施和基本公共服务支出，以各地方财政收入水平为基准确定都市圈重大项目的支出比重。

（三）进一步健全有利于营商环境一体化的保障举措

1. 推进政务服务互联互通

一是加强五市一区政策制定、执行和评估衔接，清理各地区与都市圈一体化发展不相符的地方性政策和规范性文件。抓紧研究制定各重点领域的相关配套政策和措施，提高政策制定统一性、规则一致性和执行协同性，细化落实主要目标、重点任务、重大政策和建设项目。对标上海等先进城市，努力将南昌打造成全国区域性营商环境标杆城市。二是尽快打造都市圈统一的数字营商服务平台，大力推行政务服务事项"不见面办"、"一件事一次办"，统一都市圈办事流程、办理要件、材料清单，推动都市圈跨区域事项异地可办、标准统一、结果互认。探索实施"数字化监管"、"区块链监管"、"信用监管"等新模式，加快实现"一网通管"。聚合都市圈招商指南、招商地图、招商管理等业务，建立招商数字化平台，将都市圈招商工作、项目推进及阶段成效进行数字化统一管理。三是探索构建都市圈政企联席会议制度，重点协调解决并整改落实都市圈政务服务突出问题，邀请金融机构、高校、科研院所等部门参会，着力解决企业在融资、创新成果等方面的掣肘。

2. 推进公共服务共建共享

一是推进都市圈诚信记录共享共用，加快建立跨区域联合奖惩机制，优化都市圈整体信用环境。实施统一的市场准入制度，坚持公平统一的市场监管原则，加强跨地区市场监管联动协调。二是持续提高公共服务共建共享水平，将社保、就医、养老、教育、文旅、出行、社会治理、风险防控等领域服务纳入"一网通办"平台，整合都市圈住房公积金管理系统，优化都市圈人才流动共享软环境。

3. 推进法治协作和联动监督

一是尝试推动各市人民代表大会及其常务委员会协同研究制定都市圈有关地方性政策法规，制定出台覆盖圈内有关改革开放、招商引资、人才引进、产权保护等多方面的法规制度，积极推动信用、金融、信息、产品质量、公共服务、食品安全等领域加强法律法规和标准规范的协同，为都市圈在项目管理、要素流动、财税分享、公共服务政策等领域的制度创新提供法治保障。二是探索地方政协联合调研和联动监督机制，为都市圈一体化提供民主监督保障。三是协同建立都市圈标准化联合组织，负责都市圈内统一标准的立项、发布、实施、评价、监督。

（四）进一步健全有利于提升干部能力素质的措施

1. 以思想破冰引领发展突围

一是创新会议形式和结构，要求市县各级领导干部在都市圈联席会议中采取PPT演示的方式进行汇报，把谈观点、谋对策、提建议、作部署全面纳入会议内容，倒逼领导干部提升专业思维、专业素养、专业方法。二是大兴调查研究之风，鼓励领导干部树立强烈的问题导向和现场意识，围绕具体项目加强现代经济管理、数字技术、金融科技等行业知识学习。三是鼓励支持都市圈定期选派领导干部赴长三角、粤港澳等地区跟班学习，通过列席会议、专题调研、蹲点考察等方式扩宽干部思想眼界、破除本领恐慌。

2. 以协商对话提升工作效能

一是鼓励市县各级领导干部采取"早餐会"、"下午茶"等方式与专家、企业、商协会进行面对面沟通，以轻松从容的沟通环境共同研讨谋划都市圈协同发展。二是学习安徽"顶格战法"，对于都市圈重大项目，由负责人从第一步开始直接负责，直面企业家诉求。三是学习上海、浙江的"穿透式工作法"，对招商引资和项目落地流程实施扁平化改造，打通地区间、部门间的壁垒，构建统一指挥、协同高效、分工明确、权责对等的落实机制。

3. 以政绩考核塑造发展合力

一是探索制定大南昌都市圈发展科学评价体系，将产业发展互补、基础设施共建、改革开放共推、科创高地共创、公共服务共享、生态环境共保等指标量化并纳入评价体系，并根据各地区的功能分工设置差异化指标及权重。二是把都市圈发展综合绩效评价结果作为都市圈市县党政领导班子和领导干部年度考核和政绩考核的重要组成部分，特别是要引导南昌市的领导干部更好扛起"打头阵、当先锋、作表率"的省会责任。

永丰调研报告

一、永丰经济社会发展主要情况

（一）发展基础较好，具有一定资源优势

近年来，永丰县围绕建设江西省"工业强县、农产名县、美丽家园、民生永丰"持续发力，主要经济指标增幅稳居全市"第一方阵"，连续多年在全省各市综合考评中获得先进。2020 年，全县地区生产总值完成 190.9 亿元，同比增长 4.7%，经济总量居全市第 4 位，增幅居全省第 6 位。同时，永丰生态本底好，森林覆盖率达 71.56%；矿藏 38 种，碳酸钙和萤石储量丰富、质地优良，碳酸钙产能占全国 1/6。

（二）产业实力较强，主导产业体系初步形成

永丰历来重视产业发展，现已形成"3+2+N"① 产业体系。非金属新材料、循环经济产业营业收入双双迈上 100 亿元台阶，生物医药大健康产业列入省级重点工业产业集群，行业龙头企业广源化工获评全国重质碳酸钙十大品牌企业、龙天勇公司迈进全省民营企业 50 强。绿色有机蔬菜、特色中药材、高产油茶为主导，白茶、烟叶、白莲、林下经济为特色的现代农业发展势头较好；恩江古城、罗铺丰乐谷等景区先后建成，带动文化旅游业快速发展。

（三）园区经济较为活跃，规模效应逐步显现

永丰多年荣获全市工业园区建设先进县，已形成"一区三园"发展格局，即中心

---

① "3+2+N"："3"指非金属新材料、生物医药、循环经济三大支柱产业，"2"指现代服务业、现代农业两大特色产业，"N"指其他新兴产业。

工业园（包括北区、恩江工业园、南区）、循环经济产业园、非金属新材料产业园，成为全县工业发展的主阵地。2020 年，园区新增规模以上企业 12 家、"新四板"挂牌 8 家，规模工业实现增加值 58.2 亿元，增长 5.2%。2021 年 1~5 月，园区有规模以上工业企业 115 家，完成工业总产值 72 亿元，同比增长 16.1%；主营业务收入 68.22 亿元，同比增长 23.2%；上缴税款 3.56 亿元，同比增长 24.6%。

（四）城镇化步伐加快，城乡融合发展不断深化

2020 年，永丰县城建成区面积达到 18.7 平方千米，中轴线组团、恩江北岸组团相继建成，滨江公园、火车文化园等一批重点项目投入运行。扎实开展城市功能与品质提升三年行动，积极创建国家卫生县城、省级文明城市，深入推进农村人居环境整治五大攻坚行动，城乡面貌显著改善，顺利实现与全国全省同步全面建成小康社会。

二、永丰当前发展面临的深层次问题

（一）主导产业发展遇到瓶颈

一是政策环境约束加大。碳酸钙产业已列入江西化工产业目录，推高了产业发展要求和标准。中央环保督察指出了永丰循环经济产业环境污染等诸多问题，目前正全面停业整改，循环经济产业发展面临转型和减量的巨大压力。二是工业布局亟待优化。永丰工业布局东一榔头、西一棒槌，全县有 5 处工业园，产业集聚度均不高。以化工产业为例，由于没有化工集中区，全县化工企业比较分散，其中 6 家位于中心工业园南区各个角落，3 家位于循环经济产业园。三是产业生态尚未形成。在永丰县工业企业中，中小企业数量多，龙头企业少，且大多缺乏自主创新能力，技术创新、管理创新和营销创新不够，产品质量档次低、技术含量低、附加值低。四是营商环境不优。受安全生产、环保督察等因素影响，有的职能部门存在怕担责、不担责等现象，效率低、办事难等问题较为突出；干部思想解放不够，开放意识不强。

（二）发展要素支撑不足

一是土地和原料供应紧张。可用于工业发展的土地越来越少，工业用地指标紧缺的局面短期内难以解决，不少项目存在等地开工现象。碳酸钙原材料短缺，加之因绿色矿山整治等影响，碳酸钙产业发展受限。二是物流发展滞后。物流园区、物流设施建设和"互联网+物流"发展存在不少"空白点"，导致企业面临较高的物流成本。三

是人口流失较严重。根据第七次全国人口普查，永丰常住人口比户籍人口少了 10.6 万，城乡居民大多外出务工，留在本地务工人员少。2021 年 1~5 月，工业园区累计用工数仅 12470 人，同比下降 4.17%。

（三）产城融合矛盾突出

工业布局不合理的问题导致产业发展与城镇化发展形成冲突。永丰中心工业园部分企业厂区与居民区交织在一起，特别是西尼尔化工、润华颜料、永友化工等化工企业均邻近居民区。一方面导致这些化工企业改建、扩建面临"无地可用"，制约了产业转型升级和企业做大做强；另一方面由于化工行业在一定程度上存在环境污染问题，导致周边居民对居住环境不满，屡次出现集体上访、越级上访现象。

三、推进永丰高质量跨越式发展的初步思考

（一）总体思路

深入落实习近平总书记对江西提出"作示范、勇争先"目标定位和"五个推进"重要要求，完整准确全面贯彻新发展理念，把握"双循环、双创、双碳"三大趋势，积极融入国家、省市重大战略，聚焦推动永丰高质量跨越式发展，坚定不移实施工业强县战略，确立"绿色转型、创新动能、开放崛起"工作思路，打好产业基础高级化、产业链现代化攻坚战，重塑永丰工业辉煌、重振永丰发展雄风、重现"永丰现象"，努力打造全省革命老区高质量发展先行区、产业转型升级示范区、县域全面现代化重要窗口，为江西打造全国构建新发展格局重要战略支点作出永丰贡献。

（二）工业转型升级思路

结合江西省、吉安市主要产业规划，立足永丰比较优势和产业基础，着眼培育新的经济增长点，坚持新旧动能"双轮驱动"，一手抓主导产业转型、一手抓新兴产业培育，产业转型主攻生物医药大健康、非金属新材料两大产业，产业培育主攻电子信息产业，同时抓好循环经济、绿色食品、现代服务业等 N 个产业，力争经过 3~5 年的努力，形成具有永丰特色的"2+1+N"现代产业体系，全力打造全省产业转型升级示范区。

1. 产业选择

（1）"2"个主导产业。

1）生物医药大健康产业。生物医药大健康产业是永丰的传统产业，早在 20 世纪

90 年代就形成了一定规模的医药产业集群。全县拥有生物医药企业 210 余家，涉及药品、保健食品、医疗器械、化妆品、消杀剂、医贸六大领域，创造了多项全省、全市第一，包括全省第一家院企合作的制剂中心、全市第一家"新三板"上市挂牌医药企业、全市第一家中医药领域省级工程研究中心等。2020 年，生物医药产业主营业务收入为 32.1 亿元，全县医药类从业人员近 1.5 万人。生物医药大健康产业集群具有基础扎实、特色鲜明的特点，是推动永丰高质量发展的重要支撑。

2）非金属新材料产业。主要包括碳酸钙、新型建材、高端石材等产业。作为永丰的首位产业，2020 年非金属新材料产业集群实现主营业务收入 103.9 亿元，同比增长 7.3%；工业增加值为 23.2 亿元，同比增长 5.6%。碳酸钙产业集群被列为省级重点工业产业集群，拥有"中国碳酸钙产业基地县"、"全省碳酸钙新材料基地"、"全省水泥生产基地"、"全省大理石板材加工基地"称号。非金属新材料产业发展实力较强、比较优势大，是永丰高质量发展的重要动力。

（2）"1"个重点培育新兴产业。

电子信息产业。永丰有电子信息类规模以上企业 7 家，2020 年，航盛电子、伟盛丰、量子新能源等重点企业合计实现营业收入仅 2.3 亿元。总体来看，永丰电子信息产业起步晚、规模小。但电子信息产业内涵丰富、就业容量大，多年来保持高速增长。2020 年，江西省电子信息产业主营业务收入达 5253.5 亿元，同比增长 17.4%，产业规模居全国第 8、中部第 1；吉安市电子信息产业主营业务收入突破 1700 亿元，实现 4 年翻两番目标。随着新基建深入推进、信息技术与制造业深度融合、消费电子需求快速升级，未来电子信息产业仍将实现长足发展。应抢抓赣深高铁开行、京港高铁贯通的重大契机，主动融入京九电子信息产业带，依托吉安电子信息首位产业借梯登高、借船出海，瞄准电子信息产业链薄弱和短板环节，集中力量主攻电子信息"5020"项目，加快推动电子信息产业裂变扩张、赶超发展，把电子信息产业打造成为永丰高质量跨越式发展的支柱产业。

2. 主要定位

（1）江南生物医药大健康高端产品的供应基地。围绕"种、制、医、游、养"多业融合，延伸壮大以医药制造、医疗器械、功能性食品为龙头，中药材种植和中医药服务为两翼，健康旅游、健康药食、康养服务等业态融合的产业链。引导企业向制药、医疗器械、保健食品、美妆日化等产业链延伸。推进中药材标准化、规模化、集约化生产，重点发展覆盆子、茯苓、菊花、金银花、艾草等道地药材种植，保障中成药品种和中药饮片的原料供应。加强生物医药和康养相结合，打造集医疗、养生、养老服务于一体的康养城市，建设全省大健康产业标杆区。

（2）全国碳酸钙产业集聚发展的重要基地。围绕延链条、强企业、促转型，大力提升碳酸钙等非金属新材料产业基础能力和产业链水平。紧盯产业发展前沿，推动产品从原材料粗加工向高端精细化转变，从普通钙向功能钙、应用钙发展。坚持绿色、高端、多元发展方向，引导企业实施技术改造升级行动，完善以工艺、技术、能耗、环保、质量、安全等为约束条件的管理机制，强化行业规范和准入管理，打造绿色高端碳酸钙产业集群，建设全国碳酸钙产业重要基地。

（3）全市电子信息产业发展的新兴基地。聚力聚焦电子信息产业，围绕省"十四五"电子信息产业高质量发展规划、京九（江西）电子信息产业带发展规划，策应吉安市电子信息首位产业"点线面体网"融合发展行动，大力实施电子信息产业高质量跨越式发展行动。积极承接粤港澳大湾区电子信息产业转移，重点发展车载音响、车载多媒体终端和车载导航终端等汽车电子元器件细分领域，加快形成集研发、实验、制造、零配件生产、销售为一体的汽车电子产业。依托铁路产业园等平台优势，积极培育铁路电子元器件产业集群。

3．工业布局

按照用地集约、布局合理、产业集聚、特色发展的原则，加快优化调整全县工业空间布局，针对中心工业园北区、中心工业园南区、循环经济产业园（位于县城西边）、非金属新材料产业园（位于藤田镇）四大板块，实施"北退（退出化工等企业）、南引（引入电子信息产业）、西提（提升改造化工产业）、藤聚（集聚发展碳酸钙产业）"，力争用2~3年的时间形成"北健（大健康文旅产业）、南电（电子信息产业）、西化（绿色化工产业）、藤钙（碳酸钙产业）"工业大格局。

（1）中心工业园北区。位于北区一路两侧，永丰西大道以北区域。推动北区制定并实施"退二进三"政策，保留现有生物医药大健康的总部、科研机构，引进医疗服务、康养等大健康、数字经济、金融、商贸、人力资源培训等现代服务业，创建零碳产业、负碳产业集聚区，打造零碳产业园。

（2）中心工业园南区。位于恩江以南，223省道以西，抚吉高速以北区域。将中心工业园的恩江工业园、南区合并，统称为"中心工业园南区"。引导南区生物医药大健康产业、化工产业的生产企业迁至藤田镇新材料产业园或循环经济产业园，保留零碳排放的科技研发类企业，推动南区打造低碳科技产业园。积极引进电子信息产业入园，逐步打造成以电子信息产业集群为主的工业园。重点依托航盛车载影音电子龙头企业，拓展语音交互、智能汽车影音娱乐等产品，招引科大讯飞、恒大汽车等国内龙头企业合作，打造全国重要的车载影音娱乐产品制造基地。推动现代物流业等现代服务业入园，促进城镇发展与产业支撑、就业转移和人口集聚相统一，推进南区走出一条以产兴城、以城带产、产城融合的发展路径。

（3）循环经济产业园。位于经一路以西，经五路以东，抚吉高速以北区域。利用现有国家大宗固体废弃物综合利用基地平台，将循环经济产业园建成科技创新型固体废弃物综合利用示范基地。园区严控环保未达标的企业进驻，引导已有化工企业进行技术改造升级，一年内仍不能达标的化工企业坚决淘汰。同时，接收部分从北区退出、南区迁出的生物医药大健康产业、化工产业的生产企业。重点完善金属再生资源回收、加工、利用生产链，促进有色金属回收再利用产业规模化集聚发展。利用节能环保、零碳负碳技术对相关企业进行技术改造，配套建设节能环保、零碳负碳园中园，推动园区朝智能化、绿色化、集群化方向发展，推动循环经济产业园实现凤凰涅槃。

（4）新材料产业园。位于藤田镇昌宁高速以西区域。主要接收从北区退出、南区迁出的碳酸钙企业，重点发展绿色高端碳酸钙、新型建材等产业，推进产业铸链、补链、延链、强链。推动园区提质升级，推进园区内重点行业企业开展清洁生产，加快园区物流基础设施、科技创新平台、金融服务平台、人力资源服务、数字化服务建设。系统整合园区治理、项目示范、模式创新、资金支持等多个要素，实现产业绿色发展、碳达峰碳中和两个层面目标的耦合，促进永丰高载能产业加快升级。

（三）农业和服务业发展思路

1. 农业

坚持做优做强全产业链，以"4+N"富民产业体系发展壮大为重点，加快发展绿色食品加工业，推动农业"接二连三"融合发展。突出蔬菜首位度产业地位，打造全省绿色有机蔬菜示范基地和粤港澳大湾区"菜篮子"重要供应基地。围绕生物医药大健康优势产业链群，推动全县中药材生产与加工制造融合发展，创建中药材标准化生产示范县。加快发展井冈蜜橘、金柑、蓝莓、猕猴桃等精品果业，大力发展油茶、白茶、毛竹、甜叶菊、烟叶、特色养殖等产业。

2. 服务业

坚持生产性服务业和生活性服务业并重，不断提升公共服务水平，推动服务业高质量跨越式发展，让服务业成为繁荣全县经济的重要引擎。围绕非金属新材料、生物医药大健康等优势产业链群和有机蔬菜等优势产业以及电子信息等新动能增长点，大力发展现代物流、现代金融、电子商务、人力资源等生产性服务业，不断完善研发设计、检测认证等服务功能链条。以增进人民福祉、促进人的全面发展为出发点和落脚点，围绕居民消费结构升级，聚焦文化旅游、健康养老、普惠托育、体育休闲、科技法律、社区家政等领域，扩大服务供给，加快构建结构优化、布局合理、特色明显、重点突出、服务高效的现代服务业体系。

四、下一步工作打算

（一）积极争取国家发展改革委宏观院支持

优化调整产业布局、重新确定产业定位，都要建立在充分研究论证的基础上。为实现高水平规划，建议永丰县对接邀请国家发展改革委宏观院产业所，尽快组织具有产业规划实践经验的权威专家和碳酸钙、医药、化工、电子信息等相关行业专家，对永丰现有产业定位和产业布局进行科学精准分析，提出更加专业性的调整优化对策建议供县委、县政府参考。

（二）加大政策扶持力度

协调相关部门，认真梳理已出台的工业园区、基础设施、产业发展、数字经济、农业农村、现代服务业、资源综合利用等领域政策措施，有针对性地加大对永丰县的政策扶持。例如，支持永丰争创产业转型升级示范区、"中医药+康养"大健康示范区等省级试点示范；积极争取中央资金补助，打造国家级大宗固体废弃物资源化综合利用基地，提升循环经济产业园固体废弃物资源化利用水平。

（三）力争其他省直部门多方支持

协调江西省自然资源厅、省生态环境厅等部门开展调区扩区前期工作。推动省工信厅、省应急管理厅等部门启动第二批化工园区认定工作，争取在循环经济产业园设立化工园区。借鉴安徽、河南、广西等兄弟省份经验做法，协调省工信厅等部门将碳酸钙产业从江西化工行业目录中剔除。协调省药监局、省中医药管理局等部门，将艾产品等纳入健字号管理。

（四）突出抓好营商环境建设

指导永丰在优化营商环境上走前列，加快实现"一门办"、"一窗办"、"就近办"，最大限度精简审批程序、缩短审批时间，率先在"赣服通"开通永丰版。结合党代会工作部署，建议永丰谋划开展"观念大转变、作风大改进、环境大优化、产业大转型、开放大提升"五大行动，实施"数字、科技、品牌"三大赋能计划，为"绿色转型、创新动能、开放崛起"提供强有力支撑保障。

江西省常住人口结构与经济社会发展分析报告

一、江西人口占全国比重总体呈下降趋势

第七次全国人口普查数据显示，2020年，江西常住人口4518.86万人，占全国比重为3.2%，在31个省份中居第13位。

与2010年相比，江西常住人口净增了62.12万人，增长1.39%，但远低于全国5.38%的平均水平。增速在人口正增长的25个省份中居第23位（另有6个省份人口负增长），在中部六省中居第3位。

但过去10年，江西人口占全国人口总数的比重呈现下降趋势，累计下降了0.13个百分点。整个中部地区出现人口数量下降，中部地区人口占全国的25.83%，比2010年下降了0.79个百分点，而东部地区人口所占比重上升2.15个百分点，说明人口向经济发达区域、城市群进一步集聚。

二、江西经济总量占全国比重仍较大幅度低于人口占全国比重

2020年，江西地区生产总值25691.5亿元，占全国国内生产总值1015986亿元的2.53%，比2010年的2.36%提升了0.17个百分点。其中，第一产业增加值2241.6亿元，占全国的比重为2.88%；第二产业增加值11084.8亿元，占比为2.89%；第三产业增加值12365.1亿元，占比为2.23%。第一、第二、第三产业分别比10年前下降

0.10 个百分点、上升 0.16 个百分点、上升 0.43 个百分点。

　　从中部六省经济总量与人口分别占全国的比重对比看，除湖北外，其余五省经济总量占全国比重均低于人口占全国比重。山西占全国 2.47% 的人口创造了 1.74% 的经济总量，河南占全国 7.04% 的人口创造了 5.41% 的经济总量，安徽占全国 4.32% 的人口创造了 3.81% 的经济总量，湖南占全国 4.71% 的人口创造了 4.11% 的经济总量，湖北占全国 4.09% 的人口创造了 4.28% 的经济总量。只有湖北省创造了高于人口占比的地区生产总值。

表 1　2020 年中部六省人口与 GDP 分别占全国比重情况

省份	人口总数（人）	占比（%）	国内生产总值（亿元）	占比（%）
全国	1411778724	100	1015986	100
山西	34915616	2.47	17651.93	1.74
河南	99365519	7.04	54997.07	5.41
安徽	61027171	4.32	38680.60	3.81
湖北	57752557	4.09	43443.46	4.28
江西	4518.86	3.20	25691.50	2.53
湖南	66444864	4.71	41781.50	4.11

三、江西居民人均可支配收入为全国的 87.04%

　　2020 年，江西省居民人均可支配收入 28017 元，全国居民人均可支配收入 32189 元，江西为全国平均水平的 87.04%，居中部第三。江西居民人均消费支出 17955 元，全国居民人均消费支出 21210 元，为全国平均水平的 84.65%，居中部第 4 位。

表 2　2020 年中部六省居民人均可支配收入与居民人均消费支出分别与全国相比情况

省份	居民人均可支配收入（元）	占比（%）	居民人均消费支出（元）	占比（%）
全国	32189	100	21210	100
山西	25214	78.33	15733	74.18
河南	24810.10	77.08	16142.63	76.11
安徽	28103	87.31	22683	106.95

省份	居民人均可支配收入（元）	占比（%）	居民人均消费支出（元）	占比（%）
湖北	27881	86.62	19246	90.74
江西	28017	87.04	17955	84.65
湖南	29380	91.27	20998	99.00

分城乡居民看，城镇弱于农村。2020年，江西城镇居民人均可支配收入38556元，为全国平均水平的87.96%；全省农村居民人均可支配收入16981元，为全国平均水平的99.12%。江西城镇居民人均消费支出22134元，为全国平均水平的81.96%；江西农村居民人均消费支出13579元，为全国平均水平的99.02%。

表3　2020年江西与全国居民人均可支配收入等指标相比情况

指标	全国（元）	增长（%）	江西（元）	增长（%）	占比（%）
居民人均可支配收入	32189	4.7	28017	6.7	87.04
城镇居民人均可支配收入	43834	3.5	38556	5.5	87.96
农村居民人均可支配收入	17131	6.9	16981	7.5	99.12
居民人均消费支出	21210	−1.6	17955	1.7	84.65
城镇居民人均消费支出	27007	−3.8	22134	−2.6	81.96
农村居民人均消费支出	13713	2.9	13579	8.7	99.02
城镇居民恩格尔系数	29.2		31.4	2.3	
农村居民恩格尔系数	32.7		33.6	3.2	

四、江西常住人口性别比超出全国平均值1.55

2020年，全国总人口性别比为105.07，江西常住人口性别比为106.62，比全国平均值高出1.55，在全国31个省份中居第10位，中部居第1位。全省男性2331.73万人，占51.6%；女性2187.13万人，占48.4%，男性比女性多144.6万人。

与第六次全国人口普查数据相比，江西常住人口性别比有所下降，比2010年的107.46下降了0.84。同期，全国常住人口性别比下降了0.1。

五、江西劳动年龄人口占比低于全国 2.18 个百分点

全国 15~59 岁劳动年龄人口占比为 63.35%，江西劳动年龄人口占比为 61.17%，占比低于全国 2.18 个百分点，居全国第 20 位。与第六次全国人口普查相比，劳动年龄人口下降了 5.49 个百分点。

表 4 2020 年全国与江西人口年龄结构分析

指标	全国占比（%）	与六普相比	江西占比（%）	与六普相比	与全国相比
0~14 岁	17.95	↑1.35	21.96	↑0.06	高 4.01
15~59 岁	63.35	↓6.79	61.17	↓5.49	低 2.18
60 岁及以上	18.70	↑5.44	16.87	↑5.43	低 1.83
其中，65 岁及以上	13.50		11.89	↑4.29	低 1.61

六、江西人口受教育程度远低于全国平均水平

2020 年，每 10 万人口中受过大学教育（大专及以上）的全国平均数为 1.55 万人，有 17 个省份低于全国平均水平，江西为 1.19 万人，在全国居倒数第 6 位，远低于全国平均水平。

每 10 万人中受过高中（含中专）教育的全国平均数为 1.51 万人，江西为 1.52 万人，在全国居第 15 位，有 15 个省高于全国平均水平。

江西 15 岁及以上人口的平均受教育年限为 9.70 年，在全国居倒数第 10 位。与 2010 年相比，江西 15 岁及以上人口的平均受教育年限由 8.86 年提高至 9.70 年，文盲率由 3.13% 下降为 1.94%。

七、江西人口、人才外流情况较为突出

江西省内人户分离人口为1224.19万人，其中，市辖区内人户分离人口为388.69万人，省内流动人口为835.50万人。全省跨省流入人口127.90万人，跨省流出人口633.97万人，跨省净流出人口506.07万人。

与2010年相比，省内市辖区内人户分离人口增加305.50万人，省内流动人口增加448.46万人，跨省流入人口增加67.91万人，跨省流出人口增加55.23万人。

八、江西老年人口比低于全国1.83个百分点

我国60岁及以上人口的比重达到18.70%，江西60岁以上老龄人口占比16.87%，居全国第19位，低于全国1.83个百分点。与第六次全国人口普查普反映的江西人口年龄构成相比，过去10年来，老年人口则上升了5.43个百分点，速度快于上一个10年，江西人口老龄化程度明显加快。

江西65岁以上老龄人口占比11.89%，居全国第20位，比全国低1.61个百分点。与第六次全国人口普查相比，全省65岁以上老龄人口占比上升了4.29个百分点。

九、江西城镇化率低于全国平均3.45个百分点

2020年，全国居住在城镇的人口为90199万人，占63.89%。江西居住在城镇的人口为2731.06万人，占总人口的60.44%；居住在乡村的人口为1787.80万人，占总人口的39.56%，城镇化率低于全国平均3.45个百分点。

全国居住在乡村的人口为50979万人，占36.11%。江西该数据高于全国12.27个百分点。与2010年相比，江西乡村人口减少705.30万人。

2020年，江西省农民工总量为1237.3万人，比上年下降1.6%。其中，本地农民工420.2万人，比上年下降4.7%；外出农民工817.1万，与上年持平。

专题四

加快建设江西内陆开放型经济试验区

"十四五"时期江西加快打造全国构建新发展格局重要战略支点的策略研究

加快打造全国构建新发展格局的重要战略支点，是江西省委、省政府全面落实习近平总书记对江西提出的"作示范、勇争先"目标定位，坚持国家所需、江西所长、群众所盼、未来所向，开启全面建设社会主义现代化江西新征程作出的重要举措，具有全局性的战略意义。

一、加快打造全国构建新发展格局重要战略支点是江西把握未来发展主动权的战略举措

（一）构建新发展格局是中央作出的重大战略抉择

构建新发展格局是以习近平同志为核心的党中央作出的战略抉择，是把握未来发展主动权的战略性布局和先手棋，是新发展阶段要着力完成的重大历史任务，也是贯彻新发展理念的重大举措。党的十九届五中全会对构建新发展格局作出战略部署。2021 年 7 月，习近平总书记主持召开中央深化改革委员会第二十次会议，审议通过了《关于加快构建新发展格局的指导意见》，进一步明确了战略方向和重点任务。

（二）各地积极服务和融入新发展格局

围绕服务和融入新发展格局，各省份都在积极探索、主动作为，分析比较优势、明确战略定位、找准有效路径。

1. 东部地区

上海提出"打造国内大循环的中心节点、国内国际双循环的战略链接"。浙江提出"打造国内大循环的战略支点、国内国际双循环的战略枢纽"。广东提出"打造新发展格局的战略支点"。

2. 中部地区

湖北、安徽提出"打造国内大循环的重要节点和国内国际双循环的战略链接"。河南提出"打造国内大循环的战略支点、国内国际双循环的重要节点"。湖南提出"打造国内大循环和国内国际双循环重要节点"。

3. 西部地区

四川提出"建强支撑国内大循环的经济腹地、畅通国内国际双循环的门户枢纽"。广西提出"打造国内国际双循环重要节点枢纽"。云南提出"打造大循环、双循环的战略链接点和重要支撑点"。

从路径选择看，东部省份特别是发达省市，更加强调增强创新策源功能、发挥对外开放先发优势、对标国际一流水平等；中部省份更加强调承接产业梯度转移、发挥交通区位和生态优势、以开放倒逼改革等；西部省份更多强调依托资源能源优势、变开放末端为开放前沿、巩固拓展脱贫攻坚成果等。

（三）江西必须加快打造全国构建新发展格局的重要战略支点

自习近平总书记在中央财经委员会第七次会议中首次提出构建新发展格局战略构想以来，江西省委、省政府高度重视、迅速行动，系统分析比较优势和相对劣势，找准所处方位和融入路径，明确提出把江西打造成为全国构建新发展格局的重要战略支点，在全国率先出台融入新发展格局省级行动计划，围绕加快科技自立自强、促进经济循环畅通、扩大内需、推动绿色发展、深化开放合作等方面做了大量工作，着力推动迈好第一步、见到新气象。加快打造全国构建新发展格局重要战略支点，是江西服务和融入新发展格局的具体行动，是落实习近平总书记对江西提出"作示范、勇争先"目标定位的关键路径，也是江西完整准确全面贯彻新发展理念、推动高质量跨越式发展的内在要求。

1. 支点内涵

战略支点是指撬动战略全局的支撑点或关键点。江西打造全国构建新发展格局的重要战略支点，就是立足比较优势，全面提升江西发展能级，持续增强要素集聚能力、资源配置能力、区域辐射能力、开放牵引能力、战略支撑能力、安全保障能力，充分发挥江西在服务和融入新发展格局中的支撑、链接、撬动、服务、保障作用，为全国构建新发展格局实现"江西作为"。

2. 功能定位

（1）优势特色产业创新高地。服务建设科技强国战略需求，坚持把科技创新作为高质量跨越式发展的战略支撑，聚焦优势产业、新兴产业、未来产业，以科技创新赋能产业振兴，建立健全高水平科技创新平台体系、高效率科技成果转化体系、高产出全域创新空间体系，力争产业创新水平迈入中部地区前列。

（2）全国重要先进制造业基地。对接建设制造强国战略，抢抓承接沿海地区产业梯度转移的机遇,大力发展先进制造业,加快培育若干具有国际水平的制造业产业集群、打造一批国内领先水平的制造业产业集群,努力重塑"江西制造"辉煌,为畅通产业循环作出"江西贡献"。

(3)"连南接北、承东启西、通江达海"的重要交通物流枢纽。着眼融入形成强大国内市场,依托中部市场空间和区位交通优势,强化市场、交通枢纽功能,加快建设强大国内市场大腹地、综合立体交通大枢纽,在畅通国内大循环和联通国内国际双循环中展现更大作为。

(4)内陆双向高水平开放高地。顺应国内国际双循环相互促进要求,立足"连南接北、承东启西、通江达海"和毗邻"长珠闽"的区位优势,主动融入国家重大战略,以建设内陆开放型经济试验区为统领,加快构建内外并举、全域统筹、量质双高的开放格局,走出一条内陆省份双向高水平开放,以开放促创新、促改革、促发展的新路子。

(5)中部地区高水平协调发展示范区。立足新时代推动中部地区高质量发展,顺应产业和人口向优势区域集中的趋势,支持南昌打造全国中心城市、赣州打造区域性中心城市、上饶和宜春打造全省区域中心城市,做大做强大南昌都市圈,推动长江中游城市群协同发展,合力提升国家战略层级,加快打造中部地区高水平协调发展示范区。

(6)全国"两山"理念实践创新示范区。紧扣促进人与自然和谐共生,充分发挥绿色生态这个最大财富、最大优势、最大品牌,扎实推进碳达峰、碳中和,深入推进国家生态文明试验区建设和生态产品价值实现机制试点,深化完善"两山"转化的多元实现路径和政策制度体系,为全国"两山"理念实践创新提供"江西方案"。

(7)国家战略性矿产资源和粮食安全保障的重要基地。围绕筑牢国家经济安全屏障,坚持总体国家安全观,把安全发展贯穿于全省发展各领域和全过程,防范和化解影响现代化进程的各种风险,切实保障粮食、战略性矿产资源等安全,筑牢江西打造全国构建新发展格局重要战略支点的安全基底,为维护国家安全作出更大贡献。

3. 阶段目标

到 2025 年,江西打造全国构建新发展格局重要战略支点实现良好开局、迈出坚实步伐。加快迈入创新型省份行列并向更高水平迈进,综合科技创新水平特别是产业科技创新水平达到全国中上游水平。具有江西特色的现代产业体系基本形成,产业基础高级化、产业链现代化水平显著提升。强大国内市场大腹地、综合立体交通大枢纽加快构建,高标准市场体系、高水平开放型经济新体制基本建立,内陆双向开放高地建设取得实质性进展。大南昌都市圈在中部地区的支撑作用不断增强,赣州省域副中心城市辐射带动能力持续增强,其他区域性中心城市综合实力明显增强。"绿水青山"和"金山银山"双向转化通道更加顺畅,碳达峰取得实质性进展,绿色发展水平走在全国前列。中等收入群体比例持续扩大,基本公共服务均等化水平不断提高。发展安全保障更加有力，国家安全屏障不断筑牢。

到 2035 年，基本建成全国构建新发展格局重要战略支点，形成与之相适应的综合实力、战略功能和体制机制，科创能力、内生动力和综合竞争力大幅跃升，江西与全国同步基本实现社会主义现代化，基本实现"作示范、勇争先"目标定位。

二、江西打造全国构建新发展格局重要战略支点的比较优势和相对劣势

作为经济相对欠发达的内陆省份，江西应充分认识自身比较优势和相对劣势，以利于精准施策融入新发展格局。

（一）比较优势

1. 超越赶超的后发优势

近年来，江西主要经济指标增速保持全国"第一方阵"。2020 年，地区生产总值 2.57 万亿元，全国排名上升到第 15 位，比"十二五"时期末提升 3 位。

2. 门类齐全的产业优势

江西工业行业已涵盖 38 个工业大类、195 个行业中类、495 个行业小类，逐步形成了航空、电子信息、装备制造、中医药、新能源、新材料等优势特色产业。

3. 山清水秀的生态优势

江西生态环境优美、自然禀赋优良，2020 年，全省森林覆盖率达 63.1%，空气优良天数比例达 94.7%，国考断面水质优良率为 96%。碳达峰碳中和战略目标下，国家将更加注重推动经济社会全面绿色转型，这有利于发挥江西的绿色生态优势。

4. 物产丰富的资源优势

国家更加注重战略性矿产资源的安全与自给自足。江西具备丰富的产业发展资源和基础材料，有色金属和稀有金属矿产在全国乃至世界占有重要地位，资源储量居全国前 10 位的有 83 种。

5. 四面逢源的区位优势

国家更加注重维护产业链供应链稳定，将采取有力措施促进产业在国内有序梯度转移。江西处于沿海腹地、内陆前沿，是唯一同时毗邻长三角、珠三角和海西经济区的省份，区位交通优势越发凸显。

6. 叠加放大的战略优势

内陆开放型经济试验区、赣南等原中央苏区振兴发展、鄱阳湖自主创新示范区、

景德镇陶瓷文化传承创新试验区等国家战略在江西集成叠加。这有利于江西争取国家更多支持，开展先行先试，集聚更多人才、资金等要素资源。

（二）相对劣势

1. 自主创新能力不强

2020 年，江西研发经费占 GDP 的比重为 1.75%，比全国平均水平低 0.65 个百分点。重大科技基础设施布局较为滞后，科技成果转化率偏低，高端创新人才缺乏。

2. 产业层次整体不高

江西产业结构不优，有色、钢铁、建材、石化、纺织、食品等传统产业营业收入占比达 54%，电子信息、医药、光伏、锂电等新兴产业占比仅 21.3%。

3. 流通体系现代化程度不高

江西存在运输结构不够合理，多式联运发展相对滞后等问题。物流成本偏高，集疏运体系不够健全，连接枢纽的"最后一公里"问题尚未有效解决。2020 年，全省社会物流总费用与 GDP 比率高出全国平均水平 1.6 个百分点。

4. 开放水平不高

江西经济外向度为 15.6%，低于全国平均水平 16.1 个百分点。制度型开放相对滞后，民间投资增长不快，营商环境与沿海发达地区仍有差距。

5. 龙头城市引领作用不强

与江西周边省会城市相比，南昌在经济总量、产业结构、创新实力等方面均存在不小差距，首位度不够，辐射带动能力不足。

6. 居民消费能力不足

江西消费规模总体偏小，2020 年社会消费品零售总额居中部地区第 5 位，最终消费对经济增长的拉动率为 51.8%，低于全国平均水平 2.6 个百分点。城镇居民人均消费支出为全国平均水平的 82%，居民人均可支配收入为全国平均水平的 87%。

三、江西加快打造全国构建新发展格局重要战略支点的战略重点和路径选择

坚持扬优、补短两手抓，突出针对性和可操作性，选取真正的重点堵点难点问题，明确主攻方向，以重点突破带动引领发展格局的战略转型。

（一）以关键核心技术突破为引领，加快建设优势特色产业创新高地

实现科技自立自强是构建新发展格局的主要标志和最本质特征。江西要打造成为

重要战略支点，应打通自主创新能力不强的堵点，围绕产业链部署创新链，强化多主体协同、多要素联动的系统性创新。

1. 加强关键领域创新

航空产业重点突破航空复合材料、航空电机系统、先进传感器等技术；电子信息聚焦集成电路设备材料、光学光电、光源技术等方向；中医药加强复方提取新工艺、新药研制等技术研发；装备制造重点突破高端精密制造、智能产线、数控装置等技术；新能源聚焦高性能储能材料、氢燃料电池等方向；新材料重点突破高性能金属新材料、生物医用材料、陶瓷新材料等技术。同时，加强数字产品创新、内容创新、算法创新、交互技术创新，实施数字经济"赋能行动"，快速提高数字经济服务实体经济转型升级能力。

2. 构建创新支撑体系

一是优化区域协同创新。围绕信息基础设施、融合基础设施和创新基础设施三大方向，构建高层次高水平的新型基础设施体系。围绕各地主导产业、首位产业部署创新资源，加快构建"一核十城多链"的区域协同创新布局。二是构建高能级创新平台。实施国家级创新平台攻坚行动，推动中科院赣江创新研究院等一批重大创新平台建设使用，争取国家中药产业创新中心、中国科学院国家天文台射电望远镜加快落地，积极创建各类国家创新平台。推动稀土产业创新发展，不断迈向中高端，构建高效知识产权运营生态，加速科技成果转化落地，搭建"稀土技术交易市场"。三是推进鄱阳湖自主创新示范区建设。以南昌高新区为核心，新余、景德镇等环鄱阳湖创新载体为支撑，构建"核心带动、圈层支撑、点状突破"自主创新示范格局。

3. 激发创新动力活力

一是面向海内外大力引育创新人才。加大力度引进"高精尖缺"人才及团队。实施本土高端创新人才倍增行动。二是优化人才发展环境。对带技术、带项目、带成果来赣的人才，给予职业发展、金融扶持等一系列优惠政策，实行"店小二"、"一对一"跟踪服务。三是放活创新体制机制。在科研管理、收益分配、平台共享、金融服务、双创基地等方面出台更加务实有效的改革举措。加大对自主创新产品的政府采购支持力度，全面落实"首台套"支持政策。

（二）以壮大优势产业和高质量承接产业转移为路径，加快建设全国重要先进制造业基地

保持制造业比重基本稳定，提升产业链供应链安全可控水平是构建新发展格局的重大任务。江西发展先进制造业有基础、有条件、有优势，应聚焦六大优势产业，开展制造业培育"壮骨行动"，着力铸链强链引链补链，积极承接产业转移，推动中小企业向"专精特新"方向发展，实现制造业高端化、智能化、绿色化发展。

1. 培育壮大航空、装备制造产业链

以大飞机机身和核心零部件研发制造为主攻方向，推动南昌、景德镇两地航空制

造、民航运输、航空服务、临空经济"四位一体"发展，打造中部航空经济发展高地。以智能制造、服务型制造、绿色制造为主攻方向，促进高端装备制造向南昌、九江、吉安、赣州、新余等地相对集中发展，打造全国装备制造产业重要基地。

2. 创新发展电子信息、中医药产业链

聚焦智能终端、数字视听、智能家居、汽车电子等产品领域，推动电子信息产业重心从产业链中端升级至末端，打造万亿级京九（江西）电子信息产业带。加强传统中成药、药方二次开发，推动中药与保健品、绿色食品、美容化妆品等融合创新，实施中药大科学工程，加快建成"国内领先、世界知名"中医药强省。

3. 拓展延伸新能源、新材料产业链

抢抓碳达峰碳中和战略机遇，大力发展具有自主知识产权的薄膜光伏一体化、新型化学储能、动力电池、氢燃料电池等产品，建设世界级新能源产业集聚区。新材料产业重点发展稀土、有色、功能陶瓷和半导体新材料，建设具有国际影响力的新材料产业集群。

（三）以构建现代流通体系为支撑，加快建设"连南接北、承东启西、通江达海"的重要交通物流枢纽

构建国内大循环必然要求社会再生产在全国地域空间上形成优势互补、协调联动的发展格局。江西应实施现代流通体系"强筋行动"，更好发挥区位优势与国家重大区域战略的叠加优势，切实打通流通体系现代化程度不高的堵点。

1. 畅通内外连接大通道

重点向南向东对接粤港澳大湾区、长三角和粤闽浙沿海城市群，向西对接长株潭都市圈和成渝地区双城经济圈、向北对接京津冀和雄安新区。全方位推进交通强省建设，加速构建以沪昆、京港澳"双轴"为支撑的"六纵六横"① 综合运输大通道。争取国家支持加快南昌至长江中游城市群主要城市、长三角主要城市、珠三角主要城市的大通道建设。

2. 建设国家物流枢纽网络

推动交通运输体系由"通道型"转向"枢纽型"，加快布局"一核三极多中心"② 综合交通枢纽。重点推进赣州商贸服务型国家物流枢纽建设，加快支持南昌、九江、鹰潭创建国家物流枢纽，支持上饶等地积极申报国家物流枢纽承载城市。

3. 推进物流枢纽联动成网

全面加强交通物流枢纽干线运输衔接，培育一批稳定性强的"铁水空"干线运输

---

① 横向：沪昆、沿江、渝长厦、岳衢、衡吉温、韶赣厦通道；纵向：京港澳、银福、合福、蒙吉泉、阜鹰汕、咸井韶通道。

② 一核：南昌—九江国际性门户枢纽；三极：赣州、上饶、赣西组团全国性综合枢纽；多中心：吉安、抚州、鹰潭、景德镇等地区级和一批县级综合枢纽。

产品。加快建设多式联运中心，鼓励进口货物就近向物流枢纽集疏。疏通内部流通"微循环"，提升区域性物流配送中心功能。加快建设全省城乡冷链物流骨干网，打通城乡物流配送"最后一公里"。

（四）以优化营商环境和深化开放合作为重心，加快建设内陆双向高水平开放高地

高水平开放是构建新发展格局的强大动力。江西应深入开展营商环境"攻坚行动"，高标准建设江西内陆开放型经济试验区，加快塑造国内国际合作和竞争新优势，以最大开放力度为江西赢得最好发展机遇。

1. 打造"四最"营商环境

一是持续深化"放管服"改革。以"五型"政府建设为核心，精简和下放行政许可事项，拓展提升"赣服通"、"赣政通"功能，推动更多事项跨省通办，提升政府服务效率与质量。二是深化要素市场化配置改革。聚焦企业生态环境，全面清除妨碍商品服务和要素资源自由流通的体制机制、政策约束和隐性规则，发挥比较优势和特色，集聚一批全球有影响力的头部企业入赣生根。深化劳动力、资本、技术、数据、土地等要素交易服务平台建设。三是激活市场主体活力。加快国有经济布局优化、结构调整和战略合作，推进"百户国企混改攻坚"行动。支持非公有制经济高质量发展，鼓励发展新个体经济，加快培育壮大市场主体。

2. 打造全国内陆双向开放高地

一是推动制度型开放。充分利用内陆开放型经济试验区平台，推动"两类通关、两区优化"、"极简审批"等创新制度和国际贸易、投资"单一窗口"尽快落地。二是提高开放平台能级。加快打造南昌、赣州、九江、上饶四大开放门户，深化全省开发区改革创新，推进南昌、赣州、九江、井冈山等综保区和南昌、赣州、九江跨境电商综试区提质升级，以开放平台集聚一批具有江西优势的代表性开放产业。三是深度对接融入国家战略。围绕建设"一带一路"内陆腹地重要支撑，支持口岸、综保区加强与沿海口岸联动发展，深化"三同"试点，探索建设国际合作产业园、省际合作园区。深度参与长江经济带建设，主动对接京津冀协同发展战略，推动建设浙赣边际合作（衢饶）示范区、湘赣边区域合作示范区、赣鄂皖和长江两岸合作发展试验区等区域合作平台。创新承接产业转移模式，更好承接粤港澳大湾区制造业转移。

（五）以现代化都市圈建设为龙头，加快建设中部地区高水平协调发展示范区

如果把中部地区崛起比喻成撬动新发展格局的杠杆，江西要努力成为支撑这个杠杆的关键点。应以大南昌都市圈和赣中南城市群为核心动力源，加快区域发展方式、发展路径及生产力布局的调整和功能重构，建设中部地区新兴消费中心，打造中部地

区高水平协调发展示范区。

1. 提升大南昌都市圈发展能级

一是增强南昌核心主导功能和辐射带动能级。实施强省会战略，开展大南昌都市圈"强核行动"，打造区域经济中心、科创中心、品质消费中心、金融中心和高端服务业发展中心。支持赣江新区加快改革创新发展，打造全省高质量跨越式发展的核心增长极和强大新引擎。二是着力提升都市圈层活力。不断优化都市圈工作推进机制和政策体系，全面推进产业发展、基础设施、要素市场、公共服务、生态环境等领域一体化，深入实施城市更新行动，启动大南昌都市圈现代服务业繁荣计划。

2. 推进赣中南城市群建设

一是深入推进赣州省域副中心城市建设。加快促进赣州中心城区"五区一体化"①，推动"两城两谷两带"重点产业提速发展，形成与省域副中心相匹配的城市体量、经济实力和辐射带动力。二是稳步提升赣中南城市群实力。抓住赣深高铁开通机遇，引导赣州、吉安合力承接产业转移，深化与粤港澳大湾区核心城市合作，促进高铁沿线产业集聚、区域协作、城乡融合，共同打造对接融入粤港澳大湾区"桥头堡"。

3. 增强消费拉动能力

一是打造一批有影响力的消费城市。优化全省消费区域空间布局，着力把南昌建成中部地区消费中心城市，推动赣州、上饶、宜春建设区域性消费中心，支持其他设区市打造一批特色消费中心。二是大力推动消费升级。推动产业链价值链往消费端延伸，聚焦文化旅游、绿色农产品、陶瓷等具有独特比较优势的产品和服务，全面提升产品和服务质量。加快完善高端消费产业链，打造一批"购物节"、"时尚周"、"消费展"等国际国内产品和服务消费新平台。

（六）以生态产品价值实现为依托，加快建设全国"绿水青山就是金山银山"理念实践创新示范区

江西作为唯一兼具国家生态文明试验区、国家生态产品价值实现机制试点和国家级绿色金融改革创新试验区的省份，是全国最有条件开展"两山"理念实践创新的地区之一。江西应深化国家生态文明试验区建设，全域建立健全生态产品价值实现机制，打造碳达峰碳中和先行示范省，合力打造美丽中国"江西样板"。

1. 更高标准筑牢绿色屏障

一是全面加强污染协同控制。统筹优化生态、农业、城镇等功能空间布局，健全以"三线一单"为核心的生态环境分区管控体系。二是加强生态保护和修复。提升山水林田湖草沙系统治理水平，打造一批各具特色的生命共同体示范区。扎实推进重要生态系统保护和修复重大工程。三是提升生态系统固碳增汇能力。实施森林质量精准

---

① 赣州市章贡区、南康区、赣县区、赣州经开区、蓉江新区五区联动，一体化发展。

提升工程，扩大森林碳汇总量。提升湿地生态质量，增强湿地固碳作用。实施耕地质量提升行动，加强草地资源保护与修复，提升生态农业碳汇。

2. 更实举措推进"两山"转化

一是健全生态产品核算确权机制。加快建立生态产品信息监测系统。积极构建生态产品价值核算评估体系，适时开展全省 GEP 定期核算和考评。深化所有权、承包权、经营权"三权分置"改革。二是健全生态产品经营开发机制。完善生态产品市场交易机制，全面推进碳排放权、排污权、用能权、用水权等环境权益市场化交易机制。举办全国性的生态产品推介活动。三是健全生态产品保护补偿机制。实施以水质为核心的流域横向生态补偿、以效益为核心的森林和湿地生态补偿。加快推动鄱阳湖生态保护补偿机制建设。全面开展以县域为基本单元的上下游横向生态保护补偿。

3. 更大力度落实碳达峰碳中和

一是做好顶层制度设计。加快建立全省碳达峰碳中和工作推进机制，构建"1+1+N"政策体系。统筹有序推进碳达峰碳中和，压实各方责任，推动梯次有序达峰，实现经济社会发展逐步脱碳。二是推进重点领域降碳。积极开展能源、工业、建筑、交通等重点领域节能降碳行动，坚决遏制"两高"项目盲目发展。大力倡导低碳生产、低碳消费、低碳出行等生活理念和生活方式。三是建设全国零碳产业集聚高地。深化与中国科学院、中国工程院等"国字号"科研机构合作，加强与新能源等行业央企、头部企业合作，引导低碳、零碳、负碳产业集聚发展，探索创建省级零碳产业、负碳产业创新区。

（七）以守住国家安全为底线，努力打造国家战略性矿产资源和粮食安全保障的重要基地

保障战略性矿产资源和粮食安全是守住国家安全底线的重要任务。"十四五"时期及以后，随着国际环境发生重大变化，我国面临的战略性资源和粮食保障安全压力加大。江西作为我国稀土等矿产资源重要供应基地和重要粮食主产区，应强化底线思维，坚决筑牢粮食安全防线，切实增强战略性矿产资源安全保障能力，构建更高质量、更有效率、更可持续的供给保障体系，守住新发展格局的安全底线。

1. 为保障国家粮食安全作贡献

一是保障粮食生产安全。夯实粮食生产基础，加强高标准农田、农田水利、农业机械化等现代农业基础设施建设。加快推动信息技术与粮食业务的深度融合，提高科技贡献率、水土资源利用效率和效益，让农民获得全产业链收益。二是进一步提升种源安全保障能力。深入实施现代种业提升工程，持续推进育种联合攻关，稳扎稳打开展遗传改良计划，努力实现种业科技自立自强、种源自主可控目标。健全"科技特派员"制度，建立完善科技兴农长效机制。

2. 为保障全国战略性矿产资源安全作贡献

一是强化矿产资源开发保护。推动传统矿业转型升级，大力发展绿色矿业，完善

战略性矿产资源管理办法，不断提高矿产资源有序开发和综合利用水平。二是建立矿产资源储备制度。加强对稀土、钨、铜、锂、铀等战略性和优势矿产勘查储备，积极争取国家在江西设立若干关键矿产储备基地，打造一批战略性资源基地。做大做强稀土交易市场，提升稀土仓储集散能力，推动建设全球定价中心和交易市场。

江西抢抓 RCEP 重大机遇加快打造内陆双向开放新高地研究报告

习近平总书记在 2022 年世界经济论坛视频会议上指出，区域全面经济伙伴关系协定（以下简称 RCEP）已于 2022 年 1 月 1 日正式生效，中国将忠实履行义务，深化同协定各方经贸联系，进一步融入区域和世界经济，努力实现互利共赢。如何充分抓住RCEP 机遇，应对新规则、新要求，用好用活用足减税协议、原产地累积等重大红利，对于江西深入推进内陆开放型经济试验区建设、加快打造全国构建新发展格局重要战略支点具有重要意义。

一、RCEP 是亚太各国寻求经贸深度合作的历史性突破

当前，世界正处于百年未有之大变局，WTO 多边谈判陷入僵局，全球产业链、供应链在外部冲击下亟须进行区域重构。RCEP 因其成员国人口数量、GDP 和贸易总额分别约占全球的 30%，成为了世界上人口最多、经贸规模最大和最具发展潜力的自由贸易区。与 WTO 相比，RCEP 构建了更加系统性、规模化的普惠规则，其市场开放更加广泛深入，规则更加完备，为促进亚太地区经贸合作树立了新的标杆，也为全球经济增长注入了新的活力。

（一）货物贸易更加便利

一是规划了国家层面的降税措施，明确了实现零关税的货物贸易将达到 90% 以上，并且针对主要产品的贸易降税时间是立刻降税到零或 10 年内降税到零，极大缩短各国企业和消费者享受政策的时间。二是实施了原产地累积规则，具体是指商品从 A 国进入到成员国 B 国时，可用各成员国之间所产的中间品来达到所要求的增值标准，这样就大大降低了 A 国享受 B 国零关税的门槛，成为了 RCEP 协议的最大亮点。多个成员国的累积将使获取优惠关税更为容易，极大提高了 RCEP 对企业具有的价值，大幅优

化企业生产环节布局，加快中间品在区域内流动和供应链稳定。三是就共性问题形成了一系列可操作的规则，各成员国在进行货物贸易时，就海关程序、检验检疫、技术标准等达成了高度共识，形成了一系列高水平的规则，将显著降低域内贸易成本，有利于发挥"贸易创造"效应。

（二）服务贸易更加开放

RCEP 成员国服务贸易开放水平显著高于各自"10+1"协定（既有的东盟与其他 5 国分别签署的"10+1"自贸区协定），全面整合并升级原有规则（包括最惠国待遇、市场准入承诺表、国民待遇、当地存在、国内法规等），实现共同的服务贸易投资规则、共同的服务投资市场准入政策。成员国均承诺开放金融、电信、交通、旅游、研发等超过 100 个服务贸易部门，将进一步削减各成员国影响跨境服务贸易的限制性、歧视性措施，为扩展区域产业链布局提供广阔的市场空间。

（三）投资规则更加广泛

WTO 的投资规则范围有限，RCEP 则涵盖了投资保护、自由化、促进和便利化四个方面，形成了当前亚洲地区规模最大的投资协定。一是成员国均在投资市场准入上作出了负面清单模式的高水平开放承诺，将大幅提高市场准入的确定性，增强区域内投资信心。二是成员国将为各种形式的投资提供必要环境，包括简化投资申请及批准程序，促进投资信息的传播，设立或维持联络点、一站式投资中心、投资联络中心等。

（四）覆盖领域更加全面

一是 RCEP 涵盖著作权、商标、地理标志、专利等广泛的知识产权保护内容，将显著提高区域知识产权保护水平。二是 RCEP 首次在自贸协定中纳入了数据流动、信息存储等新规定，为在线合同签署、电子支付授权和网络交易等形成全面保护。三是 RCEP 具体规定了贸易救济、竞争、政府采购等方面的相关内容，进一步确保成员国之间贸易的公平。

二、RCEP 的签署生效将为经济带来深远影响

RCEP 成员国组成全球最具活力的自由贸易区，不仅对全球经贸规则和产业格局带来影响，也对我国及江西的产业链、供应链带来一系列机遇和挑战。

（一）对亚太经济的影响

RCEP 的生效实施，在亚太区域合作中具有里程碑意义，也进一步增强区域内经贸往来，加速形成新的区域经济增长点。RCEP 打破了区域投资和关税壁垒，有效降低企业参与国际产业链分工的成本，激发企业优化生产力布局的灵活性和积极性，从而延伸和重构区域产业链和价值链。同时，在贸易便利化水平方面，RCEP 超过了世界贸易组织出台的《贸易便利化协定》，并且在原产地累积规则以及服务贸易、投资双向开放带动下，区域内经贸规则将加速得到整合。

（二）对我国经济的影响

RCEP 是我国目前签署的最高标准的自由贸易协定，货物贸易、市场开放、制度型规则等都迎来了重要发展契机。关税减让有利于国内消费者以更低廉的价格购买进口优质产品，进一步满足人民群众对高品质生活的需求。进口企业原材料成本和出口企业贸易成本双降，贸易便利化等相关条款将加速我国外贸企业的运转效率，助力外向型企业融入新发展格局。同时，RCEP 使我国拥有了更多的经济主动权和协作参与权，是我国有效应对中美贸易争端的重要措施之一。

（三）对江西经济的影响

江西对 RCEP 成员国的贸易规模约占全省进出口总额的 1/3，占比居中部地区首位。RCEP 对江西深化对外经贸合作带来重大机遇，有利于进一步激活开放元素，助力提升全省内陆双向开放水平。一是有利于倒逼营商环境改善。为适应好、利用好 RCEP 协定，江西必须接轨 RCEP 贸易规则和标准，以改革"一号工程"为引领加快优化营商环境，持续提升贸易投资自由化便利化水平，吸引更多高质量的外企来赣投资。二是有利于降低江西进出口企业运营成本。RCEP 生效实施将大幅降低先进技术、重要设备、关键零部件等进口产品的进口成本和生鲜、家具、箱包、纺织服装等出口产品的成本。截至 2022 年 1 月 7 日，江西企业通过 RCEP 已减免关税 1400 余万元。据测算，省内企业年度减税总体规模将达到 38 亿元左右。三是有利于提升江西产业链和供应链现代化水平。RCEP 原产地累积规则的制定，将促进区域内中间品流动，放大江西"四面逢源"的区位优势、门类齐全的产业优势，也将推动江西通过国际产能合作、共建产业园区等方式实现稳链强链补链，进一步增强"2+6+N"产业的国际竞争力。

同时也要看到，RCEP 生效后，各成员国、国内市场竞争更趋激烈，江西面临"双重承压"的挑战。一是劳动密集型产业外迁压力或将加大。近年来，东南亚国家凭借劳动力、土地优势及不断完善的基础设施环境，吸引了越来越多劳动密集型产业及电子产品加工组装等中低端产业链向其迁移。随着 RCEP 深入实施，江西纺织服装、鞋帽箱包等传统产业向东南亚转移的可能性日趋增大。二是技术密集型产业市场将被挤压。与日、韩相比，江西在电子信息、装备制造等技术领域还存在一定差距。RCEP 关税降低、贸易壁垒减少，将有越来越多的国外汽车、先进电子产品涌入国内消费市场，这将在一定程度上压挤江西相关优势产业在国内的市场份额。

三、兄弟省份对接 RCEP 的最新动态

近一年来，围绕积极对接 RCEP，很多省份相继出台一系列政策文件，就核心领域布局、企业引导服务等方面作出了先行部署。

（一）第一时间出台政策文件

2021 年 10 月，广西出台《加快对接 RCEP 经贸新规则若干措施》，提出创建高质量实施 RCEP 示范区（国家已初步同意）、推动设立中国（南宁）RCEP 国际博览中心等举措。2021 年 4 月，山东出台《落实 RCEP 先期行动计划》，强调在创新发展货物贸易的同时，着力拓展对日贸易、全面深化投资与服务贸易双向合作。2021 年 6 月，福建出台《全面对接 RCEP 行动计划》，重点筹划了货物贸易扩大、招商引资增效、重点国别深耕等十大行动计划。2021 年 5 月，云南出台《中国（云南）自由贸易试验区参与 RCEP 行动方案》，从货物贸易自由化便利化、用好原产地规则、拓展双向投资等方面制定了对接 RCEP 的一系列措施。2021 年底，浙江出台《落实 RCEP 三年行动计划（2022—2024）》，从经贸合作、物流通道、营商环境等方面，提出打造 RCEP 高水平开放合作示范区的具体路径。2021 年 11 月，青岛出台《落实 RCEP 先期行动计划实施方案》，依托前期合作基础和特有的地缘优势，制定了 6 个方面 21 条政策措施，详细分解目标任务，落实责任部门，致力于将青岛打造为参与 RCEP 的重要前沿和示范基地。此外，天津、陕西、海南等省份也先后出台了关于应对 RCEP 的政策文件。

（二）聚焦核心领域加速布局

兄弟省份结合本地产业、区位、政策等优势，选择不同的侧重点和重点领域进行 RCEP 布局的一些做法值得江西借鉴参考。上海更新升级了 RCEP 原产地管理信息化平台，全面上线其 3.0 系统版本，进一步迁移整合原有的自贸协定。例如，新增了原产地证书和流动证明签发等功能，实现原产地信息管理业务的一窗通办，提升了通关速度。深圳鼓励企业利用 RCEP 放宽投资限制的相关条款，在各成员国布局物流仓，收购营销网络或新建营销网络，提升出口货物的竞争力。江苏于 2022 年开具了全国首份 RCEP 项下原产地声明，南京海关隶属海关在协定生效当日共签发 RCEP 项下原产地证

书 36 份，证书金额共计 548. 35 万美元。山东拟大幅简化散装粮食、鲜活农产品、铁矿石和原油等商品通关手续，并以日、韩为突破口，谋求打造落实 RCEP 的"山东样板"。广西、云南依托自贸试验区的平台优势和邻近东盟的地缘优势，强调深耕东盟市场，根据产业特点构建面向东盟的跨境产业链供应链，在加强知识产权保护、促进人员入境便利化等方面也采取了应对措施。

（三）引导企业进军广阔市场

2021 年，江苏开展了 RCEP 主题宣传年活动，在省市两级全面铺开 RCEP 专题培训，对重点企业进行上门辅导。重庆邀请领域内知名专家举办"重庆市高质量实施 RCEP 培训会"，为线上线下近 1000 人进行了专题培训，并计划分领域、分产业、分国别开展持续性培训，为企业更好地抓住 RCEP 机遇提供指导。青岛设立 RCEP 企业服务中心，搭建国内首家聚焦 RCEP 经贸合作的综合性企业服务平台，重点打造公共服务、增值服务、配套服务三大功能，为企业提供全链条的"一站式"配套服务。义乌加快建设面向 RCEP 的物流通道，大力发展跨境电商和口岸仓、海外仓，并组织专业力量对各国投资环境进行跟踪研究，为企业"走出去"提供科学参考。

四、江西抢抓 RCEP 重大机遇、加快打造内陆双向开放新高地的对策建议

面对 RCEP 带来的新浪潮，江西应迎头赶上、大胆抢抓机遇、应对挑战，打好"对外开放、产业发展、营商环境、涉企服务"组合拳，加快塑造国际竞合新优势，为在新的起点上高标准高质量建设江西内陆开放型经济试验区注入强大动力。

（一）推进高水平贸易合作，实现从"稳外贸"到"强外贸"的转变

将 RCEP 作为江西连接国内国际两个市场的纽带和桥梁，充分把握 RCEP 生效红利带来的"贸易创造"效应，加快打造全国构建新发展格局的重要战略支点。

1. 拓展国内国际两个市场

一是结合江西产业特点和优势产品，围绕首年关税即降为零的 2034 种、5 年内关税减让显著的 2725 出口产品，重点聚焦家具、箱包、纺织服装、医疗用品、光伏电池、有色金属等行业，建立出口重点企业清单，推动企业需求和政策供给精准对接，支持开拓成员国市场，做大优势产品市场份额。二是合理运用 RCEP 原产易腐货物"6 小时通关"便利措施，积极扩大油茶、果蔬、生鲜等优势农产品出口。三是用好 RCEP

进口产品关税优惠政策，梳理形成贸易关税减让对照指南和契合江西特点的 RCEP 可降税进口商品名录，扩大对成员国优质日用消费品以及医药和康复、养老护理等设备的进口规模。

2. 深化双向经贸合作

一是聚焦服务贸易重点领域，在与 RCEP 成员国开展经贸合作时，重点支持我国企业在信息基础设施、5G、数据中心、中医药产学研用等领域的发展，进一步鼓励贸易投资，加强与成员国在服务贸易人才培养、资格互认、信息共享等领域合作。高标准建设南昌国家服务外包示范城市，重点在仓储、冷链物流、国际货运、专业服务等生产型服务业领域开展合作。二是搭建面向 RCEP 成员国的贸易合作平台，积极开展江西出口商品网上交易会、线上经贸合作洽谈会、RCEP 经贸合作对接会等活动，培育一批商品采购、产业技术、投资促进高端平台。三是用好世界 VR 产业大会、中国景德镇国际陶瓷博览会、中国绿色食品博览会、中国红色旅游博览会、中国（赣州）家具产业博览会等重点展会平台，面向 RCEP 成员国建设一批海外赣品展销中心，提高"江西制造"、"江西服务"的国际市场影响力。深入实施"千企百展"、"一国一展"，适时组织企业赴 RCEP 成员国参加展会，依托产品推介强化经贸往来和务实合作。

3. 大力发展贸易新业态新模式

一是对接国家"丝路电商"合作机制，发挥南昌、赣州、九江跨境电商综合试验区示范带动作用，推动有条件的园区、企业以合作、自建等方式在 RCEP 重点市场建立分支机构、货运驿站、集散中心、售后维修网点、保税仓库、海外仓等境外营销服务网点，融入成员国商贸流通网络，逐步实现跨境电商海外仓在 RCEP 成员国全覆盖。二是支持跨境电商企业在综试区建设面向成员国的物流中心仓，探索打造集展示、推介、路演、接洽、交易等功能为一体的线上"国际客厅"，为电商出口提供法律、审计等服务。三是培育壮大新兴贸易业态创新发展，进一步聚焦市场采购贸易、离岸贸易、融资租赁、保税展示交易、期货保税交割、保税物流等方面的发展态势，提升创新发展效能。四是服务江西数字经济"一号工程"，大力发展数字贸易，如数字内容产业、数字技术贸易、数据及衍生品流通交易等，支持南昌等地加快建设数字贸易中心，向数字展会、社交电商、产品众筹、大数据营销等模式延伸，培育拓展江西产品数字化营销渠道。

4. 加快建设贸易物流大枢纽、大通道

一是强化江西三大国际物流通道建设，做大国际航空物流，重点推动昌北国际机场面向 RCEP 成员国开辟、加密全货运班次，构建覆盖 RCEP 成员国首都和主要城市、连接成员国主要航空枢纽的航线网络。二是重点依托南昌、赣州国家物流枢纽城市，强化向塘国际陆港、赣州国际陆港等枢纽功能，探索与 RCEP 成员国共建多式联运联盟，加快打造面向 RCEP 成员国的国际货物集散地和国际服务型物流中心。三是立足江西连南接北的中枢区位，积极拓展延伸南北向对外通道建设，探索打造北接内蒙古、山西、河南、湖北，南连广东的"中部陆海新通道"。

（二）深化产业链供应链合作，实现从价值链低端向中高端迈进

抢抓 RCEP 对江西产业发展的广阔机遇，积极构建面向 RCEP 的跨境产业链供应链，助力江西产业转型升级。

1. 用好 RCEP 原产地规则

一是针对 RCEP 背对背原产地规则，促进 RCEP 区域内中间品交换流动，发挥好全省对接长三角、粤港澳、长江中游城市群的区位优势，引导优势企业打造生产、供销基地，加快建立联通海外、辐射国内城市群的生产资料和中间产品大市场。二是指导企业运用原产地区域累积规则优化供应链，利用 RCEP 关税待遇差距和东盟国家人口、土地低成本优势，推动企业有序转移低端产能，指导企业选择 RCEP 成员国作为原材料供应基地或初级产品生产加工基地。深化对日韩澳新的技术交流、产业合作，聚焦核心配套零部件项目，重点引进以 RCEP 成员国为出口目的地的高科技产品企业和"高精尖"项目来赣落户。

2. 构建特色优势跨境产业链

一是引导推动重点企业的产业优化与国际合作，鼓励龙头企业在海外建设制造基地、原料保供基地，进一步优化电子信息、新材料、纺织服装、绿色食品等行业生产环节布局。支持省内企业加强对外资源开发合作，投资建设一批集加工、仓储、贸易一体的综合性基地，支持重点企业与有关国家开展矿产资源开发合作。二是支持省内有条件的开发区探索与 RCEP 成员国建立产业对接机制，根据优势互补原则和"飞地"模式，重点在战略性新兴产业、数字经济等领域与成员国共建国际产业合作园区，共同打造有影响力的标志性跨境产业链品牌。三是依托赣州 RCEP 东盟产业园等跨境合作平台，探索组建跨境产业园区合作联盟，着力扩大日韩的先进技术、关键零部件和重要原材料进口，重点在智能装备、移动智能终端、声学光学、5G、汽车零部件等细分领域深化合作，加强与境外产业园区"串链"互动。四是以政府间科技合作协议为指南，重点锚定标志性产业链以及关键核心技术，加快共建产业创新中心、技术创新中心等高水平战略科技平台和新型研发机构，联合开展一批重大科技攻关项目。

3. 精准开展招商引资

一是绘制面向 RCEP 成员国的精准招商合作地图，重点聚焦 RCEP 成员国世界 500 强，围绕江西"2+6+N"产业体系，面向新一代信息技术、生物医药、新能源、新材料、装备制造等产业链进行精准招商，力争引进产业带动强、科技含量高、经济效益好的一批重大重点项目。二是因地制宜创新招商方式，加快在 RCEP 成员国设立投资促进代表处，建立常态化委托招商合作机制。同时，采用飞地招商、市场化专业化的中介招商和以商招商等招商方式，不断强化在长江经济带、粤港澳大湾区等地重点园区招商成效。

（三）着眼国际先进规则，加速从"对标"到"一流"的跃升

把高水平营商环境作为抢抓 RCEP 机遇、应对挑战的重要立足点，大力推进全省改革"一号工程"，加快实施与国际规则相适应的改革措施，努力实现一流的营商环境。

1. 全面对接 RCEP 高水平规则

一是持续深化 RCEP 规则研究，在立足江西省开放型制度的基础上，对比在人员货物通关便利化、原产地累积、跨境运输标准化、跨境人民币结算、服务贸易和投资领域开放等方面与 RCEP 标准的差异，并全面向 RCEP 规则靠拢。二是优化 12367 出入境管理服务，进一步梳理 RCEP 中涉及移民管理领域的约束性义务清单，完善平台功能，缩短高层次人才签证、工作及居留许可办理时限。建立与国际接轨的全球人才招引和管理制度，扩大与 RCEP 成员国学术交流、联合办学规模，探索开展职业资格、学历证书国际互认。三是积极开展法律事务合作，在尊重各国法律的前提下，不断强化与 RCEP 成员国在仲裁、调解、公证、鉴定等方面沟通协调，促进法律服务多元化，提高解决国际商事纠纷的影响力和竞争力。同时，重点关注与 RCEP 成员国的贸易摩擦，加强贸易摩擦信息的收集、预警和研判，探索制定全省国际贸易风险预警和快速反应实施方案。

2. 提升货物通关效率

一是积极落实 RCEP 相关开放举措，对快件、空运、易腐货物等落实"6 小时通关"。支持企业申请认证 AEO（综合认证优秀企业），扩大 AEO 认证企业覆盖范围。推动"单一窗口"功能向跨境贸易全链条拓展，推动与 RCEP 成员国国际贸易"单一窗口"通关物流信息互联互通。二是实施新一轮"通关与沿海同样效率"专项行动，强化虚拟现实、大数据、人工智能等技术在线上通关的应用，推动海关、港口、机场、铁路等信息共享，推广九江海关"无纸化申报+智能审单+自助打印"模式，加快推进业务全程网办、全天候受理、足不出户打印、原产地证书即发即审。三是支持南昌海关升级 RCEP 原产地管理信息化应用系统，高效处理出口原产地企业备案、经核准出口商备案原产地证书与出口报关单关联等业务。

3. 强化知识产权保护

一是深入研究 RCEP 成员国知识产权法律制度，结合 RCEP 具体规则，加快推动修订《江西省专利促进条例》。二是建立涉外知识产权风险防控体系和纠纷应对指导机制，尤其是 RCEP 成员国的重点产业、重点领域。三是加快推进中国（南昌）知识产权保护中心、中国（赣州）知识产权保护中心建设，推动国内外知识产权专业服务机构在省内设立分支机构，为省内企业和个人提供知识产权方面的"一站式"综合服务。四是探索建设海外知识产权纠纷和维权援助机制，并在外贸重点企业集中园区建立知识产权维权援助工作站。

（四）面向企业主体，优化从政策宣介到涉企服务的全链条保障

发挥好企业在深化 RCEP 经贸合作的生力军作用，助力企业掌握、用好 RCEP 规则，引导企业提升参与国际竞争的能力，夯实双向开放的主体支撑。

1. 加强政策宣传

一是继续办好江西省 RCEP 线上专题培训会，常态化邀请对外经贸合作领域的专家来赣，围绕 RCEP 项下原产地规则、税款减让、经核准出口商制度、法律风险等进行讲解指导，帮助全省各级商务主管部门和广大外经贸企业熟悉协定内容，提升企业尤其是中小企业理解和应用协定规则能力。二是落实好"一企一策"、"一业一策"，推动有关部门组织关税、技贸等领域专家，分行业对重点企业进行精准指导。三是鼓励各设区市在区县举办 RCEP 宣讲活动，积极采取专题培训、主题研讨会、流动宣讲等方式，面向企业和基层积极开展 RCEP 相关政策宣介。

2. 优化企业服务

一是研究成立聚焦 RCEP 经贸合作的综合性企业服务平台，培育壮大一批外贸综合服务企业，为"走出去"企业提供全链条的"一站式"原产地证书签发、商事证明、出口退税、享惠受阻协调等配套服务，为"引进来"的企业提供法律咨询等专业化服务。二是发布享惠企业清单，精准评估企业享受 RCEP 关税优惠情况，帮助企业选择"最佳享惠"方式。三是积极为企业提供关税比较、自贸协定关税筹划、优惠原产地证利用、法律合规经营等服务，引导企业以税差为立足点开拓重点市场，帮助企业融入 RCEP 贸易体系。四是引导企业树立 RCEP "双刃剑"发展意识，重点研究 RCEP 对江西企业进出口和海外布局可能带来的竞争压力和冲击。

（五）完善组织保障，健全从顶层设计到工作推进的全过程机制

着力健全顶层设计和推进机制，建议在国务院批复江西内陆开放型经济试验区建设两周年之际召开试验区领导小组会议，专题研究部署江西对接 RCEP 相关工作，形成江西对接融入 RCEP 的强大合力。

1. 优化顶层设计

一是建议商务部门牵头制定江西对接落实 RCEP 行动计划，明确江西对接 RCEP 的发展目标、整体布局和重点任务，深入研究并充分利用好关税减让优惠、市场开放承诺、原产地累积规则等相关政策。二是分领域研究出台参与 RCEP 行动方案，推进与 RCEP 市场在经贸、产业、市场、规则等方面的对接合作。三是推动各设区市立足本地优势和特点，加快制定对接 RCEP 的针对性、配套性方案。

2. 完善工作推进机制

一是建议成立由分管省领导挂帅，有关部门组成的省对接 RCEP 工作领导小组，加强对重大工作的统筹和跨部门协调力度，促进对接 RCEP 的重大事项有效解决。二

是建议商务、海关等部门加强对江西与 RCEP 成员国经贸往来相关监测、分析和预警，健全完善应对新规则、新要求的预案，有效应对 RCEP 可能存在的风险和问题。加强细分领域研究，重点对 RCEP 背景下纺织服装、电子信息等江西支柱产业的专题研究，同步开展相关联贸易协定的分析研究。例如，全面与进步跨太平洋伙伴关系协定（CPTPP）、数字经济伙伴关系协定（DEPA）等协定，牢牢把握江西对接国际贸易规则和市场的主动权。三是依托省内智库推动设立江西 RCEP 研究中心，研究借鉴广西等抢占 RCEP 机遇先行省份的政策举措，持续开展 RCEP 规则"一国一策"跟踪与研究，为江西更好对接 RCEP 提供智力支撑。

专题五

高标准打造美丽中国"江西样板"

关于江西开展碳达峰行动的初步考虑

我国向世界庄重宣誓的"碳达峰、碳中和"目标，是以习近平同志为核心的党中央统筹国内国际两个大局作出的重大部署，是体现国际责任努力构建人类命运共同体的大国担当，也是立足新发展阶段加快生态文明建设推进社会主义现代化的大势使然。

一、关于对"碳达峰、碳中和"的认识

碳达峰是指碳排放从上升期进入平台波动期后平稳下降的过程，碳中和是在碳达峰的基础上，二氧化碳的人为移除与人为排放实现相互抵消。习近平总书记提出"碳达峰、碳中和"两个阶段的奋斗目标，与我国建设现代化强国的两步走战略基本吻合。第一阶段是努力在 2030 年前中国二氧化碳排放达到峰值，与 2035 年基本实现社会主义现代化远景目标相吻合。这一阶段的重点在于平衡工业化、城镇化进程中，经济发展速度与能源需求和消耗的关系，大力推动经济转型升级，严控排放峰值。第二阶段是努力在 2060 年前实现碳中和，与 21 世纪中叶建成社会主义现代化强国目标相一致。这一阶段的重点在于完善以新能源、清洁能源、可再生能源为主的近零排放能源消费体系，减少化石能源使用量，将其控制在极低水平，引导能源变革和经济发展方式脱碳化转型。碳达峰并不是攀高峰、争空间、摸高峰，而是要削峰、压峰、拉低峰位，以便走向净零碳，推进碳达峰、进而达到碳中和，意味着经济结构根本性变革，各级党委政府贯彻执行力和发展创新力面临新一轮考验，只有深刻认识碳达峰、碳中和，才能增强主动性，把握主动权。具体而言，需从四个方面把握总体形势：

（一）从全球看

一是控制碳排放达已成为国际社会主流并达成广泛政治共识。面对日益严峻的气候形势，强化低碳发展的呼声和行动从未停止，全球向碳中和过渡刻不容缓，且别无选择。2016 年全球近 200 个缔约方国家通过《巴黎协定》，2020 年气候雄心峰会上 20

多个国家提出了碳中和目标、40多个国家作出了提高国家自主贡献的新承诺。绿色低碳发展已成为各国推动经济复苏发展的主要方向，欧盟、美国、日本分别出台《欧洲绿色协议》、《美国零碳行动计划》、《绿色增长战略》。特别是2021年2月，美国签署重返《巴黎协定》行政令，正式再度成为《巴黎协定》缔约方。二是碳排放很有可能成为未来西方国家限制甚至制裁我国的新手段。当今世界正经历新一轮大发展、大变革、大调整，大国战略博弈全面加剧，国际体系与国际秩序发生深刻变化，以美国为代表的部分发达国家在要求我国以牺牲发展权利为代价承担减排任务的同时，很可能进一步通过制定碳排放定价等规则，重新掌握全球贸易主动权，并以碳排放为借口站在道德的制高点对我国实施新一轮制裁。若不尽早推动零碳转型，我国出口可能面临碳关税等新贸易壁垒，加剧制造业在全球经贸体系中的风险和挑战。

（二）从全国看

一是推动碳中和有助于提升我国国际声誉和"话语权"。气候变化愈加成为威胁整个生态系统和人类命运共同体最突出的非传统安全问题，我国作为全球最大碳排放国家，加快实现"碳达峰、碳中和"有利于我国树立负责任的大国形象，为其他发展中国家的经济发展提供借鉴，在国际气候法律秩序构建中放大"声量"。二是加快推动碳排放达峰是保障能源安全、转变经济发展方式的现实需要。我国经济社会历经40多年的中高速增长，资源环境瓶颈约束不断加剧，发展低碳经济、减少温室气体排放，是我国拓展发展空间、提升综合竞争力、促进可持续发展必由之路，也是发展成就获得西方世界认同必须跨过的一道"门槛"。

（三）从各省、部委和行业行动来看

一是已有部分省份提出明确的碳达峰目标和时间表。2021年，省级两会政府工作报告中实现碳达峰目标，成为近20个省份当前和未来的一项重点工作，北京、上海、天津、山西、山东、福建、重庆等地提出了明确的碳排放达峰目标，其中上海提出2025年前实现碳排放达峰，福建提出支持厦门、南平等地率先达峰。二是从部委到行业都在密集制定路线图。国家发展改革委研究起草了《关于应对气候变化中长期目标保障措施的实施意见》，提出要完善能源消费双控制度，加快风电光伏发展，推进水电核电建设，提升新能源消纳和储存能力，推进煤炭清洁高效开发利用，优化完善电网建设。工信部提出要实施工业低碳行动和绿色制造工程，压缩粗钢产量，加快发展先进制造业，提高新能源汽车产业集中度。生态环境部出台《关于统筹和加强应对气候变化与生态环境保护相关工作的指导意见》，促进应对气候变化与环境治理、生态保护修复等协同增效。此外，石油、化工、煤炭、钢铁、电力、汽车、环保、交通等行业分别宣布了各自的碳达峰、碳中和计划及路线图。锚定碳减排目标，我们正在切实行动。

（四）从江西省看

一是推动碳达峰压力大、任务重。江西经济总量不够大，正处于经济中高速增长、工业化城镇化快速发展阶段，能源需求会持续增加，节能减排、能耗双控等工作面临的压力巨大，实现碳达峰任重道远。二是绿色发展给碳达峰奠定了良好基础。近年来，江西坚决贯彻新发展理念，抢抓新一轮科技革命和产业变革机遇，扎实推进国家生态文明试验区建设，生态环境质量持续保持全国前列，电子信息、航空、中医药、新材料等优势产业快速发展，节能降碳成效显著，初步形成了资源节约和环境友好的生产方式和生活方式，为尽早实现碳达峰提供了有利条件。

二、江西在推进碳达峰行动中的四大优势

（一）"十三五"时期节能降碳成效明显

"十三五"时期，全省万元 GDP 能耗累计下降 19.4%，单位工业增加值能耗累计下降 21.4%，前四年单位 GDP 二氧化碳排放下降 20.48%，均提前一年完成国家节能降碳目标任务，以全国第 22 位的能耗空间，跑出了全国第 9 位的经济增速（"十三五"时期前 4 年 GDP 增速分别列全国第 4、第 5、第 4、第 4）。全省累计创建国家和省级绿色工厂 162 家，新建建筑全面执行节能强制性标准，新增和更新城市公交车中新能源汽车占比连续 3 年超过 90%，新能源和可再生能源电力装机占比提升至 46.03%，农药化肥用量连续 5 年实现零增长。经济社会绿色转型的加快，为全省碳达峰工作奠定了坚实的工作基础。

（二）产业转型与布局向低碳化加速迈进

产业结构方面，全省三产结构由 2015 年的 10.2：49.9：39.9 调整为 2020 年的 8.7：43.2：48.1，战略性新兴产业、高新技术产业增加值占规模以上工业增加值比重分别为 22.1%、38.2%，数字经济产业增加值占 GDP 比重居 30%。工业强省战略深入实施，航空、电子信息、中医药、新能源、新材料等优势产业已形成较为扎实稳定的产业链和供应链，为实现"碳达峰、碳中和"聚合强劲动能。传统产业方面，深入推动九江芳烃 PTA、PET 产业链延伸发展，永修、乐平、新干、定南等有机硅、精细化工、氟盐化工产业基地建设向纵深推进；稳步落实钢铁产业结构调整与绿色转型，产能沿江布局取得相当成效，湖口、新余、萍乡、上栗、进贤等一批新型钢铁、深加工、钢结

构特色产业集群不断壮大。新能源产业方面，新余、上饶等区域重点布局的光伏新能源产业已形成从硅料、硅片到太阳能电池组件的完整产业链及配套，产能规模和工艺技术水平处于全国前列，尤其是硅料、硅片等部分产品产能居于世界领先地位，赣西、赣南两大板块在锂电新能源领域同样具备一定的国际竞争力。

（三）低碳生活方式初步形成

新能源汽车使用环境不断优化，居民绿色出行方式意识不断增强。垃圾分类试点示范稳步推进，各设区市中心城区和赣江新区实现公共机构生活垃圾分类全覆盖，南昌市、宜春市基本建成生活垃圾分类处理系统，覆盖人口 54.83 万。农村生活垃圾收集、转运、处理体系基本建成，"限塑"新政在全省有序落地。以推进绿色家园行动为主线，创建一批"清洁家庭"、"最美家庭"。江西抚州"绿宝"碳普惠公共服务平台吸引会员 35.8 万人，推行积碳分、兑碳币方式践行绿色生活。

（四）工作机制初步建立

江西设立了应对气候变化工作领导小组，建立设区市政府能源消费总量和强度双控、控制温室气体排放总量和强度双控制度。注重发挥省气候变化专家委员会、绿色低碳科技创新战略联盟等专家团队和组织作用。碳市场建设稳步推进，完成全省和各设区市碳峰值及达峰路线图研究，建成全省碳峰值及达峰路径跟踪机制。扎实推进国家级低碳城市、低碳园区、适应气候变化城市试点建设。

三、江西推进碳达峰行动面临的四大挑战

实现碳中和愿景，意味着对经济社会发展提出了更高要求，将带来深层次的经济结构性变革。江西作为中部地区欠发达省份，经济总量偏小，碳排放总量不大，但在"碳达峰"道路上将主要面临"四大挑战"。

（一）实现碳达峰目标不足 10 年，时间紧迫

国家《"十四五"生态环境保护规划（征求意见稿）》提出"京津冀、粤港澳大湾区、长三角、国家生态文明试验区和生态省的有关省份，应在达峰行动中走在前列"。据判断，国家很有可能要求江西在"十四五"时期提前达峰，省里正在积极向生态环境部等部委沟通衔接，但即使适当延长，也延长不了多少，江西距离碳达峰预计也只有 5~7 时间。

（二）江西在全国碳排放和能耗双控布局中指标优化空间有限

在"碳达峰、碳中和"大背景下，碳排放量将成为区域配置资源、提升优势的"战略筹码"，谁拥有更多，谁就掌握更多的发展权。江西前期抓紧谋篇布局，梳理出了"十四五"时期约1800万吨标准煤能耗量的项目盘子，力争在达峰前向国家争取更多的能耗及碳排放指标。但是在碳达峰的新要求下，国家层面对各省进行了密集调研，要求各地坚决遏制高污染高能耗项目盲目建设，国家政策导向将进一步收紧能耗双控和碳排放指标，压减各省能耗增量和碳排放空间，预计国家对江西"十四五"时期能耗增量指标总体与"十三五"时期持平，这将增加江西对石化等优势传统产业本地化配套和产业链延长的难度，相关行业市场前景好但耗能较高的项目落户江西的难度将加大，给未来一段时期江西经济增长带来一定压力。

（三）产业结构偏重、能源结构偏煤的局面调整难度较大

一是偏重的产业结构难以在短期内根本性调整。2020年，江西三次产业结构比重为8.7∶43.2∶48.1，是长江经济带省份中唯一第三产业占比未超过50%的省份。传统产业仍然占主导地位，六大高耗能行业能耗占规模以上工业增加值比重高达87%，而其增加值占规模以上工业的比重仅为38.7%，这种经济结构具有一定的惯性，在短期内难以实现根本性调整。碳排放约束并不会因为我们的产业结构现状而降低尺度，江西既面临与东部地区发展差距拉大的压力，又面临被西部地区赶超的压力，转型一旦滞后，将难以在未来激烈的竞争中占据主动。二是能源结构调整的空间小难度大。江西缺煤、少水（能）、无油、乏气，属于典型的一次能源匮乏省份，能源自给能力严重不足，对外依存度高。2019年，全省煤炭消费占比62.4%，高于全国57.7%的平均水平，非化石能源占比仅为13.5%，低于全国15.3%的平均水平。当前，省内大型水电资源开发程度接近尾声，小型水电开发受到生态环境保护压力，太阳能、风能资源禀赋一般，受国家补贴退坡、环保约束、用地紧缺等因素影响，后续开发建设难度和不确定性加大，内陆核电发展政策尚不明确，依靠自身资源调整能源结构困难很大。

（四）碳排放总量处于低位水平，碳排放强度下降空间有限

2019年，江西能源活动二氧化碳排放量为2.0238亿吨，在全国列第20位（从高到低）；碳排放强度为0.834吨/万元，低于全国平均水平（1.090吨/万元）。按照未来5年GDP增速保持7%，碳排放强度下降19%（国家规划初定的全国目标）推算，江西未来5年碳排放的增量空间仅2700万吨左右。同时，江西人均GDP约为全国人均的75.8%，要在2035年追赶到全国平均水平，GDP增速须高于全国平均水平2个百分点，经济总量要达到2020年的3倍。这期间江西碳排放总量增长需求较大，面对国家碳排放总量和强度的硬约束，江西经济社会发展面临严峻的挑战。

四、江西推进碳达峰行动的有关建议

推进碳达峰行动是党中央作出的重大部署，既对江西未来的经济社会发展提出了挑战和要求，也为我们调整产业结构、转变发展方式、推动绿色发展提供了机遇。各地区、各部门、各行业必须充分认识碳达峰行动的重要性和紧迫性，立足江西实际，科学研判发展形势，及早行动，加强碳达峰碳中和路径研究，突出重点、补齐短板、发挥优势、掌握主动，以壮士断腕的勇气和决心，推动经济增长与碳排放深度脱钩，为碳达峰贡献"江西方案"，为建设美丽中国打造"江西样板"。为此应重点从"三个维度"来积极应对：

（一）从思想认识层面，把握和处理好"三大关系"

1. 处理好减碳和发展的关系

"碳达峰"最直接的体现是要求管控碳排放强度，实质是对社会实现能源转型和加强生态保护提出更高要求，将直接影响未来经济的高质量、可持续发展。"碳达峰"目标任务重、时间紧、压力大，欧美发达国家和地区从二氧化碳排放达到峰值到"碳中和"普遍有 50~70 年过渡期，而我国从 2030 年达到峰值，到 2060 年实现"碳中和"的过渡期只有 30 年。江西作为欠发达省份，在产业结构偏重、能源结构偏煤、地区发展差异偏大的基本省情下，推进"碳达峰、碳中和"，必然会伴随着发展"阵痛"，一些行业增长可能受限。因此，要避免"一刀切"政策，因地制宜制定不同地区的"碳达峰、碳中和"时间表，稳步调整经济结构、产业结构、能源结构，使二氧化碳排放与能源消耗逐步脱钩，实现更高质量、更可持续的发展。

2. 处理好碳排放增量和存量的关系

推进"碳达峰、碳中和"，是碳排放先减增量、再减存量的两阶段策略。到 2030 年碳排放达到峰值，意味着近 10 年允许逐年递减的碳排放增量，达峰后逐步减少碳排放存量，直至达到碳中和。因此，做好碳排放增量控制，是未来有效实现存量中和的前提保证，要在积极争取碳排放总量的同时，充分利用有限碳排放资源，加快推动生产方式和消费方式绿色转型，同步推进碳中和工作，把减碳、低碳、零碳发展作为实现高质量跨越式发展的重要路径。

3. 处理好能源供给和消费的关系

碳排放增长的根本原因在于经济增长过程中的化石能源依赖。短期来看，降低单位 GDP 能耗强度、控制能源消费总量是推进"碳达峰、碳中和"的关键着力点，长期来看，要求能源供给结构加快实现优化调整。因此，要从能源供给和消费两方面共同抓，一方面，大力开发和使用新能源，促进能源结构优化，加速推动用能权、碳排放权市场化交易；另一方面，大力发展低碳经济，推进重点领域节能减排，打破能源消费与碳排放之间的锁定。

（二）从行动举措层面，重点抓住"两个核心问题"、实施"三大提升行动"

1. 两个核心问题

（1）最重要的是优化能源结构。减排降碳等末端治理措施的空间和收益将逐步缩小，从根子上优化能源结构、实现能源革命成为推进碳达峰、碳中和的关键路径。

1）要持续降低化石能源消费占比。要从源头上强化能源消费管理，按照"十四五"全省煤炭消费基本不增长的要求，严格落实能耗双控制度，严控钢铁、水泥、平板玻璃、焦化、有色金属等高耗能行业新增产能，推进钢铁、水泥企业用电实行阶梯和差别电价，进一步压缩煤炭消费。合理控制直至停止新增煤电装机规模，推进燃煤电厂灵活性改造，挖掘燃煤机组调峰潜力，提高系统调峰和新能源消纳能力。同时，大力度压减散煤消费，结合各地实际，有序推进"煤改电"、"煤改气"，持续降低化石能源消费占比。

2）要将外购电力作为能源消费的重要补充。受省内支持性煤电建设滞后影响，江西自2018年以来连续出现高峰时段用电紧张情况，风能、太阳能在用电高峰时段呈现"大装机、小出力、保供难"特征，波动性、随机性大。据了解，2023~2025年，全省亟待再补充800万~1200万千瓦的稳定电力供给能力。从中长期来看，京津冀鲁、中东部和南部地区普遍存在较大电力缺口，送端电源资源和跨区直流通道竞争将十分激烈，江西要尽快谋划第二回特高压直流输电通道，全力争取各方支持，将其纳入国家"十四五"能源电力规划。当前，江西、湖南均与宁夏签订了第二回特高压相关合作框架协议，江西要进一步加强与湖南、宁夏两省沟通，共同推动宁夏输电通道落点华中地区、送电江西。

3）要因地制宜发展非化石能源。江西风电资源属于国家最弱的四类地区，光伏资源属于国家最弱的三类地区，并受制于土地、林地等因素，风电、光伏发电量贡献能力有限。同时，全省天然气消费总量30亿立方米，占一次能源消费比例约4%（全国约为8.4%），具有一定的增长空间。对此，江西要积极引导和支持工业企业生产使用管道天然气或者液化天然气，大力发展天然气分布式能源，推动生物质发电规模化利用。同时，要将核能作为碳中和的重要能源选择，予以持续关注，及时跟踪国家对于内陆核能发展的政策方向，有序做好准备工作。

（2）最关键的是建立健全绿色低碳循环发展的生产体系。在应对气候变化、全球低碳转型的大趋势下，低碳的产业结构是现代化的标志和核心竞争力的体现，对不同项目、不同产业要实行差别化政策，以战略眼光进行超前布局，既满足当前经济增长需要，又确保碳达峰、碳中和目标顺利实现。

1）要积极发展新兴产业。新兴产业对经济增长的碳排放削减量优于传统产业，应大力推动新兴产业发展，提升新能源、新材料、新一代信息技术、高端装备制造、生物等新兴产业的资源要素集聚能力，既能有效替代传统产业压减对经济造成损失，又能提高产业整体碳排放削减贡献度，促进碳达峰碳中和。具体来说，深入推进数字经济"一号工程"，实施新一代信息技术与制造业融合发展行动，加快培育物联网、VR、人工智能、区块链、北斗导航等数字经济新动能，力争数字经济增加值于2022年占GDP比重达到45%。推进南昌大数据中心和城市云平台建设，加快实现"信息孤岛全打通、数据资源全共享、网上审批全覆盖"。深入实施"2+6+N"产业高质量跨越式发展行动计划，推进优势产业集群提能升级计划。重点发展铜基、钨基、钢铁、半导体等新材料和稀土功能材料产业，加大投资力度，谋划一批试点示范项目。推动赣州加快建设新能源汽车科技城，培育壮大整车及动力电池、电机、电控等关键零部件龙头企业，打造"整车+零部件+研发+检测+汽车文化"的完整产业链格局，形成全国有名的新能源汽车产业基地。积极发挥新余赣锋锂业等新材料企业突出优势，超前布局新材料前沿科技和产业化运用，创建全国性新材料产业重要基地，打造世界级新材料产业集群。持续深化绿色有机农产品示范基地试点省建设，积极推广农业种养循环模式和清洁农业模式，加快发展现代物流、工业设计、全域旅游等现代服务业。基于每年有约28%的人造甲烷是反刍动物产出，长期存在着耗能大污染高的影响，要发挥南昌大学食品科学与工程专业位居全国前列的优势，探索发展"人造肉"（植物蛋白肉）技术，积极探索植物蛋白肉行业布局，在南昌等绿色食品发展较好的重点城市开展试点，推动江西绿色食品产业快速发展。

2）要推动传统产业有序健康发展。江西传统产业约占工业比重的70%，传统产业优化升级的潜力较大。从2020年工业技改投资占工业投资比重来看，江西为37.8%，较河北、湖北分别低了25.3个、7.4个百分点。据了解，总部位于德国的跨国公司海德堡水泥，计划在2030年前通过引入碳捕捉和碳储存技术将挪威的一处工厂改造为世界首个实现零排放的水泥工厂。因此，江西要加快在钢铁、石化、建材等领域推进全要素全流程全产业链改造，对标国际先进水平，推动生产线节能降碳环保改造和绿色化升级，大力淘汰落后产能、化解过剩产能、优化存量产能。具体来说，要深入实施传统产业链优化升级行动，提升钢铁、石化、建材等传统产业生产工艺、技术装备、管理效能，加快推行工业锅炉（窑炉）节能改造、电机和变压器能效提升、余热余压高效回收和循环利用、节能产业培育等工程，切合江西实际，稳步开展传统产业企业零排放试点，有序推进九江石化PTA、PET等项目落户建设。支持鹰潭大力推广循环经济，支持建设鹰潭国际综合港经济区，推进江铜集团在铜产业精深加工、废渣废水综合利用等领域加强技术攻关，推动铜产业转型升级，加快打造有色金属万亿产业。

制定全省限制类、淘汰类高耗能高污染产业目录。针对钢铁、建材、电解铝等碳排放重点行业,"一产一策"制定碳排放重点行业碳达峰行动方案。严格执行高耗能产品能耗限额标准,加强重点用能单位节能监管。

3)要紧跟国家最新政策,在未来低碳环保产业发展中占有一席之地。我国在示范运行的各类碳捕集、利用与封存(CCUS)项目已超过 20 个,国家层面已启动氢能顶层规划工作,20 余家大型能源央企跨界氢能产业,年底预计有超过 8000 辆燃料电池商务车、100 座加氢站进入示范运营中。江西要紧盯国家政策导向,加强与大型央企对接力度,做大做强低碳环保产业。具体来说,奋力推动光伏、新能源汽车等产业加快发展,适时适度推动氢能、核能、生物质能等产业发展,完善新能源产业配套设施建设。加快推进晶科能源光伏基地建设,推动上饶加速打造千亿光伏产业集群。深耕环卫电动化、节能环保设备等领域产业发展,争取 CCUS 项目落户江西试点。围绕钢铁水泥等高耗能行业的产品再生、生活垃圾等废弃物的能源化利用、动力电池回收利用等再生资源回收利用,进一步做大做强节能环保产业。

2. 三大提升行动

(1)加速低碳技术研发推广。低碳技术应用是加快实现"碳达峰、碳中和"的重要驱动力,建议适时提出以高效用能为重心的低碳科技发展战略,积极抢占低碳科技高地。

1)要加快推广节能低碳技术应用。重点探索采用基于工艺改造的脱碳路线,着力发展氢能、零碳炼钢、零碳化工、碳捕集利用和封存等二氧化碳减排、去除及中和的技术,推动数字化信息化技术在节能、清洁能源领域的创新融合。设立低碳科技专项,针对低碳能源、低碳技术、碳排放控制管理等开展科技创新。采用产学研用相结合的模式推进技术创新成果转化成示范应用。

2)要提升储能和调峰能力。积极推进抽水蓄能电站、电化学储能等电力调峰设施建设,有序实施省内煤电机组灵活性及节能降碳改造,纵深推进储能、"互联网+"智慧能源等新能源技术研究及应用,以技术突破提升系统调峰和新能源消纳能力,缓解江西能源供给的承压现状。

3)要推进林业技术攻坚。集中江西林业科技资源,重点实施以樟树、油茶等为主的科研创新专项,推进新技术集成应用、新品种培育开发、新成果示范推广,力争在森林经营、林业修复、产业升级等领域取得一批自主创新成果。

(2)持续推广绿色低碳生活方式。实现"碳达峰、碳中和"的目标,离不开全社会低碳意识的增强,应在需求侧大力推行绿色交通、绿色消费、推广碳普惠制度等生活方式。

1)要大力推广新能源汽车。例如,北京市提出 2025 年前力争实现氢燃料电池汽车累计推广量突破 1 万辆;上海市提出到 2025 年个人新增购置车辆中纯电动汽车占比超过 50%。江西要继续推进公交客车电动化,进一步提升公共服务领域车辆中新能源汽车占比，鼓励私人购买、租用新能源乘用车，加快充电基础设施建设，优化新能源汽车使用环境。

2）要推行绿色消费。积极发挥南昌、赣州等国家低碳试点城市作用，倡导低碳绿色生活方式和消费模式。对现下出现的网购、快递、外卖、共享出行和夜间经济等新兴消费模式，从绿色设计、中间环节（包括物流、运输、包装等）以及企业责任延伸（包括回收处理、以旧换新等）等环节纳入绿色低碳理念，将节能降碳转化为个人的行为自觉。

3）要大力推行碳激励制度。推广抚州等地碳普惠制，对企业、家庭、个人的低碳行为量化赋值，形成商业激励、政策鼓励和核证减排量交易等正向引导机制。依托生态文明宣传月、节能宣传周、世界低碳日、世界湿地保护日等活动加强政策宣传引导，提升全民降碳意识，形成低碳生活方式。

（3）提升生态系统碳汇能力。森林在区域和全球碳循环中起着关键性作用，科学研究表明，森林蓄积量每增加1亿立方米，可以多固定1.6亿吨二氧化碳。森林碳汇虽然有巨大潜力，但江西森林覆盖率、湿地保有量和基本农田均保持在稳定水平，全省生态系统碳汇增长潜力将非常有限。结合江西实际，在提升生态系统碳汇能力方面作如下部署：

1）要稳定森林覆盖率和森林质量。全面开展国土绿化行动，继续实施天然林保护、退耕还林、防护林建设、公益林管护等林业生态重点工程，推进重点区域森林"四化"建设。进一步完善生态公里林补偿机制，逐步提高补偿标准。开展林业碳汇项目开发试点，打造符合省情、具有社会公信力的林业碳汇产品。

2）要增加农田碳汇。加强农田保育，改进农耕方式及种植技术，增加土壤有机碳储量。实施化肥农药减量行动，提高化肥农药利用率和有机肥料施用量。持续开展农膜回收利用示范建设，完善废旧农膜等回收处理制度。实施秸秆综合利用行动，积极探索和推广秸秆发电、秸秆气化等综合利用方式，推进秸秆收储运专业化、标准化、市场化。

3）要增加湿地碳汇。实施退耕还湿、退渔还湿、湿地补水等保护修复工程，建立以国家公园、湿地自然保护区、湿地公园为主体的湿地保护体系，防止湿地面积减少，保护湿地生物多样性，提升湿地生态系统碳汇功能。

（三）从制度体制层面，完善"两类配套政策"

1. 完善正向激励机制

推进碳达峰、碳中和，不仅是在碳排放上做减法，而且要在生态产品价值上做加法，充分发挥好市场在配置资源中的决定性作用，借助价格、供求、财税等机制，充分调动各方积极性。

（1）加快构建绿色金融体系。创新绿色信贷、绿色债券、绿色发展基金、绿色保险、碳金融等金融工具，并完善财政、环保等有关政策配套。推动绿色信贷资产证券化，通过再贷款和建立专业化担保机制等措施支持绿色信贷发展。研究制定政策降低绿色债券融资成本，支持符合条件的绿色企业上市融资，支持已上市绿色企业通过增发等方式进行再融资。支持设立各类绿色发展基金，通过放宽市场准入、完善公共服务定价、落实财税和土地政策等措施支持绿色发展基金所投资的项目。鼓励保险机构创新绿色保险产品和服务，支持开发针对企业低碳转型过程中风险管理需要的碳保险等。发展各类碳金融产品和衍生工具，如碳远期、碳掉期、碳期权、碳租赁等。

（2）推进碳排放权和用能权交易体系建设。加快江西省碳排放权交易中心建设，积极参与全国碳市场，打造省重点排放单位碳排放配额分配、履约、清缴系统平台。健全碳排放权交易市场管理体系、交易管理制度体系和技术支撑体系，引导市场形成合理碳价。加快推进用能权有偿使用和交易，紧盯国家建设全国用能权交易市场工作进展，及时调整江西用能权交易政策方向。

（3）加快推动生态产品价值实现工作。出台江西关于建立健全生态产品价值实现机制的实施方案，在深入推进抚州生态产品价值实现机制试点和九江长江经济带绿色发展示范区建设基础上，继续打造一批示范基地，及时总结成功经验，推广资源变资本先进做法，探索生态产品价值可量化、能变现的绿色发展新路径。推进国家综合补偿试点，多渠道筹集补偿资金，积极探索综合生态价值核算计量等多元化生态补偿机制，加快形成完善的生态补偿政策体系。

2. 强化反向政策约束

企业是推进碳达峰、碳中和的"主力军"，在落实节能减排降碳过程中，可能提高企业投入成本，进而出现逃避责任等情况，应加强监察、惩戒措施，严格落实各方责任。

（1）完善节能监察制度。夯实能源统计工作，健全节能减排统计监测考核。探索建立跨部门联动的节能监察工作机制，强化节能监察部门联动执法。明确"两高"项目节能审查制度执行情况、重点用能单位节能管理制度执行情况等重点监察内容。

（2）落实碳排放权交易主体责任。根据国家有关要求，制定江西碳排放达峰行动计划，严格温室气体重点排放单位减排主体和核查机构的主体责任，强化对重点排放单位的监测，严厉惩罚欺诈、拒绝、阻挠检查等行为，有序扩大重点排放单位覆盖范围，完善第三方市场化核查机制。

（3）完善信用惩戒措施。对重点排放单位、核查机构、其他自愿参与碳排放权交易单位等主体发生的失信行为，依法纳入社会信用体系，予以记录和公开。

关于江西能源消耗与"产业结构偏重、能源结构偏煤、货运结构偏公"关系的简要分析

一、江西能源消耗的基本现状

近年来，江西以国家生态文明试验区建设为引领，推动经济和社会发展全面绿色转型取得积极成效。"十三五"时期万元 GDP 能耗累计下降 19.4%，全面完成"十三五"时期能耗强度目标任务，用全国倒数第 7 的能耗空间，跑出了全国第 5 的经济增速，有力推进了高质量跨越式发展。概括起来，江西能耗的基本现状是：总量不大、人均更低、效率不差。

（一）总量不大

2020 年，全国能源消费总量为 49.8 亿吨标准煤，江西能耗总量为 9808.58 万吨标准煤，列全国第 22 位，在中部六省中居倒数第一。"十三五"时期，国家下达江西的能耗增量控制目标为 1510 万吨标准煤，实际能耗增量为 1385 万吨标准煤，比国家下达的指标还低 125 万吨标准煤。

（二）人均更低

2020 年，全国人均能源消费量 3.53 吨标准煤，江西人均能源消费为 2.17 吨标准煤，人均能耗水平为全国最低。

（三）效率不差

江西万元 GDP 能耗由 2015 年的 0.502 吨标准煤下降到 2020 年的 0.4047 吨标准煤，比全国平均水平低 29%，比河南、湖北、湖南、山西等地理位置、发展阶段和产

业结构相当的省份低 35%，与北京、上海等东部省份水平相当，为全国节能作出了江西贡献。

二、"三偏"问题分析及其与能耗之间的关系

对"产业结构偏重、能源结构偏煤、货运结构偏公"这一问题应当全面、科学、辩证、历史地看待，特别是在分析三者与能耗之间的关系时要坚持实事求是。

（一）关于"产业结构偏重"

从江西内部来看，以初加工和原材料输出的重工业产业仍然是江西产业主体；但从全国来看，产业结构并不算偏重。2019 年，江西规模以上工业中重工业营业收入占比 71.6%，比全国平均水平（81.3%）低 9.7 个百分点，比以重工业为主的山西低 23.4 个百分点。2020 年，江西规模以上工业中重工业营业收入占比提升至 73.2%，但仍比全国平均水平（81.7%）低 8.5 个百分点。

表1　2019 年江西与全国及中部省份轻、重工业营收情况

地区	重工业		轻工业	
	营业收入（亿元）	占规模以上工业营收比重（%）	营业收入（亿元）	占规模以上工业营收比重（%）
全国	1057800	81.30	197800	18.70
江西	24944.10	71.60	9907.40	28.40
湖北	30179.79	66.40	15281.29	33.60
安徽	25392.47	69.42	11426.43	30.58
河南	35538.61	70.97	14537.97	29.03
山西	20267.43	95.00	1067.31	5.00

客观上讲，轻重工业比例高低不反映产业结构的好坏。将工业划分为轻工业、重工业，并不是分别质量"好差"，而是从生产资料和生活资料的角度进行划分的统计方式。

更重要的是，轻重工业比例不能反映单位产出能耗的效率。重工业的单位产出能耗未必一定比轻工业高。例如，2019 年，江西轻工业中造纸及制品业的单位产值能耗为 0.24 吨标准煤/万元，而作为重工业的非金属矿采选业单位产值能耗为 0.21 吨标准煤/万元，反而低 0.03 吨标准煤/万元。

因此，从全国来看，江西产业结构不算"偏重"，而且重工业的单位产出能耗不一定比轻工业高，江西产业结构"偏重"与能耗问题没有必然联系。

（二）关于"能源结构偏煤"

当前，江西煤炭消费比重超过六成，高于全国平均水平约 6 个百分点，能源消费结构呈现偏"煤"现象，主要原因在于江西发电是以煤炭为主。2020 年，江西煤炭消费量为 7977 万吨，其中电煤 4003 万吨，占比超 50%，每发一度电大约消耗 342 克标准煤。

虽然江西能源结构偏煤，但并不能因此而短期内大幅压减煤炭用能。长期以来，全省煤电发电量在总发电量中占比约 63%、保持较高水平，而在内陆核电暂停开发、新能源发电出力有限、天然气发电成本居高不下等情况下，煤电在江西电力系统的地位短期内是无法取代的。

相对于风电、水电，煤电的单位产出能耗尽管相对较高，但光伏等替代能源的单位产出能耗也不小。有研究表明，从全周期来看，光伏发电系统能耗环节包括制作硅砂、硅料、硅棒、硅片、电池、组件等，光伏发电从硅石到系统的总能耗约为 499.2 克标准煤/瓦，高于煤电单位能耗 157 克标准煤。此外，江西仍有很多小规模电机组在役，66 万千瓦时以下的机组占比达 57% 左右。研究表明，我国先进的煤电厂每发一度电只需 270 克标准煤，这意味着未来通过技术改造，江西煤电单位产出能耗还有进一步下降的空间。

因此，江西能源结构"偏煤"确实存在，电煤消耗是影响江西能耗的重要因素，但短期内大幅压减煤炭消耗并不现实，必须通过提升利用效率降低江西煤电单位产出能耗。

（三）关于"货运结构偏公"

与全国及中部地区省份相比，江西运输结构确实存在偏"公"问题。2020 年，江西社会货运量 15.7 亿吨，其中，公路货运量 14.2 亿吨，占比达 90.3%，比全国平均水平高出 16.5 个百分点，位居中部第一。但需要说明的是，受集疏运体系不完善、水运基础设施不足、公路运输价格持续走低和大宗工业产品货源较少、零担货运量较大等货源结构的综合影响，江西货物运输效率整体偏低问题更为突出。而且，公路运输与其他运输方式相比，更机动灵活。对方大特钢等货运物资量大的企业调研表明，考虑到铁路运输短倒费、服务费和运输损耗等因素，铁路运输在费用上几无优势，再考虑到运输的时间成本和产品销售对象的布局（销售半径一般在 200~300 公里），公路运输比铁路运输更节省成本，同时具备较高的销售效率，无疑是最优选。

从运输方式与能耗的关系来看，公路、水运、航空等运输方式的能耗一般主要集中在油耗上。而在油耗中以消耗汽油、煤油和柴油三种为主，这三种油耗约占全社会油耗的 70%。根据相关测算，在等量运输下，铁路、公路和航空的能耗比为 1∶9.3∶18.6。但货运能耗还受车辆技术水平、交通条件、节能意识等影响。研究表明，我国的公路运输能耗要普遍高于发达国家，以汽油货车为例，我国汽油货车每运输 100 吨货物行驶 1 千米的汽油消耗达到 8.0 升，远高于英国和日本等国家。

因此，货运结构"偏公"确实存在，与货运效率偏低问题一起，成为影响江西能耗的重要原因，但短期内实现大规模"公转铁、公转水"还需付出较大努力，而且考虑到全省货运总量偏小、居中部倒数第一，对江西能耗总量影响有限。

表 2　2020 年江西与全国及中部省份运输结构相关情况比较

地区	公路（%）	铁路（%）	水运（%）	社会物流总额（亿元）	货运量（亿吨）	货物平均价值（元/吨）
全国	73.8	9.8	16.4	3000000	464.32	6463.22
江西	90.3	2.9	6.8	66817	15.71	4253.16
湖南	87.8	2.3	9.9	122824	20.09	6113.68
湖北	71.3	3.4	25.4	83273	16.04	5191.58
河南	88.4	4.7	6.9	161000	21.90	7351.60
安徽	65.1	2.1	32.8	70213	37.50	1872.35
山西	51.6	48.4	0.01	32600	19.02	1713.99

三、相关建议

综上所述，为避免误导和引起歧义，建议在阐述江西能耗问题时，不与"产业结构偏重、能源结构偏煤、货运结构偏公"直接挂钩。在当前"双碳"及"能耗双控"背景下，"产业层次偏低、绿能（绿色能源）比重偏低、货运效率偏低"更应是我们关注的主要问题，应该聚焦聚力，采取有力措施加以解决。

（一）大力提升单位 GDP 能耗低和单位 GDP 排放低的产业占比，着力解决"产业层次偏低"问题

提升单位 GDP 能耗低和单位 GDP 排放低的产业占比，发展高层次、高附加值产业，应是江西优化产业结构的方向。一是着力提升单位 GDP 能耗低的产业占比。结合落实能耗"双控"目标，坚决遏制"两高"项目盲目发展，加快淘汰落后产能和过剩产能，推动原材料工业向精深加工发展、装备制造业向先进制造方向发展，增加工业

品加工环节和生产精深度，"吃干榨净"生产资源，延伸产业发展链条，提高资源利用率和产品附加值。二是着力提升单位 GDP 排放低的产业占比。以智能、绿色、质量、安全等为方向，开展新一轮技术改造，持续推动传统产业工艺装备升级、新产品研发应用以及新模式新业态普及。提升产业链供应链聚集整合能力，开展低碳、零碳、负碳等重大技术攻关，推进低碳、近零碳城市建设，构建绿色低碳循环发展经济体系，促进经济社会发展全面绿色转型。

（二）加快优化江西能源结构，着力解决"绿能占比偏低"问题

煤炭是江西的基础能源，是江西经济发展的基本保障，这是由江西的能源资源禀赋决定的。提升绿色能源占比，是江西优化能源结构的主要方向。应在逐步减少化石能源消费的同时，推动能源多元化、均衡化发展。一是推动化石能源清洁高效利用。促进煤炭产业高质量发展，严格限制钢铁、化工、建材等"两高"行业盲目发展，坚决淘汰落后产能，引导能耗高于全国平均水平的低效产能有序退出。有序推进"煤改电"、"煤改气"，推动散煤使用清零。提高煤电效率，大力推动煤炭等化石能源清洁高效利用，进一步降低现役煤电机组能耗，提升灵活性和调节能力，推广使用 100 万千瓦及以上的大功率电机组。统筹煤电发展和保供调峰，确保能源保障供应安全。二是加快推进新能源开发利用。实施可再生能源替代行动，坚持集中式与分布式并举，加大新能源开发利用力度，因地制宜采用太阳能、风能、地热能、生物质能多种清洁能源。积极争取国家支持江西更多平价气源，在天然气调运、管道开口对接等方面给予支持，不断优化天然气利用结构。三是加速构建新型电力系统。健全以新能源为主体的新型电力系统，探索"新能源+储能"发展模式，提升新能源并网友好性和稳定支撑性。充分挖掘雅湖直流送电潜力，继续争取其他跨区域输电通道落地江西，拓展引入区外优质电力，扩大省外清洁能源引入规模。

（三）推进江西运输体系现代化建设，着力解决"货运效率偏低"问题

以最小运输成本获取最大利润，是货物运输效率提升的核心要求。在新发展格局下，货物运输将发生辐射范围、流向和流量的巨大变化，这要求江西不断提升货物运输效率，实现以最小运输成本获取最大利润。一是加快多式联运建设。从多式联运全链条角度，统筹区域内铁路、公路、水运、航空等多种交通方式，形成"铁、公、水、空"有效衔接的多式联运发展格局。推动南昌、赣州、九江、鹰潭国家物流枢纽建设，扩大九江水运口岸对外开放，抓好上饶、宜春、鹰潭等区域性物流枢纽建设。加快多式联运示范工程项目建设，在具备转运能力的物流园区域设立多式联运节点，使各交通枢纽与专业物流市场、仓库紧密衔接，建立集约化物流。进一步打通省际间、相邻市、市县间的联系通道，加密大城市高速公路、国省干线和城际快速通道网络，推动节点城市间由"互联互通"走向"直连直通"。二是大力发展智慧交通与智慧物流。

发展智慧交通，推动各运输方式分工合理、有效衔接和降低空载率。规划建设一批快速消费品、冷链、农产品、药品、家电、电商、家具等配送中心和县级区域物流中心。推动大数据、互联网、人工智能与区块链等新技术与交通行业深度融合，广泛应用于物流运输、仓储、包装各个环节。搭建区域一体化的物流信息平台，整合省内相关物流信息和社会资源推动智能物流。以城市绿色货运配送示范工程为载体，完善配套设施，加大新能源配送车辆的推广应用力度，加快物流装备升级改造，推进物流包装绿色转型，加大标准化托盘、标准化周转箱的推广应用力度，提高物流全过程绿色化低碳化水平。

江西建立健全生态产品价值实现机制的路径分析和对策建议

一、江西推进生态产品价值实现的现实基础

2022年2月19日召开的中央全面深化改革委员会第十八次会议对《关于建立健全生态产品价值实现机制的指导意见》进行了审议并通过，文件提出要探索政府主导、企业和社会各界参与、市场化运作、可持续的生态产品价值实现路径。江西作为长江经济带唯一兼具国家生态文明试验区和生态产品价值实现试点的省份，在生态产品价值核算、资源确权、产权抵押、价值转化、厚植生态优势等方面进行了先行探索，其中很多举措都形成了可复制和推广的重要经验。

（一）确权核算先行探索

先后推动自然资源资产负债表编制、江西省自然资源统一确权登记和生态产品价值核算试点工作，进一步明确绿色发展考核、生态补偿资金测算、生态产品市场流动依据。江西省自然资源厅探索编制自然资源资产负债表，牵头全省自然资源统一确权登记工作。江西省市场监督管理局起草《生态产品价值评估与核算技术规范（征求意见稿）》，规范了生态系统生态产品总值的核算步骤、定价以及核算方法。抚州市在全省率先启动确权登记，已基本完成集体林权、农村土地承包经营权、农村集体资产所有权确权。同时，对土、林、水资源实物量账户进行核算，2019年，全市GEP总值达到3907.6亿元，是当年GDP的2.59倍。

（二）平台功能逐步拓展

持续推进交易平台建设，创新经营开发模式，生态产品加快实现"价值转化"、"增值溢价"。江西省公共资源交易集团完成省综合环境能源交易系统建设，同步完成

碳中和子系统完成建设，实现林业碳汇、用能权、排污权、水权交易统一平台管理和会议、景区、个人等场景下的碳排放计算与在线碳中和功能。资溪县在全省率先创建"两山银行"，对县域生态资源通过产权赎买、使用权租赁、公司股份合作、特许经营等方式进行整合，实现资源的规模化经营，平台化运作，提升了生态资源的集约化和规模化利用水平。婺源县整合村落建筑物产权，打造综合旅游经济体，形成引领中国最美乡村旅游转型的"篁岭模式"。

（三）绿色金融加快创新

以国家绿色金融改革试点为契机，积极创新绿色信贷、绿色担保、绿色债券、绿色保险等金融产品。截至 2021 年 2 月底，全省绿色贷款余额 2290.3 亿元，绿色直接融资达 771.8 亿元。抚州市创新"信用+多种经营权抵押贷款"、"古屋贷"等融资产品，"绿碳美元基金"项目加速落地。共青城市以畜禽养殖许可权作为核心抵质押物，率先推出"畜禽洁养贷"专属信贷产品，获得央行肯定。赣江新区在全国首创"气象+价格"综合收益保险、"保险+期货"成本价格保险、养殖饲料成本价格保险、家庭装修污染责任险等绿色保险产品。

（四）支撑政策相继出台

出台多项文件生态产品价值实现地方文件，生态产品价值实现的制度建设不断向纵深推进。抚州市出台《绿色金融支持抚州生态产品价值实现机制试点方案》等 19 项试点制度，有 4 项改革举措入选国家推广清单。井冈山市、婺源县等市县制定了生态产品价值实现机制试点实施方案，在生态产品供给、消费、监管等方面开展探索。高安市、铜鼓县等市县编制了《国家生态综合补偿试点实施方案》、《国有森林资源资产有偿使用办法（试行）》、《水权试点实施方案》，为完善全省"两山"转化政策体系提供了有力支撑。

江西推进生态产品价值实现取得了一定成效，但要实现国家提出的"2025 年有效化解生态产品'难度量、难抵押、难交易、难变现'等问题"的目标，仍需突破"四大瓶颈"。一是价值核算瓶颈。调节服务类生态产品核算方法仍在探索阶段，核算标准存在地区差异，缺少国家标准。例如，水源涵养价值，浙江参照水库造价和运营成本核算，江西则参照水价核算。二是基础数据瓶颈。统计部门仅负责调度各部门数据，森林资源实物量等数据采集自动化程度低，部分数据存在推算情况。浙江则制定了精准化数据清单，拓展了部门数据融合路径。三是交易规模瓶颈。江西环境权益交易尚处试点期，覆盖面窄、交易额小、参与度低，排污权交易仅有造纸、印染、火电、钢铁、水泥 5 个行业开展试点。四是金融政策瓶颈。江西现有金融机构政策、规则体系与生态产品价值实现匹配度不高，对评估价值认可度低，金融风险主要依靠政府财政分担，比如抚州市绿色贷款额度 80%由市财政分担风险。

二、江西推进生态产品价值实现的路径分析

深入总结推广各地改革试点经验，重点在确权、核算、供给、交易、制度等关键环节取得新突破，努力走出一条生态产品价值可量化、能变现的绿色发展新路。

（一）深化产权制度改革，巩固产权基石

一是普查生态产品。以第三次国土调查、森林资源二类调查等资源普查成果为基础，全面开展全省自然资源负债表编制，建立能够体现江西山、水、林、田、湖等生态资源优势的生态产品目录清单。二是确权生态产品。在不动产统一登记及全省自然资源确权的基础上，扩大全省水流、森林、山岭、草原、荒地、坦途以及探明储量的自然资源等国土空间自然资源所有权登记范围，逐步实现确权登记的全覆盖。三是活化生态产品。完善自然资源有偿使用制度，全面推进农村承包地、宅基地"三权分置"，深入开展林权、水权、河权等自然资源权属改革，丰富自然资源资产使用权权利类型，拓宽生态产品向资产转换通道。

（二）健全价值核算制度，确定产品估值

一是制定生态产品价值核算实施方案。推广资溪试点经验，尽快编制出台生态产品价值核算实施方案，明确全省生态产品价值核算步骤、分工和时间表。二是出台GEP核算地方标准。出台与联合国统计局的生态系统核算技术指南相衔接、与江西生态资源基础相适应的GEP核算地方标准，明确物质产品、调节服务和文化旅游服务三类生态产品的价值核算方法。三是建立GEP核算统计报表制度。设计包含生态系统监测、环境与气象监测、社会经济活动与定价以及地理信息4类数据的统计报表，按照GEP核算对数据的要求，牵头部门严格报表制度各个环节，要求数据来源规范化，数据填报精确化。四是建设生态产品价值自动化核算系统。完善"生态云"平台自然资源数据搜集管理和GEP核算功能，依托遥感、物联网等技术，提升数据精度，实现资源网络化管理、价值自动化核算。

（三）延伸生态产品产业链，扩大市场供给

一是发展特色种养业。高标准建设全国绿色有机农产品示范基地，大力发展江西具备种质资源优势的生态农业，壮大茶叶、绿茶、富硒农业等特色产业，适度提升种植规模。依托独特气候资源，探索"赣十味"、"赣食十味"中药材生态种植模式，打

造道地药材重要生态种植基地。二是发展环境敏感型产业。依托洁净空气、清洁水源，适度发展药材加工、医疗器械、集成电路等产业，争取中国科学院120米大口径射电望远镜选址落户江西，推动生态优势转化为产业、创新优势。三是发展生态文化旅游产业。依托优美生态环境，打造一批生态旅游样板、红色旅游精品、工业旅游典范。推广乡村旅游转型"篁岭模式"，鼓励农民以资源流转、入股分红等方式，与社会资本合作开发生态旅游。

（四）搭建功能性平台体系，拓展交易空间

一是组建自然资源运营管理平台。推广资溪"两山银行"试点经验，推动自然资源一体化收储、平台化运营，打通资源整合收储、资产整理、资本引入、运营发展等关键环节。二是升级环境权益交易平台。推进省综合环境能源交易系统二期项目建设，扩大交易产品品类，打造全省环境权益交易的"总门户"。加大对绿色增量、清水增量等责任指标交易方式的探索力度，在合适的时机纳入平台交易管理。三是拓展物质和文化服务生态产品供需对接平台。支持抚州市、赣州市设立生态产品交易中心。持续办好"绿博会"、"旅发会"等生态产品重大展会，丰富生态产品交易形式，组织云交易、云招商等。加强生态产品宣传，吸引更多电商和平台设计生态产品专区，同时鼓励优质的生态产品打开线上渠道，收获更大市场。

（五）完善激励约束机制，强化政策保障

一是健全产品交易激励机制。健全多元化生态保护补偿机制，加大生态功能区的财政转移支付力度。推广"抚州碳币"模式，引导全社会自觉践行绿色消费。健全风险缓释机制，鼓励更多社会资本进入生态产品交易市场。优化政府采购目录，将更多符合生态产品认证评价标准的产品纳入政府采购范围。二是完善产品质量管理体系。加快建立生态标签产品认证目录、评价规则等，完善统一生态标签产品认证结果采信和奖补机制。依托全省农产品追溯平台，建设全域生态产品质量可追溯系统，强化生产过程控制措施，确保生态产品安全。三是创新绿色金融支持机制。对开展"生态资产权益抵押+项目贷"、"生态资产权益抵押+项目贷+信用贷"、"古屋贷"等金融产品创新的机构，参照小微企业授信尽职免责及不良贷款容忍制度。探索建立绿色金融风险补偿机制，降低金融机构开展绿色金融业务风险。四是健全工作考核制度。建立健全生态资产保护规划、绩效考核和责任追究制度，把生态资产供给能力等指标纳入各县（市、区）目标考核统计指标体系，对重点生态功能区取消经济发展考核指标。

三、近期工作建议

目前，全国仅有江西抚州、浙江丽水两个国家生态产品价值实现机制试点城市，建议进一步巩固江西国家生态产品价值实现机制试点优势，先行推进以下六个方面工作：

（一）率先出台生态产品价值实现机制实施方案

抓紧推进《江西省建立健全生态产品价值实现机制实施方案》编制工作，争取紧跟国家《指导意见》第一时间发布。

（二）建立生态产品价值实现部门联席会议制度

联席会议由江西省发展改革委牵头，省自然资源厅、生态环境厅、统计局、文旅厅、农业农村厅等相关部门参加，负责检查、调度生态产品价值实现机制落实情况，协调解决相关重点难点问题，制订年度重点工作计划，部署重点事项。

（三）争取相关技术规范上升为国家标准

尽早发布《"两山银行"建设和服务规范》、《生态产品价值评估与核算技术规范》地方标准，适时在各设区市选取1~2个县启动试点。争取2022年底前按照国家标准制定程序，全面提炼试点成果，提交国家标准报批稿。

（四）组建绿色金融国际机构

依托省金控集团，加强与外资机构沟通对接，组建市场化国际性碳金融集团。发挥省属国资优势，整合、引进或控股碳资管公司、第三方审定机构、清洁能源运营商等，完善碳金融产业链，抢占碳金融市场。

（五）加强生态产品市场跨区域对接

依托江西省综合环境能源交易平台，推动全省环境权益统一交易、信息共享，探索与周边省份建立环境权益交易与金融服务合作机制，做大市场"盘子"。积极争取土地指标跨区域交易试点。

（六）开展跨区域横向补偿合作

支持流域中、下游地区与上游地区、重点生态功能区建立协商平台和机制，优先在东江流域、渌水流域探索跨区域对口协作、产业转移、人才培训、共建园区等横向补偿方式。

以环境押金制为基础构建废弃物循环利用体系促进江西绿色低碳循环发展

——基于国内外环境押金制的研究与思考

习近平总书记在 2021 年中央经济工作会议上，对正确认识和把握初级产品供给保障作出了深刻阐述，强调要推行垃圾分类和资源化，扩大国内固体废弃物的使用，加快构建废弃物循环利用体系。

一、环境押金制是破解环境污染问题、促进绿色低碳循环发展的有效途径

环境押金制是指对可能引起污染的产品征收押金（收费），当产品回到储存、处理或循环利用地点时，退还押金。环境押金制作为生产者责任延伸制的一类，构建以环境保护为导向的市场机制，适用于生活垃圾中塑料、玻璃、纸基包装物、电池等低值废弃物的回收与再利用，具有成本低、污染少、效率高的优势，已在许多国家广泛应用。以环境押金制为基础，建立并不断完善固体废弃物循环利用体系，可以显著降低碳排放强度，助力实现碳达峰碳中和目标，对深入推进资源节约型、环境友好型社会建设具有重要作用。环境押金制有以下五个方面特征：

（一）法制性

环境押金制体现了"污染者付费"原则，需要有法律法规作为依据，对环境押金制的适用范围、押金管理、押金额度作出明确规定，以国家强制力保障实施。

（二）经济性

环境押金制是以经济手段刺激污染物的回收利用和鼓励环保制品的大量推广，收费被看作是"对不环保行为的惩罚"，而退还押金则是对"支持环保的奖励"，能够显

著提高固体废弃物的循环利用率，增强资源保障能力。

（三）公益性

环境押金制以保护环境为目的，能够促进生产者落实责任延伸制度、消费者自觉践行生态理念、回收者清洁安全回收、利废企业循环化利用，形成全社会齐抓共管的格局，推动生态环境持续向好。

（四）闭环性

环境押金制是一种全程性的综合治理手段，运用源头削减与循环利用两套手段，使原来的"开发资源—原材料—产品—废弃物"的线性生产过程，转向"开发资源—原材料—产品—废弃物—原材料"的环形流程，实现了环境污染源头控制和资源循环利用。

（五）市场性

环境押金制是一种相对能够自我运作的市场机制，通过押金的收取和返还，进一步规范和畅通了生产、销售、流通、消费、回收、利用的产业链条，政府则主要负责顶层设计和事中引导、事后监管。

二、国内外实施环境押金制的经验和启示

随着"垃圾围城"引发的环境问题的日益严重，减污降碳、垃圾分类、资源节约循环利用的要求越来越高，环境押金制在全球特别是发达国家得到广泛应用，取得良好成效。据经济合作与发展组织统计，全世界上已有 40 多个国家和地区实施环境押金制，以饮料包装为主的废弃物返还率均达到 40%～90%，其中金属罐返还率在 50%～90%，塑料饮料容器返还率超过 60%，啤酒等玻璃瓶返还率达到 90%～100%。这些国家在法律基础、适用范围、政府监管等方面各具特色，对于江西环境押金制的建立具有借鉴作用。

（一）从国际来看

1. 制定有关法律法规，是实施环境押金制的前提基础

德国早在 1991 年就出台了《包装废物条例》，规定对德国境内销售的包装类废物，必须采取相应措施进行回收利用并达到规定的回收利用率，2003 年颁发《饮料包装押

金规定》等文件正式开启环境押金制建设，德国塑料瓶、易拉罐安全回收率达到98%，生活垃圾体积减少40%～50%，废物再生利用率居世界首位。美国早在2008年前就已有15个州出台了州立的饮料包装废弃物环境押金制法案，回收利用率均达到80%以上，同未实施的州相比高出两倍。

这启示我们：应尽快推动环境押金制立法工作，明确为环境押金制的实施提供清晰的界定和约束，推动污染废弃物自愿回收模式向更为完善的环境押金制模式转变。

2. 较大地域整体推行，是实施环境押金制的重要保障

在德国、瑞典、挪威等环境押金制运行较好的欧洲国家都是在全国范围内实行该项制度。美国率先在9个州推行饮料包装废弃物环境押金制，一年内即实现可再生包装废弃物的市场份额超出当时全国平均水平的3倍，如今美国更多州实施了环境押金制，并延伸到更多品类和行业中。从实施效果看，在较大地域范围内整体推行环境押金制，能够更好形成生产、消费、回收、利用的产业链条，更好调动生产企业、利废企业等市场主体的积极性，实现经济效益和社会效益最大化。

这启示我们：应在江西全域范围内推行环境押金制，形成上下游联动、规模化利用的格局，确保环境押金制顺利实施，成熟后可向全国复制推广。

3. 逐步扩大适用范围，是实施环境押金制的主要途径

作为最早运行环境押金制的瑞典和挪威，从易拉罐先行先试，逐步扩大到几乎所有饮料包装以及汽车行业。德国环境押金制于2006年起不断扩展到一切对生态不友好的一次性饮料包装以及涂料包装、清洁剂包装等。美国部分州的环境押金制覆盖了饮料包装、铅酸电池、轮胎、杀虫剂包装等。

这启示我们：在明确环境押金制的适用范围时，应先从较易回收的塑料、玻璃等包装制品进行试点，取得一定成效后，逐步扩大到更多品类。

4. 建立运营和监管主体，是实施环境押金制的落地措施

具有押金收取和监管功能的系统运营机构是贯穿和协调生产者、消费者、回收者及利用者的纽带桥梁。德国依托本国双元回收体系，由政府及非政府组织共同操作形成合力。瑞典、挪威因其非政府组织对私营部门的较强约束力，采取政府制度配合，非政府组织成立非营利性公司负责运营实施。

这启示我们：应综合考虑我国及江西实际情况，在政府顶层设计下，成立由政府监管，由非营利性第三方组织、管理和运维的押金清算中心，承担本区域再生资源回收管理责任，为环境押金制的顺利实施奠定基础。

5. 合理确定押金额度，是实施环境押金制的核心关键

固体废弃物的押金额度太高会影响产品销售，受到生产商的排斥，额度太低会降低消费者投递废弃物的积极性，必须合理确定。丹麦将所有饮料包装物的押金费率统一定为0.14欧元，因其对不同产品价格占比不同，获得了不同的回收率，如占啤酒价格的30%，其回收率达到90%以上；仅占葡萄酒价格的4%，其瓶回收率只有50%左

右。韩国早期因押金水平定得太低导致群众投递意愿不强，押金退款率仅为千分之二。

这启示我们：应根据废弃物的尺寸、材料和危害程度等，结合企业承受力和消费者意愿，以合适的市场价格确定押金收取标准。

6. 健全回收利用体系，是实施环境押金制的重点支撑

瑞典将易拉罐送到熔炼厂熔化成铝锭材料，此过程所消耗的能量只占从铝矾土生产同样数量铝锭材料的 5%。日本对安全气囊、汽车报废残余等废旧汽车部件实行环境押金制，大大节省了原料，降低了成本。美国新罕布什尔州和缅因州对新汽车电池征收额外费用，消费者如果用旧电池换购新电池，可以享受一定的优惠折扣，有力促进汽车电池循环利用。

这启示我们：环境押金制是促进绿色低碳循环发展的重要引擎，有利于建立健全循环利用体系，推动固体废弃物的高值利用，培育壮大江西循环经济。

（二）从国内来看

还没有严格意义上的环境押金制的实践，只是在部分区域对单一品类开展了初步探索。例如，北京建设国内首条亚洲最大的再生塑料瓶生产线，这条线每年可回收处理约 6 万吨的废旧塑料瓶，占全市总废弃量的 40%，实现了瓶到瓶的原级循环利用。上海早年的塑料餐盒治理，由管理部门向生产一次性塑料饭盒的厂家收取每个 3 分钱的污染治理费，实现了 95% 的饭盒回收并被加工再利用。四川泸县、青神县自 2019 年起，通过开展农药包装物押金制回收试点，推动该品类回收率达 85% 以上，高出全国其他农药包装回收试点县（以财政补贴形式为主）平均水平 15 个百分点。这些局部性探索证明，在我国实行环境押金制也能取得很好的成效，但是在碳达峰碳中和的大背景下，单个环节或者小范围试点，无法充分发挥环境押金制对于推动资源再利用行业全链条协作、集群式发展、规模化降碳的巨大优势。

（三）综合来看

国外特别是发达国家通过环境押金制积极推进再生资源回收利用，减少对原生资源的开采，增强初级产品供给保障能力，是保障资源能源安全和推动碳达峰碳中和的必要途径。国内虽然有类似探索，但与国际上公认的环境押金制有较大差距。江西作为国家生态文明试验区，有条件，也有责任在全国率先探索实施环境押金制，充分展现江西在全国生态文明制度改革中的创新和作为，促进绿色低碳循环发展，打造固体废弃物循环利用体系建设的引领之地、标杆之地、示范之地。

三、在江西省推行环境押金制正当其时

当前，在处理固体废弃物过程中存在诸多问题，实施环境押金制既是破解这些问题的有效手段，有助于构建完善的固体废弃物处置利用长效机制，也已经具备制度创新的现实基础，可谓正当其时。

（一）从问题导向看，固体废弃物处理与资源化再利用适逢瓶颈、亟须突破

1. 污染治理亟待加强

大量生活垃圾中的低值废弃物难以回收，不仅导致资源浪费，留在环境中还造成各种污染问题。2020 年，全国产生的废塑料约 6000 万吨，填埋量 2100 万吨，焚烧量 2200 万吨，回收量只有大约 1600 万吨，另有 100 万吨被直接遗弃在环境中，废塑料总体回收率仅为 26.7%，焚烧的塑料不仅容易产生二噁英，而且会增加垃圾焚烧厂的烟气控制难度。从江西看，全省玻璃瓶回收率仅为 42%；塑料饮料瓶回收率虽然达到 80%，但清洁回收率仅为 20%；农药包装废弃物回收率为 31.7%，且主要来自 29 个农药包装废弃物试点县，通过地方财政补贴的方式进行强制回收，可持续性堪忧。全省废旧回收站约有 2100 家，其中 41% 属于夫妻店、作坊式回收站，小散乱现象依然存在，回收的废弃物乱堆放、不清洁转运、污染治理设施不完善情况突出，极易造成环境二次污染，对回收物再利用也造成安全隐患。

2. 再生资源供需失衡

不完善的再生资源市场导致江西再生资源供需两端失衡。从供给端看，部分省内企业低价回收固体废弃物，再运转外地进行再生产利用，本地循环经济产业产能"吃不饱"。例如，赣江新区某再生资源有限公司专门接收来自南昌周边部分地区的废玻璃，每年将 3 万~6 万吨的废玻璃卖给湖南等地的玻璃加工厂。从需求端看，本地企业因省内再生原料来源不稳定、采购价格偏高等问题，从省外高价购买。例如，鹰潭、吉安等地有着较好的循环利用基础，但当地废弃物再利用工厂需要从外省采购再生原料；百威雪津（南昌）啤酒公司每年需要耗费 1.25 亿元从湖北采购大量的玻璃啤酒瓶。

3. 循环产业有待规范

江西固废处理、资源化利用产业链发展规范化不足，缺少规模化的龙头企业，固废资源化水平较低，再生产品缺乏市场竞争力，市场效益不明显，尤其是制约循环产业发展的回收利用环节缺乏规范性。全省 3720 家利废企业，年产能 2 万吨以上的只有

10 家，绝大多数是小规模的回收处理公司，设施简陋，处理方式简单粗放，因此，现有的固废回收体系在一定程度上制约了利废企业壮大和江西循环利用产业发展。

（二）从现实基础看，在全省推行环境押金制具备基础、切实可行

1. 有法律基础

2009 年出台的《循环经济促进法》第四十六条明确规定，"国家鼓励通过以旧换新、押金等方式回收废物"。《中华人民共和国固体废物污染环境防治法》、《清洁生产促进法》等法律法规也对落实生产者责任延伸制、推动生产企业在生产过程中注重回收和再利用做出了明确规定。全国人大正在抓紧推进《循环经济促进法》的修订和资源综合利用立法等工作。

2. 有政策支持

近年来，国家和江西相继出台了进一步加强塑料污染治理、饮料纸基复合包装、动力电池、报废汽车等生产者责任延伸制度、加快废旧物资循环利用体系建设等一系列政策文件，强调"要引导生产企业建立逆向物流回收体系"、"加快构建废旧物资循环利用体系，加强废纸、废塑料、废旧轮胎、废金属、废玻璃等再生资源回收利用"等。特别是近日国家七部委联合印发实施《关于加快废旧物资循环利用体系建设的指导意见》明确，选择 60 个左右大中城市开展废旧物资循环利用体系示范城市建设，其中安排江西 2 个指标。

3. 有技术支撑

"互联网+回收"的技术和设备成熟，智能回收机能够精准识别、准确计数、快速支付，自动化分拣设备、逆向物流终端设备等比较成熟，为回收物快速、准确分拣和运输提供有力支持。依托物联网、互联网、云计算等技术构建环境押金制运营平台，能够确保业务可靠运行，物资流、资金流和信息流闭环可追溯。

4. 有实施条件

江西已经拥有较好基础的垃圾清运和资源回收利用体系，构建了较为完善的产业体系。从回收端看，以回收企业为主体的再生资源回收网络覆盖全省，主要覆盖废金属、废瓦楞纸、废旧汽车、家电等高值废弃物，即将于 2022 年 3 月 1 日起实施的《江西省生活垃圾分类管理条例》，将有力推动江西垃圾分类回收网络不断健全。从利用端看，江西利废企业主要集中在丰城、新余、贵溪等"城市矿产"示范基地，以及上饶市、万载工业园区、永丰县等国家级大宗固体废弃物综合利用产业基地，拥有格林美、龙一集团、保太集团等利废龙头企业。

（三）从未来发展看，创造美丽中国"江西样板"新机制效果可观、前景可期

1. 注入减污降碳新动能

推动废弃物回收和垃圾减量，打造全国零碳产业集聚高地，是江西全面提高资源

利用效率，充分发挥资源节约和减污降碳的协同作用，推动碳达峰碳中和工作的必然要求。经研究测算，每吨废钢代替天然铁矿石生产钢可减少二氧化碳排放 1.3~1.6 吨；每利用 1 吨废铜可减少二氧化碳排放约 2.5 吨；对产品进行再制造可节省 70%~98% 的新材料使用，可减少碳排放 79%~99%；按照国际通行标准，1 吨废塑料瓶、废玻璃瓶、废铝罐的减碳当量约为 2.2 吨、0.9 吨、11 吨，据此测算，江西实施环境押金制后，废塑料瓶、废玻璃瓶、废铝罐的回收率可提高至 90% 以上，仅这 3 项年减碳总量就可达 239 万吨，占全省碳排放总量的 1.2%。

2. 拓展循环经济新路径

以环境押金制为基础构建废弃物循环利用体系，将有力推动循环经济产业全链条发展，促进废弃物高值利用，并逐步实现再生原料取代原生原料，提高初级产品保障供应能力。江西在废金属、废塑料、废玻璃、废家电的循环利用有一定基础，通过回收领域的规范化，本省产生的再生资源能基本保证本省资源再利用企业获得比原生料低的生产原料，减少对来自外地价格较贵的再生料依赖，对区域循环经济发展贡献明显。

3. 开创生态文明新机制

在全省范围以环境押金制为基础构建废弃物循环利用体系，是江西深化推进国家生态文明试验区建设，探索具有江西特色的废弃物循环利用体系，打造美丽中国"江西样板"的重大制度改革和机制创新，将在全国首开先河，具备很高的复制推广价值，对于我国深化生态文明建设具有重大意义。

基于以上研究分析，在全省推行环境押金制，能够形成降碳、减污、扩绿、增长协同推进局面，实现经济效益、生态效益、社会效益"三赢"，意义重大、正当其时。

四、关于在全省推行环境押金制的对策建议

总体思路是深入贯彻习近平生态文明思想和习近平总书记视察江西重要讲话精神，深化国家生态文明试验区建设，在全国率先开展省域环境押金制，构建固体废弃物循环利用体系，探索形成可复制可推广的"江西经验"，促进全省绿色低碳循环发展，为推动实现碳达峰碳中和提供重要支撑。

（一）坚持制度化先行，夯实法治基础

法治建设是推行环境押金制的重要基础，要着力在省级层面构建相关法规制度。一是建立健全地方性法规。根据国家《循环经济促进法》等法律法规和规范性文件，

适时出台江西环境押金制有关条例、办法等，为全省推进环境押金制提供重要的政策依据。二是建立健全具体办法。根据确定的试点包装物品类，制定具体管理办法、回收举措和实施方案，明确环境押金制适用的物品种类、押金额、各方职责等。三是建立健全激励机制。对于符合准入条件的利废企业给予用地、租金、贷款等优惠，激发各方动力。

（二）坚持渐进化推进，实施全域统筹

江西环境押金制需遵循循序渐进、全域推行的原则，加快探索形成环境押金制"江西经验"。一是在产品范围上先试点再推广。按照"成熟一个，纳入一个"的原则，先选择啤酒瓶、矿泉水瓶、铝罐、纸基饮料包装盒等作为环境押金制品类试点。试点成熟后再逐一纳入其他回收品类，实现更多固体废弃物安全回收、循环利用，充分发挥降碳、减污、扩绿、增长协同推进作用。二是在地域范围上全省一体推行。构建覆盖全省的固体废弃物循环利用体系，形成生产、流通、消费、回收、利用全链条循环体系的闭环态，达到省级范围的数量级，保证环境押金制可持续运行。

（三）坚持市场化运作，强化引导监管

全面实行市场化运营模式，政府加强引导监管，确保环境押金制有效推行。一是建机制。将建立健全省域环境押金制纳入全省生态文明体制改革任务，由省生态文明建设领导小组协调推进相关工作，明确具体牵头部门，完善有关工作运行体制和政策制度体系。二是搭平台。建设全省环境押金制结算中心，由利废企业投资建立结算中心信息平台，指定某一省直事业单位、国有企业，或非营利组织等第三方独立机构负责运营结算中心。三是构链条。引导全省纳入环境押金制品类的大型生产企业、销售主体、回收再利用企业等市场主体接入环境押金制体系，形成以结算中心为纽带，以生产商、批发零售商、消费者、回收点、回收利用商为主体的完整产业链条。

（四）坚持资源化利用，发展循环经济

把推进环境押金制的落脚点放到促进绿色低碳循环发展上，实现回收物大规模资源化、高值化利用，助力提升江西经济社会发展"含绿量"。一是构建"两网融合"的回收体系建设。通过环境押金制的运行，对垃圾分类回收网和再生资源回收网进行串联和赋能，加快实现"两网融合"，构建更大范围、更高效率、更优价值的回收利用体系。二是构建运转高效的支撑体系。加强回收软硬件建设，建立健全"互联网+回收"体系，充分利用APP、网站、微信等，完善回收、清运、分拣等信息系统，实现线上线下结合、快速有效回收、全程可追溯。在有条件的社区、商场等公共场所设立智能自动回收机，实现居民就近投放、企业智能清点、押金实时返还。三是构建清洁循环的产业体系。严格按照高值化利用要求做好包装物集中收集、分拣和清运，严防

回收的废弃物造成交叉污染、二次污染。以丰城循环经济产业园、鹰潭贵溪铜产业园等国家级"城市矿产"示范基地为基础，布局一批再生资源产业集聚地，高标准建设国家级废旧物资循环利用体系示范城市，努力将江西打造成中部六省资源循环利用产业中心。推动再生资源供给与需求对接匹配，鼓励将固体废弃物作为原料替代原生资源，提高固废综合利用产品的政府采购比例，拓展综合利用产品市场空间。

（五）坚持全民化参与，提高群众获得感

环境押金制需要广泛宣传动员，推动全社会共建共享。一是开展立体式宣传。结合生态文明宣传月、节能宣传周等活动，通过网站、微信、电视、平台媒体等平台，广泛宣传环境押金制，凝聚全社会共识共为。二是培育自觉化行为。将环境押金制纳入各级党校、干部学院等干部教育体系，以及高等教育、中小学等国民教育体系，广泛开展绿色低碳循环生活行动，培养绿色环保、垃圾分类、包装物回收等良好生活习惯，形成全社会自觉行为。

虚拟电厂发展现状分析与对策建议

近期，多地出现区域性电力短缺，电力安全问题日益凸显，虚拟电厂越来越受到地方政府的重视。2022 年 8 月 26 日，深圳市虚拟电厂管理中心举行揭牌仪式，成为全国首家虚拟电厂管理中心，接入容量相当于一座大型煤电厂，将在解决缺电、稳定电力系统运行等方面起到较大作用。

一、虚拟电厂的概念与作用

（一）虚拟电厂的概念

"虚拟电厂"源于 1997 年《虚拟公共设施：新兴产业的描述、技术及竞争力》一书，是指一种通过先进信息通信技术和软件系统，实现分布式电源、储能系统、可控负荷等分布式能源资源（DER）的聚合与协调优化，以作为一个特殊电厂参与电力市场和电网运行的电源协调管理系统。其核心为"通信"与"聚合"，关键技术主要包括协调控制技术、智能计量技术及信息通信技术。

（二）虚拟电厂的类型

虚拟电厂主要分为三大类：一是以用电侧资源聚合为主。虚拟电厂运营商聚合其绑定的具备负荷调节能力的市场化电力用户（包括电动车、可调节负荷、可中断负荷等）作为一个整体（呈现为负荷状态）组建成虚拟电厂，对外提供负荷侧灵活响应，也称负荷型虚拟电厂。二是以发电资源聚合为主。顾名思义，在分布式电源发电侧建立虚拟电厂，也称电源型虚拟电厂。三是综合型。集合发电电源和负荷用电用户，作为独立市场主体参与电力市场，也称源网荷储一体化虚拟电厂。

（三）虚拟电厂的作用

1. "双碳"背景下电力供需平衡的重要手段

随着风电、光伏等大规模、分布式能源就地接入，使电力系统平衡、调节和支撑能力面临巨大挑战。近两年频发的电荒事件有很大程度是由于新能源发电和用电的供需错配，而虚拟电厂作为一个基于大数据参与电网运行和电力市场的电源协调管理系统，相当于电力智能管家。其能力体现在两个方面：一是预测，即预测风光电的消纳需求、社会用电需求及其所控资源的调节能力；二是调控，即命令其所控资源去配合风光电的消纳，响应电网调度。

2. 具有广阔前景的经济投资新热点

一是咨询机构 P&S 预计全球虚拟电厂市场将从 2017 年的 19.75 亿美元增至 2023 年的 55.10 亿美元。中国电力企业联合会预计 2025 年全社会用电量将达 9.5 万亿千瓦时，而最大负荷将达到 16.3 亿千瓦，假设可调节能力为 5%、投资成本为 1000 元/千瓦，预计到 2025 年虚拟电厂投资规模有望达到 815 亿元。二是国家电网测算，通过火电厂实现电力系统削峰填谷，满足 5% 的峰值负荷需要投资 4000 亿元；而通过虚拟电厂，在建设、运营、激励等环节投资仅需 500 亿~600 亿元，虚拟电厂的成本仅为火电厂的 1/8~1/7。

二、国内外虚拟电厂的发展动态和趋势

（一）国外虚拟电厂的发展

自 1997 年虚拟电厂概念提出以来，便受到欧洲、北美多国关注。2001 年起，德国、英国、西班牙、法国、丹麦等欧洲国家开始兴起以集成中小型分布式发电单元为主要目标的虚拟发电厂研究项目；同期北美推进相同内涵的"电力需求响应"。根据派克研究公司的数据，2009 年底，全球虚拟电厂总容量为 19.4 吉瓦，其中欧洲占 51%，美国占 44%；2011 年底，全球虚拟电厂总容量增至 55.6 吉瓦。澳大利亚、日本等亚太国家逐步加入虚拟电厂研究、部署行列。当前，全世界的电力行业正在迅速转型，虚拟电厂已形成欧洲、美国两种主要模式。

1. 欧洲——以发电资源聚合为主

欧洲是虚拟电厂发源地，虚拟电厂已进入商业化阶段，代表企业为德国的 Next Kraftwerke，其通过三种方式实现盈利：一是对发电侧进行能源聚合参与统一调控，避

免负电价带来的损失；二是参与电网侧灵活性调控和电力交易并实现最大化收益；三是参与需求响应并获取收益。

2. 美国——以用电侧资源聚合为主

美国太阳能资源较丰富，2021年，美国家用光伏装机容量已达到22.5吉瓦，实现家庭电力的自发自用，需求侧响应成为美国应对电力供应紧张的主要措施，并逐渐演化为虚拟电厂计划。其中代表企业为特斯拉，其与Power Wall使用者签订协议，参与需求侧响应并获取补贴收益。

表1　国外虚拟电厂示范工程

主参与国	工程名称	工程时间	资源类型	用途
荷兰	PMVPP	2007年	侧重发电侧	提高电网调峰调频能力
英国、西班牙等欧盟8国	PENIX	2009年	侧重发电侧	提高电网系统的稳定性、安全性和可持续性
丹麦	EDISON	2012年	侧重发电侧	平抑分布式能源接入后电力系统的大幅波动
德国、波兰等	WEB2ENERGY	2015年	侧重发电侧	验证和实施"智能配电"三大技术
美国	ConEdison	2016年	侧重用电侧	提高电网实时应用、调峰、调频能力
澳大利亚	光储VPP	2018年	综合型	降低用户电费，提高多能源系统稳定性

近期，太平洋燃气与电力公司联合特斯拉更是推出虚拟电厂试点项目。由此可见，虚拟电厂走红背后，是能源系统数字化转型浪潮来袭的体现。

（二）国内虚拟电厂的发展

2018年9月，由国家电网主导发起的两项虚拟电厂标准获得国际电工委员会（IEC）批准立项，成为全球这一领域首批国际标准，填补了行业空白。

国家发展改革委等部委印发了《"十四五"现代能源体系规划》、《关于加快建设全国统一电力市场体系的指导意见》，北京、山西、广东等省份也相继发布的"十四五"能源电力发展规划和碳达峰实施方案，均对发展虚拟电厂提出明确要求。

表2　部分省份虚拟电厂布局路线

时间	地区	主要内容	来源
2022年6月	北京	聚集大型商务楼宇、电动汽车和储能设施等资源，建设虚拟电厂	《北京市"十四五"时期电力发展规划》
2022年6月	深圳	计划到2025年前，建成具备吉瓦级（10亿瓦特）可调能力的虚拟电厂，能进行最大负荷5%左右的稳定调节	《深圳市虚拟电厂落地工作方案（2022—2025年）》
2022年6月	山西	加快推进虚拟电厂建设，扩大需求侧（储能）响应规模	《虚拟电厂建设与运营管理实施方案》

续表

时间	地区	主要内容	来源
2022年5月	浙江	推进虚拟电厂建设，促进可再生能源消纳。支持虚拟电厂、储能方参与市场交易，充分发挥其调峰、调频等辅助服务作用	《浙江省能源发展"十四五"规划》
2021年7月	广东	通过实施虚拟电厂需求响应，运用经济杠杆，引导电力用户主动削减尖峰负荷	《广州市虚拟电厂实施细则》

在发展历程方面，我国虚拟电厂起步于"十三五"时期，已有江苏、上海、河北、广东等地开展了电力需求响应和虚拟电厂的试点工作，可供参与虚拟电厂运营的控制资源体量庞大，可调负荷资源超过5000万千瓦。发展现状方面，我国虚拟电厂处于邀约型向市场化过渡阶段，其"邀约—响应—激励"模式具体为政府部门或电力调度机构发出邀约信号，虚拟电厂组织资源进行需求响应，激励电力用户调整其用电行为。资源类型方面，随着电力交易市场化的推进，我国虚拟电厂将向以现货交易为主要获益方式的交易型虚拟电厂转变。虚拟电厂项目也将从以聚合可控负荷为主，逐渐向聚合多种分布式发电、储能资源的综合型项目发展。

表3 我国虚拟电厂试点项目

地区	项目名称	运行时间	资源类型	主要内容
河北	国网冀北泛在电力物联网虚拟电厂示范工程	2019年12月	综合型	首个实时接入与控制蓄热式电采暖、可调节工商业、智能楼宇、电动汽车充电站、分布式光伏等11类19家泛在可调资源，容量约16万千瓦
华北	华北国网综能虚拟电厂	2020年12月	综合型	聚合15.4万千瓦可调资源参与华北电力辅助服务市场；累计对接筛查负荷20余万千瓦，成功接入可调负荷10万千瓦，按照当前接入水平计算，每天可创造23万千瓦时的新能源电量消纳空间
江苏	江北新区智慧能源系统虚拟电厂	2021年1月	综合型	通过串联分布式光伏、储能设备及各类可控负荷，参与电网调峰辅助服务市场，按需增减各类能源使用比例
安徽	安徽合肥虚拟电厂	2021年1月	综合型	实现光伏、储能、充（换）电、微电网等多种电力能源形式互联互动；合肥虚拟电厂接入光伏电站达120兆瓦，相当于新增一座可为18万户居民用户供电的电厂
浙江	国网浙江智慧虚拟电厂	2022年6月	侧重于用电侧	聚合3.38万千瓦响应资源参与省级电力需求响应市场，所有参与企业均达到补贴最大值
浙江	浙江丽水绿色能源虚拟电厂	2021年3月	侧重于水电发电侧	由全市境内800多座水电站组成，利用光纤、北斗通信等新技术，将全域水电发电信息聚合，进行智慧调度；可参与辅助电网调峰工作

续表

地区	项目名称	运行时间	资源类型	主要内容
上海	上海虚拟电厂	2021 年 5 月	侧重于用电侧	通过开展规模化的"削峰"、"填谷",虚拟电厂需求响应行动在不到 2 天时间内,累计调节电网负荷 56.2 万千瓦,消纳清洁能源 123.6 万千瓦时
湖北	武汉虚拟电厂	2021 年 6 月	侧重于用电侧	在武汉市东西湖、黄陂、汉口后湖、百步亭、南湖、东湖高新等区域局部降低监控负荷 70 万千瓦,折合电网基建投资 12.8 亿元
广东	国电投深圳能源发展有限公司虚拟电厂平台	2022 年 6 月	侧重于用电侧	由国家电投集团上海发电设备成套设计研究院牵头研发,参与广东现货市场交易并获利,平均收益为 0.274 元/千瓦时

三、江西发展虚拟电厂的必要性和可行性

(一) 江西推进虚拟电厂具有重大意义

当前,以可再生能源为代表的现代能源系统,正加速替代以油气为代表的传统能源系统。从能源生产、消费和配置各环节看,现代能源系统以电为中心、以电网为平台的特点日益显著。这些都对电网的安全、可靠、经济运行等提出新的挑战。虚拟电厂的提出是为解决这些问题提供了新的思路,对于面临"电力紧张和能效偏低矛盾"的江西来说,无疑是一种好的选择。这不仅可以减少电源和电网建设投资,还可以为企业、居民等参与者提供新增收入的渠道,实现用户和系统、技术和商业模式的双赢,是江西加快构建清洁低碳、安全高效现代能源体系的有效途径。

(二) 江西发展虚拟电厂具备良好基础

1. 政策红利释放形成先发优势

近年来,《关于支持江西省电力高质量发展的若干意见》、《江西省碳达峰实施方案》、《江西省光伏发电、风电项目开发工作指南(2022 年)》等一系列政策的出台,加速了江西电力各主体市场化的进程,有利于市场化电价形成机制向更灵活的方向发展,有利于提升市场主体范围。

2. 庞大市场需求形成强大牵引

全国电力系统的重要支撑需求、江西省内新能源的快速发展、电源结构与负荷结构的时空错配及源侧灵活性资源相对不足等条件为江西加快发展虚拟电厂提供了重要

机遇。同时，省内大工业用户 50% 以上为高载能用户，可控工业负荷、蓄热锅炉、储能设备、电动汽车等用户侧资源参与调峰市场的意愿强烈，市场基础扎实。

3. 数字经济发展形成强力支撑

江西加强数字产业赛道培育，电子信息、移动物联网、VR、新型显示等数字产业补链延链强链，加快了能源产业数字化智能化升级。上云企业累计突破 14 万家，工业互联网累计标识解析量达 4.7 亿次，建成全省数字化煤场平台，实时监测省内所有统调电厂电煤进耗存和发电出力。应用全省可再生能源大数据平台建设成果，进一步开发光伏发电项目信息管理系统，实现规划项目在线管理和建设项目在线调度。

四、江西推进虚拟电厂的对策建议

（一）充分借鉴经验，加强顶层设计

虚拟电厂的实施需要用户及大量私有分布式电源的支持，就要求江西省内相关部门积极宣传参与虚拟电厂的益处，并制定一系列的鼓励机制，从而在不同地区建立虚拟电厂试点项目。江西虚拟电厂可在政府主导平台建设和运营的同时，进一步完善激励政策和市场化交易机制，积极引入社会资本主导虚拟电厂建设和运营，加强"聚合商"培育。同时，机制设置要挖掘分布式资源和需求侧参与虚拟电厂的积极性，通过电价机制为需求侧节省成本，让分布式能源资源获得合理且明确的经济激励，引导多样化的布式资源参与虚拟电厂。

（二）分类引进企业，扩宽应用场景

当前虚拟电厂赛道主要有两网（国家电网和南方电网）、发电集团及从事电力系统智能化的服务提供商。其中，两网作为电力调度的主导者，是虚拟电厂发展的绝对核心，不论是提供辅助服务还是作为独立的电源并入电网，虚拟电厂都要在电网的框架下运营。发电集团是虚拟电厂发展中的"积极分子"，有必要通过布局虚拟电厂来强化未来在新能源市场中的话语权。电力系统智能化的服务提供商则分为两类：一类是针对用户侧，在提供分布式光储硬件设备的同时，配套提供虚拟电厂软件服务，帮助用户提升能源使用效率；另一类是围绕电网系统，通过协调其所服务的工厂、楼宇用电状况，响应电网调度，来获取收益。虚拟电厂已实现的负荷场景包括蓄热（电锅炉）、蓄冷（冷库）、商业楼宇（主要为中央空调与照明）、换电站、矿业、景区、大型工业负荷、储能等十余种场景。

（三）合理规划布局，完善运营机制

江西可在城区等负荷密集地区以可控负荷构成虚拟电厂，作为电力系统备用，或削减高峰用电；在乡村或郊区，以大规模分布式电源、储能等构成虚拟电厂，实现对系统的稳定和持续供电。一方面，为了避免投机行为以及不必要的购电支出，虚拟电厂的实施应由政府主导，系统调度机构和供电公司负责实施，并进一步完善现行的分时电价办法，鼓励和促进用电高峰时用户节电和分布式电源发电。另一方面，应区别对待不同类型的虚拟电厂，如以分布式电源尤其是可再生能源发电为主的供电虚拟电厂，以参与日期市场为主、实时市场为辅，辅助服务市场为补充；以可控负荷和少量分布式电源为主的备用或平衡虚拟电厂，以参与辅助服务市场为主、实时市场为辅。

（四）完善基础设施，强化技术支撑

虚拟电厂的运行需要先进的数字化技术，实现包括采集数据（如用户侧电、热、气、水等耗量、电厂运行情况、气象数据、市场价格信号、电网情况），安全便捷地在虚拟电厂、单个资源、输电系统运营商和电力市场间进行通信，准确调控等功能，需要充分引入先进通信技术，搭建虚拟电厂基础平台及运营平台，为各主体参与虚拟电厂建设提供完善的硬件基础设施。

探索全域推进生态产品价值实现新路径

——浙江最新实践对江西的启示

江西作为"中国最绿"的省份,"绿水青山"成色亮,"金山银山"底色足,推进生态产品价值实现具有得天独厚的优势。自中共中央办公厅、国务院办公厅印发《关于建立健全生态产品价值实现机制的意见》以来,江西积极谋划、主动作为,在国内率先出台《关于建立健全生态产品价值实现机制的实施方案》,率先召开专题推进大会,率先组建以常务副省长为组长的推进工作组,率先建立推进工作机制,顶层设计实现"全国领跑",但市场主体、平台搭建等领域仍处于探索阶段,亟须进一步深化体制机制创新。为此,本文系统梳理了近一年浙江推进生态产品价值实现的新机制、新做法,以期为江西全域推进生态产品价值实现提供有益参考。

一、浙江推进生态产品价值实现的创新做法

浙江把建立健全生态产品价值实现机制作为"诗画浙江"大花园建设的核心任务,以大花园建设为抓手,统筹衔接乡村振兴战略等重点工作,将"两山"转化改革作为全省重大改革项目,形成了一批可复制、能推广的新做法。

(一)建立核算评估体系,解决生态资源可量化问题

一是率先建立可操作的价值核算评估机制。发布全国首份《生态系统生产总值(GEP)核算技术规范》地方标准,构建统一的价值量化标准体系。核算并发布安吉县、丽水市及其9个县(市区)、18个试点乡镇和试点村的 GEP 核算结果。二是完善生态产品价值核算与财政奖补挂钩机制。省级层面对丽水市试行财政奖补重点参考出境水水质、森林质量、生态产品价值等指标。丽水市则配套推出(森林)生态产品政府采购制度,明确向市场购买水源涵养、水土保持等调节服务类生态产品,提高市场主体保护生态环境积极性。三是建立 GDP、GEP 双核算、双评估、双考核机制。丽水

市将 GEP、GDP 的双增长、GEP 向 GDP 的快转化等四个方面 30 项指标列入市委对各县（市、区）年度综合考核体系，开展生态和参评价值实现机制试点专项审计。

（二）健全市场交易机制，解决生态产品可买卖问题

一是明确生态产品市场供给主体。丽水市推动 18 个试点乡镇成立"两山公司"、"生态强村公司"，负责生态环境保护与修复、自然资源管理与开发等。实现全国首笔基于 GEP 核算的生态产品市场化交易，由光伏发电企业向丽水市大杨镇"生态强村公司"支付 279.28 万元，购买项目区域内调节类生态系统生产总值。二是探索开展生态产品与环境权益兑换交易。丽水市出台《丽水市碳汇生态产品价值实现三年行动计划（2020—2022 年）》、《浙江省丽水市森林经营碳汇项目方法学》，推动以碳汇兑换碳排放量、抵消温室气体排放的探索实践，2020 年 12 月，"全省公共机关零碳工作现场会"首次向丽水市购买 100 吨碳汇，实现会议碳中和。三是建立生态产品市场化定价机制。丽水市积极推行民宿"生态价"，通过科学量化地块生态价值，将清新空气、优美环境等生态要素纳入民宿定价，实现生态产品"明码标价"。四是建立"两山"项目交易中心。青田县在侨乡投资项目交易中心基础上设立"两山"项目交易中心，通过项目包装生态资源、平台整合项目信息，将生态价值通过项目具体化，提升项目生态价值知晓度和投资集约度，目前平台已上线 98 个"两山"项目。

（三）创新生态转化模式，解决资源资本可转化问题

一是创新"生态换地"模式。丽水市建立"飞地互飞"机制，建立"生态飞地"，为宁波提供康旅产业用地，换取宁波"产业飞地"，为丽水孵化高端科技项目、带来税收收益。淳安县探索"以水换地"，正在争取以千岛湖优质供水，在嘉兴市换取"产业飞地"。二是创新"古村复兴"模式。在不破坏村落整体形态前提下，丽水市引进社会资本，对历史建筑、民居进行保护和二次开发，发展乡村旅游新业态，有效激活了农村闲置资源，实现"古村变资产"、"空村变景点"。三是创新"价值赋权"模式。青田县发放了全国首本生态产品产权证书，以生态产品使用经营权作为质押担保，推出 GEP 数据直接信贷产品，进一步激活 GEP 的经济价值和金融属性。四是创新"绿道经济"模式。全面开启 2.0 版绿道建设，主打名山、诗路、红色等八大特色绿道系列，将绿道打造成为联系城乡居民点、风景旅游点、休闲度假区、产业观光园的绿色廊道，进一步成为绿水青山转化为金山银山的通道，为沿线村集体经济赋能。五是创新"两山银行"模式。安吉县在所有乡镇（街道）推广建设"两山银行"，通过资源"分散输入、集中输出"，实现自然资源高水平管理、整合和市场对接，打通"两山"转化的"最后一公里"。

（四）完善技术支撑体系，解决生态环境可持续问题

一是建立省级数字化平台。建设省市县三级 GEP 核算数字化管理平台，完善核算

数据管理、动态展示、统计分析、生态产品交易和决策支撑等功能，实现核算数据跨部门、跨区域、跨层级共享应用。二是建立生态环境智慧监管平台。丽水市通过引入物联网、遥感、低空航测和自动检测等技术，提升对污染物全面实时感知能力，构建"空、天、地"一体化的生态产品空间信息资源库，实现生态治理数字化协同监管。三是建立"两山智库"人才集聚平台。丽水市积极与国内外顶尖科研院所合作推进"两山智库"建设，联合中科院等科研机构共建中国（丽水）两山学院，深化生态产品价值实现机制理论研究。

二、对江西全域推进生态产品价值实现的启示

推进生态产品价值实现是一项系统性、复杂性的长期工程，浙江的有益探索，不少先进理念、创新做法，值得我们学习借鉴。

（一）深化体制机制创新，培育和发展生态产品交易市场

敢于探索和填补制度空白地带，建立以 GEP 核算评估结果为依据的生态产品市场化定价机制，用改革创新激发生态产品交易市场活力，明确生态产品供给主体、交易平台、交易制度，充实生态产品交易市场现金流。

（二）探索"生态飞地"机制，破解生态功能区保护与发展的矛盾

开展对口协作，发展"飞地"经济，以"本地保护、异地发展"的创新思维，突破国家和省级重点生态功能区发展空间限制，实现生态保护和经济发展的双赢。

（三）加大政府财政支持，提高市场主体参与生态产品价值实现的积极性

以公共生态产品政府供给为原则，建立基于 GEP 核算的财政奖补机制和生态产品政府采购机制，谋划一批兼顾生态环境保护、生态产品增值、为经营权使用权赋能的示范性项目。

（四）强化数字技术赋能，提高生态产品价值转化效率和效益

将数字化、一体化、现代化贯穿"两山"转化全过程，把数字化平台作为生态资源转化、管理的中间载体，推动生态资源平台内资产化、资本化，破解资源分散带来的低效率转化问题。

三、江西全域推进生态产品价值实现的对策建议

生态产品价值实现涉及生态、产业、体制机制改革等多个领域，覆盖生产生活等诸多方面。全域推进生态产品价值实现，必须进一步扩大江西的生态比较优势，拓宽"绿水青山"和"金山银山"的转化通道，在体制机制创新、市场主体培育、功能平台搭建等方面精准发力。

（一）做到"三个更加注重"

一是更加注重顶层设计。先行建立机制，完善生态系统生产总值（GEP）核算评估应用体系。建立健全价值核算、产品交易、项目投资、资源运营管理等重点领域机制，谋划一批兼顾生态环境保护、生态产品增值和为经营权使用权赋能的示范性项目。二是更加注重模式创新。探索重点生态功能区异地发展机制，鼓励湖口和都昌、铜鼓和丰城探索"飞地互飞"模式，安义和南昌探索"以水换地"、"生态飞地"等模式，推动东莞等东江下游发达城市为寻乌县提供"产业飞地"、"科创飞地"。鼓励南昌推进绿道建设，串联境内水系、湿地等生态资源，发展"绿道经济"。三是更加注重技术赋能。与中国科学院等机构开展对接合作，补足 GEP 数字化管理、自动化核算技术短板。加强遥感、低空航测、自动监测等技术和设备的运用，争取在全国率先实现 GEP 地块级自动化核算及项目评估应用。

（二）设立"三种市场主体"

一是设立"两山"公司作为供给主体。探索在南昌、抚州、吉安等市先行成立市、县、乡三级"两山"公司，负责生态资源保护和生态产品经营开发。由县级财政注资，行政村股份经济合作社做股东，根据 GEP 核算结果和集体资产规模确定村集体入股比例，增强集体经济"造血"功能。二是设立"两山"银行作为交易主体。推进"两山银行"、"湿地银行"、"森林银行"等自然资源平台化运营，对自然资源资产进行统一规划、统一收储、统一开发。对接省生态产品交易平台，完善"两山"银行的价值评估、资产运营、金融服务等功能，重点拓展生态产品、环境权益的融资、市场交易服务，激活生态资源的金融属性。三是设立"两山"担保公司作为担保主体。支持国有担保公司设立"两山"融资担保部门，引导各金融机构在试点地区专门设立生态支行、生态金融事业部、生态保险事业部等绿色金融分支机构，建立完善风险担保缓释机制，继续推广"信用+"、"古屋贷"、"畜禽洁养贷"等绿色金融产品，同时创新推出林农

快贷、抗疫信用贷等特色化信贷产品。

（三）搭建"三类功能平台"

一是搭建核算平台。细化完善全省生态产品价值核算指标，依托"生态云"大数据平台，加快健全江西省生态产品数据管理、价值监测和 GEP 自动核算子功能，集中部门数据报送、一键自动核算、项目地块级核算等功能，定期开展全省 GEP 核算。引入一批信用评级、会计审计等专业机构提供咨询服务。二是搭建项目平台。专门建立"两山"转化项目库，将生态农业、生态旅游、大健康等生态产品价值实现重点项目统一入库。探索出台项目库建设管理办法，推动江西省产权交易平台拓宽项目包装、信息整合、产品对接、审批监管等功能，促进招商引资、产品交易、投资融资等服务实现"一站式"对接。三是搭建智库平台。鼓励江西省生态文明研究院等省内生态文明领域的智库机构加强合作，搭建"两山"理论和实践研究平台，同时贯通智库平台与抚州等地市、各生态产品价值实现机制试点地区的沟通渠道，常态化开展关于先进经验、重大问题的交流研讨会，及时把新研究、新成果转化落地。

关于构建"数智控碳"平台体系的思考与建议[*]

"数智控碳"的核心是以大数据为基础，依托人工智能、区块链等技术打通"端到端信息孤岛"，精准监测碳排放、高效分析碳数据、科学支撑碳决策。面对做强数字经济主引擎的现实需要和实现碳达峰碳中和的战略目标，建议将"数智化减排控碳机制"纳入数字经济"一号工程"，加快构建"数智控碳"平台体系，打造精细智能的碳达峰碳中和数字治理场景。

一、碳达峰碳中和数智平台正在加速落地

国内部分省份"双碳"政府管理平台已投入使用，碳普惠平台建设全面提速，企业推出了一系列平台解决方案。

（一）各地高度重视"双碳"政府管理平台建设

国内已有超过 5 省 10 市上线了"双碳"管理平台。从运行机理看，普遍包括"看碳、析碳、降碳"功能。"看碳"主要反映重点用能单位碳排放情况；"析碳"重点对企业碳排放趋势进行预测预警；"降碳"用于提供智能决策支持。从作用对象看，已有的政府平台分为三类：一是能源大数据监测平台。基于电力、燃气、石油、煤炭等能源大数据，利用"能—碳、能—电、电—碳"关联算法估算碳排放量，开展采集分析、量化赋能、模型预测、结果评价，实现碳排和用能的动态监测、统一管理、共享交换。二是全周期碳管理平台。构建政府、园区、企业"三位一体"碳管理体系，对碳排放全流程统计分析和预警，实现碳排放分析和重点企业碳监管，探索产业"碳转型"、项目"碳评估"、区域"碳考核"等管理创新。三是多元场景应用平台。依托动态监测

---

  　* 本文发表在《中国国情国力》2022 年第 6 期，作者：周吉、许自豪、刘熙、李杰玲。

数据，对接智慧城市、碳交易等平台，面向政府、企业、园区、个人等减碳场景开发碳管理应用。

表1 国内双碳政府管理平台

类别	地区	名称	时间	亮点功能
能源大数据监测平台	内蒙古	双碳管控平台	2021年11月	接入重点企业排放数据，支撑能耗双控、能源计量审查、两高项目监管等工作
	甘肃	智慧观碳决策分析平台	2021年1月	覆盖重点碳排行业，监管已纳入全国碳交易配额管理的排放单位
	浙江杭州	能源双碳数智平台	2021年9月	纳入2200余家单位，统计分析区域、行业的总体能耗情况
	浙江嘉兴	能源大数据	2021年11月	为用能企业刻画"碳画像"三色图
	上海浦东	智慧能源双碳云平台	2021年5月	整合电力、水务、燃气、政府会等多方系统平台数据
	江苏连云港	"碳测"平台	2021年8月	采集、监测、核算和分析企业碳数据，实现能源全链贯通、全链融合和全息响应
全周期碳管理数字平台	杭州余杭	"碳眼"区域双碳治理平台	2021年1月	监测能耗、碳排指标，实时分析能源消费结构、产业碳排占比
	江苏无锡	方舟"双碳双控"平台	2021年9月	构建数字碳管理体系，对能耗、碳排统计预警
	江苏江阴	能碳双控智慧管理平台	2021年1月	打通企业、政府的用能和碳排数据，实现碳盘查、碳管理、碳服务
	广东镇江	碳排放核算与管理云平台	2014年	提供碳排分析管理、项目碳评估、碳排企业监管等功能
多元场景应用平台	浙江	双碳智治平台	2021年9月	接入"浙政钉"平台，精准管控能耗和碳排，丰富碳跟踪、碳试点、碳考核等应用场景
	山东	双碳智慧服务平台	2021年12月	碳排监测核算、交易、履约清缴，建立企业"碳账户"、个人"碳积分"
	广东深圳	双碳大脑	2021年11月	对内采集全市用电数据，对外对接市政府政务数据共享交换平台
	浙江湖州	"双碳"云管理平台	2021年5月	接入"城市数智管理平台"，用于政府对碳排放的整体智治和企业依托碳账户、碳效码、碳画像的节能改造
	杭州萧山	双碳大脑	2021年7月	连接规模以上企业和公共机构，开发碳排放"萧碳码"

（二）面向公众的碳普惠平台成为市场新蓝海

政府、企业正在积极推进碳普惠平台建设，做大碳普惠"市场蛋糕"。从机制看，碳普惠平台运营，是以方法学核算低碳行为减排量，以"碳积分"量化低碳行为价值，以市场化完成低碳行为兑现。从场景看，已有平台基本涵盖公共出行、日常消费、资源回收等主要生活场景的低碳行为量化。支付宝"蚂蚁森林"、抚州"绿宝"碳普惠平台、四川"早点星球"基本形成了"碳积分—现金券—消费品"的市场闭环。从效果看，平台用户规模、交易量、减排量正在进入增长爆发期。"蚂蚁森林"用户已超6亿，减排 2000 万吨；北京绿色出行平台累计减排 2.45 万吨；苏州碳普惠平台日均活跃用户达百万，日均减排近千吨；抚州市级碳普惠平台用户 47.6 万人，累计减排量 3.93万吨。

表 2　国内主要碳普惠平台

平台	建设方	时间	应用场景
蚂蚁森林	蚂蚁集团	2016 年 8 月	通过公共交通、在线生活缴费等行为碳减排量兑换积分，用于植树造林
抚州"绿宝"碳普惠平台	政府	2017 年 10 月	通过绿色出行、低碳生活、绿色消费、绿色公益获取碳积分，兑换商品
四川"早点星球"环保积分平台	四川环交所	2019 年 7 月	全国首个环保积分平台，通过公共出行积累环保积分，并进行实物兑换
北京交通绿色出行一体化服务平台（MaaS 平台）	阿里巴巴	2019 年 11 月	通过公共出行积累碳减排能量，高德、百度收集后在北京碳市场进行交易，交易所得返还参与者
广州城市碳普惠平台	政府	2019 年 12 月	认证超过 20 种生活场景减碳量核算方法，部分行为碳减排量核证后进入广州碳排放权交易所交易
成都"碳惠天府"绿色公益平台	政府	2021 年 5 月	个人通过场景消费获得碳积分并兑换奖励；企业通过碳减排项目开发，参与公益活动碳消纳
国家电投碳普惠平台	国电投、北京绿交所	2021 年 6 月	首家企业碳普惠平台，用"碳积分"量化员工个人低碳行为，通过员工福利、电子商城折扣券等方式奖励
青岛"青碳行"APP	政府、工商银行	2021 年 6 月	核算用户公共出行的碳减排量，兑换成数字人民币
江西省级绿宝碳汇平台	政府	2021 年 8 月	通过步行、地铁、零碳会议、志愿服务、充电桩充电、智能垃圾回收等方式积累"碳币"
深圳"低碳星球"	政府+腾讯	2021 年 12 月	通过腾讯乘车码公共出行积累碳积分，联通低碳行为数据和与碳交易市场

（三）企业相继推出碳达峰碳中和平台设计方案

企业发布的方案主要面向能源管控、工业降碳和城市管理需求。在能源管控领域，国网信通、网易、浪潮提出的方案相对成熟，其中国网信通方案已经在国家电网总部、上海、河北、湖北等网省公司应用。在工业降碳领域，阿里巴巴、中国燃气、中国信息通信研究院等分别发布企业级碳排放平台解决方案。其中阿里能耗宝已服务 1100 家中小企业，中国燃气与东风汽车达成了合作意向。在城市管理领域，东方国信、软通智慧等推出智慧城市与碳减排政务管理平台融合方案，为政府决策以及产业链减碳控碳提供支撑。

表 3　国内主要平台设计方案

类型	平台	发布方	时间	应用场景
能源管控	思极能智慧能源综合服务平台	国网信通	2021 年 3 月	提供能源监控、分析、管理、交易、服务、应用等功能，已支撑国家电网公司总部、上海、河北等网省公司智慧能源平台建设运营
	"双碳"智控系统	网易	2021 年 9 月	接入办公、暖通、照明、安防等场景，根据末端状态实时调控优化
	碳管云一站式碳管理平台	浪潮	2021 年 11 月	产品全生命周期、企业碳履约全过程、重点碳排行业全链条碳管理，包含碳足迹、碳资产、碳会计、碳履约、碳信批等模块
工业降碳	减排能耗宝	阿里巴巴	2021 年 5 月	弹性分析企业用电负荷，提出节能建议，已服务 1100 家中小企业
	双碳数字化管理平台	中国燃气、东方汽车	2021 年 11 月	提供产业链碳足迹测算、碳核查及减排服务
	"碳达峰碳中和数据共享与技术赋能"平台	中国信息通信研究院	2021 年 12 月	重点行业碳排视图、"双碳"产业动态图谱，支撑部门、主体决策
城市管理	"碳中和"智慧城市监测管理平台	中国人大、东方国信	2021 年 7 月	碳排放指标监测、碳减排政务管理两大核心功能
	"碳数智能"平台	软通智慧	2021 年 9 月	集合政府服务"碳智屏"、企业服务"碳管家"和公众碳普惠 APP"碳小爱"三个子平台，为企业碳排和能耗监控等提供支持
	城市双碳管理平台	中国系统	2021 年 11 月	实时监控城市、区域、行业、企业能源碳排

　　结合国内实践，"数智控碳"的本质是通过数智化治理手段，赋能碳达峰碳中和政府管理、全民行动和企业低碳发展，同时，平台为未来碳排放监测设备预留接口，为零碳、负碳产业发展提供场景。"数智控碳"的关键，是用能、碳排、碳普惠等重点领域的数据共享和接口互通，以及碳减排场景下的企业平台互联、商业模式运作。通过跨平台协作，实现全领域减排控碳效能提升。

二、加快构建全省"数智控碳"平台体系

碳排放存在多领域、多场景、多主体的"三多"特征。数字技术能够汇集、整理涉"碳"信息，通过场景化提升控碳精度和效率。江西"生态云"平台已列入国家推广清单，抚州"绿宝"碳普惠平台逐步成熟，省级"绿宝碳汇"平台运行平稳，建议加快推进"数智控碳"平台建设，构建"1+1+N"平台体系，抢占"双碳"数字平台和下游延伸产业风口，探索数智化赋能碳达峰碳中和的"江西模式"。其中，"1+1"是指省级数智控碳平台和碳普惠平台，满足政府动态监控、分析、管理和决策需求，引导公众践行绿色低碳生活；"N"是指重点企业、重点城市控碳平台，以及跨平台应用组成的平台矩阵。

（一）建立省级"数智控碳"平台

按照"省地一体"导向，构建以政府为主要用户的省级"双碳"数智管理平台，开发能源监测、碳排放监测、碳汇分析模块，实现多行业数据、多尺度分析、多维度管理。一是能源监测模块。汇聚各类能源数据，在线监测全品类能源供应、消费、流向和趋势状况，绘制能源流动图和消费表，实现"用能可视"。二是碳排监测模块。依托能源、工业、建筑、交通等重点领域碳排放模型，跟踪企业用能数据、估算碳排量，对重点企业采用 AIoT 区块链技术动态监测碳排放浓度，绘制"碳排放全景地图"，实现"碳排可视"。三是中和分析模块。结合江西省国土空间规划"一张图"建设，基于土地利用、生态资源分布等数据，核算耕地、林地、湿地、草地碳汇，生成碳汇"一本账"，依托 LEAP 模型等算法生成碳中和曲线，实现"碳汇可视"、"碳中和节点可视"。

（二）做大碳普惠平台影响力

发挥绿宝碳汇、低碳生活服务平台等碳普惠平台用户规模优势，从个人生活和消费端发力，探索碳积分商业模式，形成积分累计、价值兑换、终端消费的碳普惠闭环。一是积分累计。制定碳普惠管理办法，明确低碳行为减排量的管理流程和使用规则。出台绿色出行、绿色生活、绿色消费等场景下的碳普惠方法学，规范减排量核算规则，将碎片的低碳行为数字化。二是价值兑换。制定碳积分兑换规则，开展碳普惠核证减排量的签发、转移登记和消纳，汇集积分数据。推动省内碳普惠平台标准互通、数据互通，将分散的低碳价值集中化。三是终端消费。打造全省统一、线上线下融合的核

证自愿减排交易市场和积分兑换市场，培育碳普惠商业联盟，对接淘宝、京东等网销平台，探索低碳旅游和农产品的绿色营销模式，通过会议碳中和、商业奖励和市场交易等消纳渠道，将潜在的低碳价值市场化。

（三）构建数智控碳平台矩阵

拓展升级城市大脑、赣服通、工业互联网、数字人大等平台功能，加强与省级平台数据共享，打造城市治理、企业生产、居民生活、代表监督等不同领域的减排控碳版块。一是开设"双碳+城市大脑"板块。把碳排放监测作为城市大脑建设的重点，结合"城市大脑"示范工程，发挥城市大脑"一网统管"优势，将"双碳"作为关键模块纳入城市管理平台，汇集企业、楼宇、交通等多场景数据，推动区域排放可视化。二是开设"双碳+赣服通"板块。发挥"赣服通"用户规模优势，把"赣服通"作为低碳生活平台的流量入口，打通"赣服通"与碳普惠、资源回收等平台数据接口，开发"一键低碳回收"、"一键闲置转卖"、"一键活动碳中和"等个人场景应用，推动低碳生活便利化。三是开设"双碳+工业互联网"板块。面向能源、工业等行业打造"碳产"融合工业互联网平台，构建行业碳盘查、碳核查、碳交易、碳改造、碳评价管理闭环，推动数字赋能低碳零碳工业园区建设，推动园区和企业降碳科学化。四是开设"双碳+数字人大"板块。聚焦江西省人大支持碳达峰碳中和的职能和监督需求，在数字人大平台已有架构的基础上增设"双碳"板块，开通执法检查、专题询问、满意度测评、代表建议等功能，推动碳服务监督体系化。

三、探索数智化助力江西实现碳达峰碳中和路径

发挥数智控碳平台在碳监测、碳分析、碳评估等领域的基础作用，加快建立数智化减排控碳机制，以数智化手段推进改革创新、制度重塑、效能提升，探索数智化赋能碳达峰碳中和的"江西路径"。

（一）建立"数智控碳"推进机制

健全完善统筹协调、责任落实、试点示范、全社会参与等机制，确保数智控碳各项工作落实落地。一要强化省级统筹。把"数智控碳"平台体系建设纳入数字经济"一号工程"的重点任务来推进，推动一批创新试点接入省级平台。二要优化工作体系。充分发挥碳达峰碳中和、数字经济等领导小组牵头作用，建立健全平台数据标准和规则，出台应用场景培育政策，建立健全统计、监测、评价等制度，实现监测预警、

评估考核、数据回流的全链式闭环管理。三要加强示范应用。选择南昌、吉安等有低碳基础的城市，加快引进和开发城市、企业、园区数智控碳解决方案，培育一批数智控碳服务商。

（二）丰富"数智控碳"应用场景

推动企业、园区等场景下的"双碳"数字样板间建设，催化更多应用落地，构建"数字控碳"应用生态圈。一要加快企业数字化转型。统筹各类数字化转型政策，引导行业企业加快数字化转型，重点在工业、电力、建筑等行业形成一批示范企业。鼓励行业企业探索"绿色化+智能化"低碳转型模式，提升产业链数字化绿色化水平。二要提升园区数字化管理能力。按照减污降碳协同控制理念，依托大数据、区块链技术，拓展现有平台的双碳管理功能，跟踪评估清洁能源替代和能效提高水平。鼓励园区开展低碳技术创新应用转化和园区循环化改造。三要普及数字技术在城市管理中的应用。同步推进城市大脑和基础设施数字化转型，探索建设数字孪生城市，利用数字孪生技术精准映射、虚实融合等优势，跟踪评估生产、交通和生活等多场景下的碳排放情况，形成城市数智碳监测体系，实现各类碳数据动态关联共享。

（三）开发"数智控碳"亮点功能

开发数智控碳平台碳监测、碳账户、碳画像等功能，提供监测、分析、评价、预测等全周期数字化服务。一要绘制多维度碳地图。加强重点行业碳排数据收集，横向涵盖能源、工业、居民、建筑、交通等多领域，纵向贯通省市县三级网格，形成多维碳排放大数据，实现碳排放"全景看、一网控"。二要开设全场景碳账户。提高绿宝碳汇平台数据感知能力，完善节约纸张、用电用水、绿色出行、绿色消费等低碳行为核证功能，建立个人碳账本，实现行为记录、量化核证等功能，为碳金融、碳信用等功能开发提供基础。三要建立多指标碳效码。围绕企业碳排放水平、碳利用效率、碳中和情况，动态立体描绘企业"碳画像"，形成融合三个标识于一体的"碳效码"，实现企业碳效查询"一码了然"。

（四）开展"数智控碳"监测评价

加强碳排放、碳减排、碳汇等过程数据的采集分析，为量化达峰中和路径提供数据支撑。一要拓展监测广度。加强固定源二氧化碳排放量、环境空气温室气体浓度等在线监测，提升碳排放基础及过程数据的监测监管效率，实现碳管理的精细化和标准化。二要提升分析准度。开发能源数据导入接口，开展用能总量、趋势等多维分析，为碳资产管理、碳排放权交易等服务提供支撑。三要提高研究深度。依托"双碳"大数据，鼓励江西省科学院、南昌大学、江西省生态文明研究院等研究机构加强双碳综合评价指数研究，补齐区域碳评指标缺失短板。

（五）强化"数智控碳"支持保障

强化正向引领和反向倒逼相结合，优化政策供给。一要用好财政杠杆。综合采用研发补助、贷款贴息、项目奖励等方式，支持大数据、区块链等减碳降碳数字技术开发。将各类数智控碳工具纳入政府绿色采购目录。二要引入金融活水。引导金融机构关注"数智控碳"细分赛道，采用再贷款、再贴现等货币政策工具，扩大数字减碳领域信贷规模，增加长期信贷支持。三要强化技术供给。加强大数据汇聚、监测管理、建模分析等技术研发，提高碳数据管理、分析和预测能力。加快区块链技术在碳交易、碳轨迹追踪和碳捕集等领域的应用开发，构建碳数据信任体系。

专题六

奋力打造新时代乡村振兴样板之地

新时代江西乡村振兴发展的新作为[*]

2020 年底，习近平总书记作出"民族要复兴，乡村必振兴"的重大论断，要求举全党全社会之力推动乡村振兴。前不久，国务院常务会议提出，"三农"工作是全面建设社会主义现代化国家的重中之重。近年来，江西"三农"工作始终保持稳中有进、稳中提质、稳中向好的良好态势，但农业农村仍然是江西现代化建设的短板。结合当前江西"三农"发展实际情况，提出"四四五"战略构想，即以"四化"为战略方向、"四策"为战略支持、"五转"为战略路径，全面推进乡村振兴、加快农业农村现代化，建设新时代"五美"乡村。

一、战略方向："四化"

江西省乡村振兴的战略方向是实现"四化"，即农业园区化、农村社区化、农民市民化、资源资本化。

（一）农业园区化

坚持用工业化理念、市场化手段、产业化模式发展江西现代农业园区。按照"一个规划、一个千亩连片基地、一个龙头企业、一个田园综合体、一个标准化生产体系、一个联农带农机制"标准，加快推进江西现代农业产业园"一乡一园"建设，基本形成以国家级农业园区为引领、省级农业园区为支撑、市级农业园区为依托的现代农业发展格局。

（二）农村社区化

以现代城市社区理念实施乡村更新改造行动，加快广大农村的村容村貌提升，进

---

* 本文部分内容发表在《价格月刊》2022 年第 5 期，原题目为《乡村振兴背景下农特产品基于情感纽带的品牌拟人化营销路径与策略创新研究》。

一步推动城市公共设施向农村延伸、城市公共服务向农村覆盖、城市文明向农村辐射，实现新时代江西美丽乡村达标创建全覆盖，促进江西农村人居环境从"一时美"向"持久美"和"精品村"转变，打造绿色低碳智慧的"有机生命体"和宜居宜业宜游的"生活共同体"。

（三）农民市民化

农民市民化是指农民像城市居民一样，享有高度的物质文明和精神文明生活，幸福感和安全感显著增强。充分认识农民全面发展的迫切需要，大力加强城乡之间的良性互动，切实提高农民文明素质，促进农村人文传统和自然环境的全面恢复，实现农民全面发展，努力构建农村和谐社会。

（四）资源资本化

针对江西生态资源丰富，而这些资源基本没有实现资本化，要实现生态优势转化为经济优势，应积极落实生态产品价值实现机制，构建绿色金融服务体系，还着力促进生态资源资产化、生态资产资本化、生态资本价值化。积极盘活生态资产，加快生态资源与产业对接，继续实施绿色生态农业"十大行动"；推进"生态+旅游"、"生态+大健康"。通过整合资源，加大与产业融合，大力发展农村小额互助金融。

二、战略支持："四策"

江西省乡村振兴的战略支持对策是实行电商扶贫"四大策"。

（一）打造江西"网红"村

大力开展农产品直播带货，打通江西农产品销路，推行"县长当主播，农民多卖货"的电商消费扶贫模式，在江西乡村掀起"县长直播"潮。通过把媒体、商家和用户等不同元素与方式融会贯通，以集成创新为路径，培育和宣传"网红"农民，带火江西"网红"村，从而借助海量的"粉丝"销售江西农产品，成为助力乡村振兴的一股新动力。

（二）锻造江西绿色供应链

加快实施农产品仓储保鲜冷链物流设施建设工程，推进田头小型仓储保鲜冷链设施、产地低温直销配送中心、江西乡村冷链物流基地建设。深入推进电子商务进农村和农产品出村进城，推动城乡生产与消费有效对接，鼓励物流企业向农村延伸发展，加大投资力度，完善乡村物流基础设施，打造物流园区、配送中心、末端配送网点等三级配送，锻造完整的江西绿色供应链。

（三）完善江西农产品流通能力

综合运用现代信息技术手段，打破乡村信息孤岛局面，借助仓库管理系统打造一流的智能化仓储供应链体系，加快打造数字化流通新平台，实施农批市场智能化设施改造，为采购客户提供商品批发采购线上渠道，提升农产品市场流通效率。同时，江西农产品可凭借微博的高用户流量，同时结合微信朋友圈、快手、抖音等不断拓展销售渠道，与粉丝以及潜在消费者进行良性互动，将农特产品转变为畅销品和爆品，提升农特产的品牌复购率与消费者忠诚度。

（四）创新江西"原产地直发"农货上行模式

因地制宜、因时制宜地实行"农鲜直采"计划，加大源头直采力度，实行让特色农产品从田间直达全国百姓餐桌的全新运营模式。积极展开大数据精准营销，有效带动江西农业生产与市场需求的精准匹配，全面提升农产品生产、流通与营销的数智化水平，为农产品打开新的市场，让农民丰产又丰收。

三、战略路径："五转"

江西省乡村振兴的战略重点是从数字、电商、生态、品牌、高科技五个维度促进"五转"。

（一）促进江西省农业转化为数字农业，再突破到智慧农业

1. 统筹推动江西数字化改革

以数字化改革推进乡村振兴，助力江西农业数字化转型，即通过数字化技术，以一种新的理念、新的模式促进江西省农业转化为数字农业。例如，大力建设江西农业数字变革高地和农村数字经济创新发展试验区，打造数字农场，创建具有国内影响力的县域数字产业集群和数字贸易中心，推动江西全体农民共享数字红利。

2. 增强农批市场数字化改造能力

打造数字化流通新平台，加快农批市场智能化设施改造；构建数字化管理新体系，搭建农批市场监管大数据中心，实现对市场关键业务流程数据集成显示，实时反馈市

场信息，准确掌握消费反馈；开辟线上化销售新模式，以农批市场现有经营商户为主体，为采购客户提供商品批发采购线上渠道，提升农产品市场流通效率。

3. 促进江西数字农业最终突破到智慧农业

以数字化技术创新带动农业科技创新，加快先进、适用的农业科研成果转化，推动农业由增产导向转向提质导向；同时大力发展创意农业、功能农业、"智能+现代农业"，在此基础上深入推进智慧农业建设。例如，实施智慧型休闲农业和乡村旅游提质扩面工程，建设一批设施完备、功能智能的休闲观光园区、森林人家、康养基地、乡村民宿、特色小镇，让村庄找得到韵味，让乡愁找得到归属，最后在此基础上打造一批在全国叫得响的江西智慧农业示范基地。

（二）促进江西省农业转化为电商农业，再突破到生鲜农业

1. 启动进江西农产品电子商务发展工程

大力推动江西农业与电商的融合发展，借助"互联网+农村扶贫电子商务"平台，构建多元、开放、规范、诚信的电子商务网络和物流服务体系，提升农产品电子商务标准化建设水平，鼓励农民网上开店创业，扩大特色优质产品网上销售，实现线上、线下齐发力，实体、虚拟同驱动，以此促进江西省农业转化为电商农业。

2. 完善江西乡村生鲜配送体系

加快农产品标准化体系建设，打造农产品生鲜电商优质品牌；在江西贫困地区加强农产品仓储保鲜冷链物流设施建设，加快补齐农产品冷链物流"短板"；为江西贫困县专门开设"土货鲜食"模块，上线"吃货助农频道"，同时构建"从田头到餐桌"的生鲜农产品质量安全监管体系，促进江西电商农业最终突破到生鲜农业。

3. 建设江西乡村便利店合作模式

物流企业通过与农村地区现有的便利店或小超市合作或者在农村地区自建乡村超市，来完成快件的集中接收和农村物流"最后一公里"配送业务的模式。乡村便利店合作模式优势明显，不需要大量的资金投入，降低了网点布局成本。农村便利店或小超市距离农村居民较近，配送时效性较好，农村消费者自提的方式也提升了快件的安全性。

（三）促进江西省农业转化为生态农业，再突破到养生农业

1. 调绿乡村产品，展现生态优势

大力开拓江西绿色农业，发挥江西山清水秀的生态优势，努力打造全国知名的绿色有机农产品供应基地，让江西生态之美更加彰显。例如，利用江西信丰县安溪村土壤中含有丰富的稀土元素这一优势，打造以脐橙为主的林果供应基地；利用井冈山神山村的生态优势，打造以茶叶、毛竹、黄桃为主的绿色农产品供应基地；利用富硒、富锌土壤资源优势，打造特色农业和高附加值特色农产品的重要基地。

2. 推进江西生态农业与旅游产业融合发展

大力开发农业休闲、旅游功能，可选择自然资源、交通基础条件较好的一批乡村，立足于土特产的加工销售和旅游业的服务体系，精准打造江西乡村生态旅游示范区。同时推广红色旅游，振兴乡村经济。可以通过短视频直播平台宣传旅游路线，通过旅游结合当地的生态农业来发展乡村经济。

3. 加快发展中药材产业，促进江西生态农业最终突破到养生农业

鼓励中医药龙头企业与高校和科研所的中药材专业以及农业技术部门联合，研发中药材种子种苗繁育、野生资源驯化、栽培模式创新、有机种植、病虫害防控、林下种植等技术，提高中药材粗加工、中药养生保健和食疗药膳的技术和工艺；挖掘客家美食中的传统中药养生食谱，结合铁皮石斛、巴戟天、连城白鹜鸭等特色食材制作"石斛宴"等养生美食，打造成高端养生药膳形成品牌向全国推广。

（四）促进江西省农业转化为品牌农业，再突破到品牌拟人化农业

1. 创建江西区域性地理标志农特产品牌

积极开展区域品牌建设工程，建立产地产品全流程标准，以区块链溯源等技术保障品质供应，培育形成一批江西农特产区域性品牌，比如重点打造"四绿一红"茶叶、江西茶油、江西大米、鄱阳湖水产、江西果业、赣南脐橙等绿色有机品牌，提升"生态鄱阳湖、绿色农产品"品牌影响力等，促进江西省农业转化为品牌农业，打造江西品牌农业产业带。

2. 做好江西品牌的"拟人化"顶层设计

顺应双循环经济发展格局，挖掘自身的不同特点，结合本地的特色文化，融入品牌的绿色故事，精准定位目标市场，做好品牌的"拟人化"顶层设计。充分利用微博、微信、抖音、直播等各类平台，通过其展开及时性、快捷性的品牌拟人化营销，不仅使得消费者在上面形成分享内容，还要自觉地对农特产品牌进行口碑传播，从而形成大规模的品牌社区。采用与农特产相匹配的拟人化方式与消费者友好互动，吸引消费者的眼球，搭建并维持与消费者的情感关系，逐步进行品牌推广并最终提升消费者的态度行为忠诚度。

3. 讲好江西农特产的品牌故事

赋予江西农特产品拟人化的思想意识，充分表现农特产品牌的性格特点，传承好当地的民族文化。采用符合自身气质的品牌形象定位，设计富有本土特色的江西农特产品卡通形象、农特产品拟人化宣传文案以及农特产品亲和有力的包装形状等。将品牌创始人的个人传奇与品牌融为一体，着重讲好乡村振兴战略下江西农特产的品牌故事，并通过拟人化营销将品牌的核心价值观传递给消费者，从心灵深处引起消费者情感上的共鸣，不断加强双方的交流联系，让农特产品焕发出长久的品牌生命力。

4. 将江西农特产品牌文化植入消费者记忆中

大力设计具有强烈传播性、趣味性和互动性的农特产品牌口号，将江西农特产的

品牌理念和品牌文化植入消费者记忆之中，达到用情感去打动、沟通消费者心灵的目的。从情感纽带的构建来强化营销效果，如信守品牌承诺，让消费者树立牢固的品牌信念感。打造独树一帜的品牌吸引力，促进江西农特产成为消费者的首选品牌。紧密贴近消费者的真实生活，将品牌与消费者的日常行为密切相连，满足消费者的情感需求，不断巩固消费者的满意度与忠诚度。

（五）促进江西省农业转化为高科技农业，再突破到新奇特色农业

1. "软硬兼施"，以高科技驱动农业高质量发展为引领，激发乡村建设活力

江西要想搭上新一轮农业科技革命和产业变革的快车，就必须做到"软硬兼施"。"软"是指对于江西乡村发展要有高屋建瓴的科学规划和总体布局的同时，还要了解江西不同乡村之间的差异性，因地制宜、循序渐进推进；"硬"是指针对江西乡村振兴的不同环节不但要匹配先进的科技理论、科技产品、科学技术和科研人才，而且还要加大科研投入，积极鼓励引导社会资本投入到农业科技创新领域。

2. 突出科技创新，探索江西乡村经济特色发展路径

注重提升优质稻、蔬菜、果业、茶业、水产、草食畜牧业、中药材、油茶、休闲农业与乡村旅游等江西九大农业产业的科技含量，发展高附加值产业，形成有较强市场竞争力的江西特色农业产业体系，促进江西省农业转化为高科技农业。

3. 突出山区跨越式高质量发展，探索缩小江西各地区乡村发展差距路径

明确江西山区新目标定位，挖掘提升山区特色优势，加快建设诗画江西，推动山区成为全省乃至全国人民的向往之地。开辟江西山区新发展路径，走出科技创新、数字化和绿色低碳的融合聚变之路，厚植特色放大特色的快速裂变之路，基本形态整体提升的全面蝶变之路。分类引导、"一县一策"，为每个山区县量身定制新发展方案和政策工具箱，推动高新技术在山区的广泛应用。

4. 积极建设国家级绿色蔬菜温室栽培标准化示范区

积极推广运用温室设施装备和先进农业技术，因地制宜发展光伏大棚蔬菜、猪沼果、林下经济等生态循环模式，促进江西高科技农业最终突破到新奇特色农业。例如，可在江西乡村推广建设高科技蔬菜基地、大棚养虾池、无土栽培循环系统等模式。

持续加快农民增收　扎实推进共同富裕[*]

中央财经委员会第十次会议明确指出，共同富裕是社会主义的本质要求。江西省第十五次党代会提出，未来 5 年"共同富裕取得明显的实质性进展"目标。经过多年奋斗，江西如期全面建成小康社会，2021 年，江西省农村居民收入居全国第十位、中部第一位，接续推进江西从全面小康迈向共同富裕，促进农民增收是关键。

一、加快农民增收对于共同富裕具有重要意义

我国农村绝对贫困问题已经得到历史性解决，但城乡间、农村不同群体间、不同区域农村间的发展仍存在着较大差距，特别是在收入层面体现得尤为明显。1978~2021 年，全国农村居民人均可支配收入从 165 元增至 18931 元，增长了近 114 倍，与同期全国城镇居民人均可支配收入增速相差较小，但城镇居民收入绝对值是农村居民的 2.5 倍，农村居民收入相对较低的局面仍然在一段时期内存在。因此，要促进全体人民共同富裕，切实增加农村居民收入是关键中的关键。

（一）加快农民增收是推进全民共同富裕的重要抓手

共同富裕是社会主义的本质要求，是人民群众的殷切期盼，体现着生产力和生产关系的统一，是物质与精神有机融合的富裕。实现共同富裕重点是要让农民富起来，难点在如何让农民持续增收。党的十八大以来，随着农业现代化、新型城镇化及乡村振兴战略的深入实施，农村居民收入增速快于城镇居民，城乡收入比例不断缩小，由 2013 年的 2.81 降至 2021 年的 2.50，但绝对差距仍在不断扩大，促进共同富裕的任务十分艰巨。

---

* 本文发表在《当代江西》2022 年第 8 期，原题目为《加快农民增收致富之我见》，作者：徐伟民、吴翠青、肖坚。

（二）加快农民增收是实施乡村振兴战略的中心任务

《中共中央 国务院关于实施乡村振兴战略的意见》提出，要把维护农民群众根本利益、促进农民共同富裕作为出发点和落脚点，促进农民持续增收，并要求保持农村居民收入增速快于城镇居民。据测算，2015～2020 年工资性收入和转移净收入对农民增收的贡献是 69.4%，且工资性收入主要来自农民外出务工，乡村发展对农民增收的带动效应不强。因此，要进一步增强农村造血功能，帮助农民实现就地就业，让农村产业发展成为农民增收的"源头活水"，筑牢农民增收基础。

（三）加快农民增收是激活农村强大市场的关键动力

一直以来，农村消费都是内需与投资的强大动力。2021 年，我国常住人口城镇化率达 64.72%，农村常住人口 49835 万。据联合国预测，2035 年，我国城镇化率将为74%左右，农村人口将达到 3.74 亿左右；到 2050 年，我国城镇化率为 80%，农村人口仍有 2.73 亿。即便城镇化进程不断加快，农村人口仍是一个强大的消费群体，其消费潜力对形成强大国内市场至关重要。2016 年以来，我国城乡居民消费水平差距已经小于城乡收入差距。收入差距是制约农民消费水平提升的关键因素，持续提高农民收入，释放农村生产要素活力是破解之举。

二、江西农民增收的基础与短板

江西农村居民人均可支配收入平稳增长，与经济增长基本保持同步态势，城乡居民收入在脱贫攻坚、乡村振兴等重要战略的作用下进一步缩小。

（一）从全国看，江西农村居民收入与全国平均水平差距较小

近年来，江西农村居民收入与全国农村居民收入接近，2017～2021 年，与全国平均水平相比，差距保持在 250 元以下。

（二）从区域看，江西农村居民收入居中部前列

2017～2019 年，江西农村居民收入居中部地区第二位，2020 年和 2021 年超过湖北省，居中部第一位。

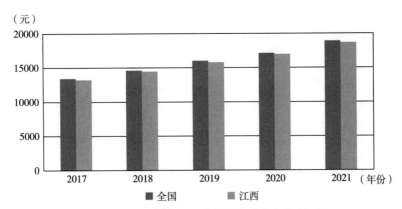

图 1　2017～2021 年江西农村居民收入与全国对比

表 1　2017～2021 年中部六省农村居民收入　　　　　　　单位：元

省份＼年份	2017	2018	2019	2020	2021
江西	13242	14460	15796	16981	18684
湖南	12936	14093	15395	16585	18295
湖北	13812	14978	16391	14473	18259
山西	10788	11750	12920	13878	15308
安徽	12758	13996	15416	16620	18368
河南	12719	13831	15164	16108	17533

（三）从江西省看，农村居民收入增长较快，城乡居民收入比逐年缩小，工资性和经营性收入是主要来源

总体来看，2017～2021 年，江西农村居民收入由 13242 元提高到 18684 元，年均增加 1360.5 元，2021 年同比增速达到 10.03%。城乡居民收入比不断下降，由 2017 年的 2.36 下降到 2020 年的 2.23。从收入结构看，工资性收入和经营性收入总和占比保持在 75% 以上，是农村居民收入的主要来源。

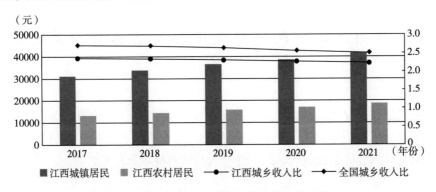

图 2　2017～2021 年江西城乡居民收入变动情况

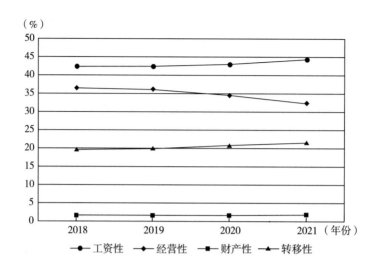

图3 2017~2021年江西农村居民收入构成占比

江西加快农村居民收入增长基础较为扎实，但收入结构还存在较大短板，主要表现在三个方面：一是工资性收入与发达省份有一定差距，2020年，浙江、广东、福建和江苏省农村居民工资性收入分别是江西省的2.67倍、1.45倍、1.29倍和1.61倍；二是经营性净收入增长乏力，2017~2021年江西省经营性收入占农村居民收入比逐年下降；三是财产净收入渠道较窄，占农村居民收入比不到2个百分点，且2020年财产性收入不到浙江和江苏省的1/3。主要原因有：一是农村产业发展相对滞后，第一、第二、第三产业融合发展水平不高，生产经营活跃程度有限，乡村产业振兴对农民增收的持续性不够；二是农业数字化程度相对不高，数字公共服务体系建设不完善，数字基础设施建设相对滞后、技术支撑不足，难以实现以数字促进农业发展、农户增收、农村全面进步；三是城市对农村产业发展、农村居民收入增长的带动能力不强，城乡要素交换不平等，特别是土地、金融等要素在城乡单向流动趋势明显。

三、加快江西农民增收促进共同富裕的对策建议

加快农民增收，促进共同富裕，要充分考虑江西实际，从政策层面和实践层面增强农业农村发展"造血"功能，构建促进农民收入持续增长的长效机制，持续释放农村居民工资性收入、经营性收入、财产性收入和转移性收入增长潜能。

（一）拓宽农民增收渠道

推动农产品向精深加工高质量发展，建设现代生态农业、壮大休闲观光农业，打造第一、第二、第三产业融合的农业全产业链，形成一批现代农业产业"大园"、"强镇"。深入实施数字农业农村建设三年行动，发展乡村数字经济、数字服务、数字治理等新技术、新模式、新业态。挖掘经营性收入增长潜力，深入推进省部共建绿色有机农产品基地试点省建设，提升"江西绿色生态"品牌影响力，推动农产品直播带货、电商卖货、跨境供货，提升江西农产品在国内外市场影响力。拓展转移性收入增长空间，加大农业补贴等惠农富农政策力度，落实农业生产经营、农民就业创业等补贴，同时积极争取国家加大对粮食主产区的利益补偿及相关政策倾斜，创新普惠金融、绿色金融和农产品保险产品。释放财产性收入增长红利，确保"三权分置"有序实施，深化农村集体产权制度改革，壮大新型农村集体经济。

（二）加快县域经济发展

建议省市县三级联动，立足各县资源禀赋、产业特色、功能定位，统一规划，积极打造"一县一业"。持续推进农业农村"放管服"改革，加大招商引资力度，扶持发展吸纳农民工就业能力强的中小微企业，拓宽农民就业创业渠道。积极探索人才柔性引进机制，加大人才激励力度，为县域经济高质量发展提供坚实的人才支撑和智力保障。构建农业农村多元投入机制，增加对农业农村基础设施建设投入，加强乡村教育、医疗、文化数字化建设，推进城乡公共服务资源开放共享。下大力气扩大和优化农村"一老一小"公共服务供给，全面推广"党建+颐养之家"模式，支持普惠性养老托育服务发展。推进"互联网+"政务服务向农村基层延伸，构建线上线下相结合的乡村数字惠民便民服务体系。

（三）深化体制机制改革

稳步推进农业农村改革，深化农村土地制度改革，支持农村集体经济组织及其成员采取自营、出租、入股、合作等多种方式盘活农村闲置宅基地和闲置住宅，发展乡村产业。发展壮大农村集体经济，探索构建立体式复合型现代农业经营体系，实施新型农业主体提升行动，促进经营主体融合发展，完善"农户—家庭农场—农民合作社—联合社"的梯次培育链条。落实"千员带万社"行动，大力培养新型农业经营主体带头人，加强新型农业主体辅导员队伍建设，构建由"辅导员+服务中心"组成的新型农业经营主体指导服务体系。

（四）创新共帮共扶举措

完善各类农村对口帮扶措施，建立健全机关、事业单位和企业定点帮扶制度，帮扶成效进行节点考核。加快构建以就业创业为主的全链式帮扶促进体系，加强产业支撑服务体系建设，积极推动产销对接、共建基地、产品认证、电商推销等多种举措开展帮扶。持续开展金融帮扶行动，鼓励金融机构创新金融产品，开展农业产业化龙头企业供应链金融服务、金融"农担贷"等方面的试点运营，为促进农民增收注入金融活水。积极发动社会力量参与，拓展消费平台搭建渠道、丰富消费体验模式，推动农产品变商品、收成变收入。积极开展公益助农行动，推介慈善助力农民增收项目，健全鼓励社会组织和慈善事业发展的制度和相应配套政策。